U0586175

百年中国记忆·实业巨子

刘未鸣　詹红旗　主编

陈光甫：中国摩根

中国文史出版社

百年中国记忆·实业巨子

主　编：　刘未鸣　詹红旗
编　辑：　（按姓氏笔画排序）
　　　　　牛梦岳　刘　夏（统筹）　赵姣娇
　　　　　胡福星　梁玉梅　程　凤

陈光甫90岁时留影

陈光甫亲笔英文签名　　　　　K. P. Chen

　　陈光甫1936年代表国民党政府在美签订《白银协定》，与美财政部长摩根韬（中）握手互贺。前左为驻美大使颜惠庆，陈、摩后中立者为财政部次长郭秉文。

　　陈光甫1938年在美签订桐油滇锡抵押贷款后，与美财政部长摩根韬（中）及驻美大使胡适（右）合影。

1931年兴建的上海商业储蓄银行总行大楼

陈光甫1962年致张公权函

目·录

1

第三章   开创历史：中国首家旅行社的传奇

附 录

第 一 章

金融奇迹：从"小小银行"到金融巨头

我与陈光甫

资耀华是民国时期长期供职于上海银行的"高管",不仅与陈光甫有一定的私交,也对当时整个中国的金融业界也知之甚详,他将向我们讲述上海银行生存发展时期的大背景。

我与陈光甫既无亲戚,也非故旧,素不相识,毫无渊源。我对上海商业储蓄银行虽闻其名,但做梦也没有想到去参加工作,更绝对没有料到不但进入了上海商业储蓄银行,且成为终身事业。机缘乎?巧合乎?本在意料之外,又似在意料之中,话就得从头说起了。

下面简要叙述我投入金融工作后,怎样认识陈光甫,参加上海商业储蓄银行工作,并在陈光甫的领导下的合作共事关系;陈光甫对国民党政府历次金融变革措施的见解和活动；我被派赴美欧学习考察，回来后对银行业务所提出的建议等。

1926年我在日本京都帝国大学经济学院毕业时，曾想回国后能进入中国银行工作，当时认为有同学好友唐有壬可以请托。唐有壬是辛亥革命前湖南人革命烈士唐才常的次子，留学日本，在庆应大学比我早两年毕业，在中国银行任副总裁张公权的秘书，并兼北京银行公会的银行月刊总编辑。不料我回到北京时，他已弃商从政，到南方广州做官去了。我大失所望，幸有留日同学老前辈白经天（鹏飞）、徐诵明等推荐，由中国大学聘为教授，并在其他几所大学兼教。无奈当时北洋军阀当政，教育经费都挪作军费，教职员工普遍欠薪，聘书上虽载明月致束脩200余元，每月发薪时，仅得20元，日常生活都成问题。

因此又想到离日回国时，曾向相识教授告别，有位叫内藤湖南的教授给了我一封介绍信，要我到了北京去会见前任内阁总理熊秉三（希龄），可能有所帮助。我本不太愿意拉这种关系，但现在处境困难，只得去应酬一番。可是持信去拜访，秉老见信非常高兴，这真又出我意料之外。他看完信后，即询问我目前情况，并说你是学经济的，最好从事银行工作，我有一友现在银行月刊当编辑，名叫李远卿，也是湖南人，你可暂时帮他搞些编辑工作，写点稿件得稿费帮助生活。他当即拿起电话通知李远卿。我依嘱到了北京银行公会去拜访李远卿，他非常热情，且好似奉命唯谨，我才知他原是熊秉老任内阁总理时的机要秘书。我当时对于写这类有关银行金融的稿件很感兴趣，能写的材料很多，现买现卖，几个夜晚就可以赶出一篇。一面教书，一面写稿，生活不成问题。

大概如此过了半个多月，突然一早有中华汇业银行北京分行李经理派人来约我10点钟到银行晤谈。当时我很惊异，但也如期去银行履约。李经理一见如故，并很坦率地说："敝行目前本来不拟招用新人，但你系秉老特别推荐，又与日方董事相商，日方认为你是在日本留学的最高学府毕业，可以破格安排。现在先请您在会计处工作，熟悉一下业务，月薪60元，就从下月1日起开始工作。"我听后感到有点左右为难，学校聘书是一年，不好随便中途毁约，否则也对不起推荐我的老朋友。我当将实情相告，但李经理则认为"这没有问题，你现在还可以兼课，到时向会计部长请个假就是了，行中因各方面已安排好，不便更动"。我当时也不好再说什么，这真是"走遍天下无觅处，得来全不费工夫"。当时很感激这位李经理如此通融，后来才知道他也是秉老任内阁总理时财政部的钱币司司长。

银行会计处，由一位名叫川端的日本人当部长，还有一位日本人及一位宁波人做日常工作。我这时算是实习生，办公室内一共四人，其余工作人员在一个大房间内。会计处是管各种账务，制定表报、资产负债表，损益计算书等，必须善算善写，数目单据必须写得端正清晰。当时得知那位宁波同事，算盘打得非常熟练，数字写得秀美，但月薪还不到50元。我两样都不行，实感到非常惭愧，所以下决心拜他们为师，苦练算盘及学写罗马字。但我细看各种报表，分析一下，却吓了一大跳。我看出这个银行已到了危险状况，放款虽很多很巨，却都是北洋政府贷款，都是呆账，本利全无，现金非常缺乏，钞票发不出去。我进银行时，朋友都说我得了个金饭碗，现在感到乃是一个泥饭碗，一碰就要碎。

1927年新年刚过，李经理突然又调我去经理室工作，主办一切来往公文及文稿。到了经理室，从一切往来文件中，更看出这家银行已捉襟见肘，随时要出问题。有一次我同李经理晤谈，我不敢直说银行怎么危险，只从正面提点意见，试探试探。我说本行在关内似乎很难发展，唯有到关外东三省找出路，因既系中日合办，到关外或可与日本工商业方面做生意，与奉系搞好关系，可以在那里发行钞票，若在关外发展得好，还可以接济关内。现在在北京发行钞票，只可搭入其他钞票零碎发行，不可大宗发行，否则早晨一大捆发出去，下午原大捆回来，反而将自己仅有的一点儿现金都兑出去，等于自己挤兑自己，既不合算也很危险。李经理似乎有点同意，但当时未置可否。过了几天，他突然要我把前几天同他谈的写个正式报告由他送到天津总行。李经理从天津回来很高兴地告知，该提议已经董事会通过，决定到关外开行。又说我行总经理已由奉系王荫泰担任，他做过奉系财政所长，与张作霖父子有关系，现正考虑物色分行经理人选，然后即可进行筹备。1928年春末，调我去天津总行工作，参加奉天分行筹备事宜，并加薪10元。内定分行经理顾贻颖，不久即令我率领一部分先头人员去奉天筹备。当时奉天还是冰天雪地，非常寒冷，我与蒋锝镕（均如）负责主要筹备工作。蒋也是湖南人，对银行工作可算是一个全才，内汇外汇都很精通，对我大有帮助。在奉天设行，对当时中华汇业银行来说，等于对病入膏肓的人饮用最后一个处方，切切希望着手成春，药到病除。

一到奉天，我就全心全意扑进筹备工作，先与日商南满铁路、正金银行、朝鲜银行、拓殖银行及日方一些工商业者接洽拜访，请他们照顾帮忙，因这些大企业的负责人差不多都是帝大出身的先后同学，容易谈得来；也与当地中国银行、交通银行、奉天官银行等搞好关系。每天东奔西跑，见缝插针，希望这一炮打响，来个开门红。经过几个月的辛苦工作，奉天分行于1928年1月开张。我原本抱有很大希望，不料事与愿违，尽管费了九牛二虎之力，只出现了一点回光返照，没有后劲。接洽当初都是满面春风，现在毫无实惠，银行业务依然毫无起色，不但不能帮助关内各分行，自身也是捉襟见肘，钞票仍然发不出去。看到这种险象，我绝望了，暗中断定这家银行活不到1928年末，我绝不想也不愿与这家银行共存亡，必须赶快另谋出路。

1928年8月初，正在忧心忡忡的时候，突然在报上看到登载唐有壬任湖北省银行行长的消息，如获至宝，立即写信去联系，言明我目前的处境，希望到湖北省银行去工作。不几天得到回信，先说"省银行是官办的事业，人事随政局变化而变化，非久居之所，我也恐不可能在此工作多久"。但信中却告知一个好消息：目前正在汉口视察分行的上海商业储蓄银行总经理陈光甫他在银行月刊上看到你的投稿，很感兴趣，问我同你认识不认识，我将你的情况向他介绍了一下，他希望同你谈一谈，我请他直接通知你，所以请你准备，如果他真有电报来约，你就要立即乘车前往，不可耽搁，因这些大人物都是很忙的……云云。不到一个星期，果然上海有电报来约我去申面谈，我立即请假赴申。

进入上海商业储蓄银行

1928年8月初离开奉天乘车到上海时，即有上海商业储蓄银行总务处及中国旅行社总社派人到站迎接。他们把我送到上海闸北江湾路上海银行单人宿舍楼房，住进楼上已准备好非常舒适的一个单人客房，并约好翌日8时有人来接我到银行同总经理陈光甫晤面。次日准时到行，即在经理室会见总经理陈光甫及两位副经理杨敦甫和杨介眉。晤面时还是普通应酬，没有涉及银行业务，陈光甫只转述唐有壬如何推荐我，并问我还打算回奉天不回。我说这次虽是请假15天，但我已不愿再回奉天了。陈光甫当即高兴地说："那好极了，我希望你就在上海银行，大家一起同心协力做一番事业。"当即安排我暂时在经理室一隅办公。

当时上海银行正在隔壁盖11层大楼，差不多就要完工，老房子非常狭窄拥挤。所谓经理室也是一个很小的陋室，里面有总经理、两位副经理、一位襄理，已经挤得满满的，再加上我一张桌子，显得更拥挤了。过了一周，正式任命我为调查部主任，并派了一位女同事帮我整理文件，安排在阁楼上一间小房子，只能放两张桌子，并说暂时委屈一下，不久就可迁入新居。我说这不算什么委屈，我当即请求先给我两个月的时间，让我向总行各部参观学习，熟悉情况，然后写出心得，向总经理汇报。陈光甫听了表示同意，当即用总经理名义通告总行各部门，我因此也就名正言顺地到总行各部门依次进行观察学习，得益不少。

上海银行规定8时前到行，迟到一分钟算半天请假，迟到五分钟则算全天请假。每年有7天休假，迟到一天休假减少一天。每天有两位行员轮流早到值班盖章。如从不迟到，那么一年7天，两年14天，就可以自由休假半个月。行中备有午餐，中午不休息。我每天7时半到行，绝不迟到，从此养成习惯，很觉自然。

进入上海商业储蓄银行头两个月，的确是非常紧张的，因为我等于在陈光甫面前立下了军令状，两个月后要写出像样的汇报来。不久，陈光甫到美国去洽谈保险事宜，与美国几家大公司协商联合组织公司。在此期间，我白天见缝插针，找机会，寻空当，进行调查学习，晚间则追忆记录。先从总管理处业务部调查，了解全行形势，在这里可以看出上海商业储蓄银行确是生机勃勃，蒸蒸日上，大有兴旺发达气势。然后再去其他各部，但不去人事部。有的部门去一两次，有的三四次，只有国外部及往来部两处去学习的时候最多。当时国外部相当新式，曾聘任德国外汇专家柏卫德任经理，我进银行时专家刚离任回国。现任经理马伯援系湖北人，他爽快诚实，非常俭朴，思想进步。国外部当时就租用有路透社电传机，每天随时都可看到全世界各地经济新闻及各种商情行市，我对此更感兴趣，有空就去看电传报告，因此与马经理交谈得多一些。国外部设有信用调查科，专供外同往来行家咨询，外国同行常有信来询问中国进出口行家的信用情况。国外部有时也要向国外同行调查往来行家的财产情况，工作量也不小。我同马经理谈及将来总行组织一个完整的调查部，国外部的信用调查科，是不是可以合并在一起，工作更方便些。马经理非常赞成，毫无城府之见，只此一端，就可以看出他的心胸非常广阔开朗。

我最感兴趣、参观学习时间最长的是往来部。这是上海商业储蓄银行在当时独树一帜、别出心裁的部门，也可算是陈光甫的杰作。这是为了适应当时庞杂混乱的货币市场而设立的。辛亥革命后，银两制度也和其他封建残余势力一同被保留下来，纷乱情形和以前一样，所不同的，只是以前日常使用小锭碎银，现在改用大银元、小银元或银毫。以前完粮纳税只用银两，现在则折合银元，至于大的商业往来和国际收支，还是普遍用银两计算。但商业方面交易计算虽用银两，而实际收支则又用银元，用银两换银元，又用银元换银两，辗转折合，出入贴水。尤其经营国外贸易，买货以金计算，买金以银两计算，卖货又以银元计算，一方面有金银比价的变动；另一方面又有两元比价的变动。关税计税，均按银两征收，国家偿还外债，亦按银两折合，计算先令外币，亦以银两为主。且银两本身又因成色不同，种类更多，举其大者，北京有库平、公砝，天津有行化，汉口称洋例银，上海称规元，其他各市各省均不相同。当时银元本身成色也参差不齐，虽法定一元等于七钱二分，但各处不同，加之辅币零乱，钱庄、银号、票号、兑换店均赖此为生。从民国初年起，废两改元之声，甚嚣尘上，但北洋政府无力也不愿实行。国外汇兑亦以上海规元为标准，上海规元适用范围，不但大于银元，也为全国其他银两的标准。在上海银两交易系互相划拨，称为汇划，银元可以兑现，称为划头。一般新式商业银行，以银元为主币，旧式银号钱庄则以银两为主币，在上海的各外国银行，本身以银元为主，但都设立一个买办间，专做旧式银号银两的往来。

上海商业储蓄银行也因应情势，设立两个存款部，一个是活期存款部，用支票支取现金、钞票，只管银元存款；一个叫往来部，存取可用银两及银元，收受银号庄票。这个往来部等于一个旧式的银号钱庄，凡是银号钱庄所能做的营业，往来部都能办理。银行普通放款，都是借款人向银行申请贷款，而往来部则是送折子请借款人用款（当然每个折子透支有一定限度，在此限度内可以自由用款）。送折子是一件极不简单的事，非要深知每个行家的底细不可。金额限度多少，也不是随便决定。这就要深懂商情才能运筹帷幄。上海银行往来部就有这么一位经理叫李芸侯，是一位不多言不多语、说话还有一点结巴的人，但他可称为当时上海金融市场信用往来的活字典，不但对所有往来的行家、厂店的财产信用情况了如指掌，且对一些比较重要行家的负责人的性情、习惯、嗜好，甚至他们的生辰都记得很清楚，到时或者派人或者亲自上门庆祝。

李芸侯手下有五个很能干的专门跑外人员，分门别类，有跑纱布、棉花、纱厂的；有跑海味水产的；有跑大小五金的；有跑进出口、报关的；有跑杂货、百货的；有跑地产租赁的。因为往来部的放款，是由这五位分别送折子限额用款，他们与经理共同负有很重的责任，不能稍有疏忽。我在往来部参观学习的时间最多，诚心诚意拜李经理及五位跑外人员做老师。他们也不以"洋学生"来看我，只要我愿意学，就无保留地教。我每天与李经理商议好安排的班次，轮流跟随五个跑外人员去跑生意，做他们的随员下手，他们谈生意，我就注意记录，有时只能心记，有时则可笔记，晚间追忆整理。这种得之不易的活材料，对我后来组织调查部及征信所有很大的帮助，使我在一个很短的时期内，对于上海金融商业市场、商品种类性质、经济形势、社会人情，有一个初步的认识和了解，等于又进了一个很好的商业学校，学习了书本上学不到的东西。

此外我自己还做了两件工作，即一方面以上海电话簿为基础，进行分区、分街道、分弄堂，分门别类的调查分析，把全上海的商业区、住宅区、高级中级分布情况，以上海银行总行为中心，辐射到各区街道弄堂，描绘了一张草图，作为今后银行发展业务的参考；另一方面，我又以顾客的身份到上海中外各大银行，如中国、交通、新华及金城、盐业、中南、大陆这些商业银行，以及汇丰、麦加利、花旗、正金等外国银行，查看他们的服务态度与业务情况。好在我当时是初到上海，谁也不认识，作为普通顾客，有时只坐在柜台外，查看往来情况，默计付款速度，有时则以顾客身份向办事员询问请教与银行往来的手续，以期获得他山之石，达到知己知彼。这样不知不觉已到了两个月的期限，我昼夜不停地根据这两个月中在行内行外学习参观调查分析的材料，写成了一份报告。

报告的原文找不到了，根据追忆，大致是一个前言，几点建议。前言叙述两个月内外活动的情况、学习心得及本行兴旺发达的气势。再根据调查的实际材料，提出几点建议。第一，关于服务及付款速度问题：根据亲自在上海各中外大银行观察情况，大致相差无几，各有所长所短。本行素称为社会服务，还不能算首屈一指。目前各银行最成问题的是付款速度不快，顾客拥挤排队，尤以活期存款支票取款，至少要花5—10分钟，甚至更长的时间。顾客排长队等候，有的因急于取款赶到商店购物，难免口出怨言。银行办事员对此也无可奈何，因为按规定是收到一张支票，首先要翻看签字卡片及印章，核对无误后，还要翻看存款账本，核对存款余额，怕有空头支票。等内部一切手续都做到了才付款。这样一来，五分钟自然不够，甚至达十几分钟，顾客又是挤在一个窗口，都等得心焦而不满。我建议等搬进新营业所时，将活期存款依账号分成几个窗口，在窗口外标明几号到几号，以便顾客依账号到窗口取款。每一个窗口的办事员，平日要用心将本窗口内的几百户的签字或印章用心熟记。事实上每个签字或印章，细心查看必有一个特殊点，这个特殊点是伪造不出来的。同时还要熟记每个存款户的存款余额，做到心中有数，一接到支票就可立即付款。这样最多不过3分钟甚至1分钟就可完成。当然这是要平日下点苦功夫强记，虽然很烦难，但不是不可能的。至于储蓄部的付款是凭折取款或凭单转期，亦可研究简化手续，加快付款及办理速度。本行若能进一步做到这两点，必能使顾客有口皆碑，从而一传十、十传百，则本行业务将会更加发展。

第二个建议是，本行在上海已有一个虹口分行，根据亲身实际分区调查分析，可在本埠再设9个分行。9个分行的地址，我拟了一张草图，以总行为中心辐射出去，可在大西路、愚园路、霞飞路、界路、提篮桥、八仙桥、爱多亚路、小东门、同孚路9处选择地址陆续开设。分行经理也要因地区不同而选任适才，如愚园路、大西路、同孚路、霞飞路等高级住宅区，可选用知识界人士担任经理，小东门选用熟悉海味水产的，提篮桥选用懂得大小五金的……

第三个建议，成立一个完整的调查部，分经济调查与信用调查两大处。信用调查处，可利用国外部原来的信用调查科及往来部一些珍贵资料及人才；国外部的信用调查科，已经商得马经理的同意划归调查部。往来部的李经理，可称本埠商业市场上的活字典，几位跑外人员也可与调查部合作，请其帮助调查部搜集市面商情资料，这些也已取得李经理及跑外人员的赞助。关于经济调查处，则请求物色人才，最好从复旦大学经济系毕业生中招聘。并订购全国各大经济新闻报刊，编写各种重要商品及本行宣传资料。两处都须成立档案库，分类收集资料，做到信用调查可以作本行投资贷款的参谋，经济调查可以为本行发展业务的参考。

第四个建议，扩充信托部，增加服务种类。做到每个顾客需要办的一切能办的业务，除保管箱业务须待明年迁入新址后才能实现，其余如代收、代付、代买、代卖，如公债、股票、房租、房费、水电费等，只要顾客需要都可代办，做到顾客心中只此一家，不需别处。

这个汇报写得相当长，总算是如期交卷。因总经理还在美国，即交给代理总经理的杨敦甫副总经理。他看了报告之后，深表赞许，并说立即寄往檀香山往来行中，请留交总经理陈光甫。因总经理已准备乘船离开美国，预计半月后可抵檀香山，收到这个报告，可以在船上从容细看，若是等他回到上海，必定很忙，何时能看就很难说了。这也是杨副总经理一番好意的安排。不久陈光甫回到上海，立即约我面谈，表示完全同意，所提各项分出轻重缓急，陆续施行。

总经理这次回国还请来一位美国专家，是本行美国旧金山往来行中管总务有特长的行家，专为本行新建大楼装饰及新营业所和办公室布置安排的。为什么一定要聘请一位外国专家来安排布置，这是有点内幕的。因盖这栋新的大楼，总经理与庄得之董事长两人对于楼房的形式与内容，常有不同的主张，常常发生争执，但为了顾全大局，多半敷衍董事长。可一旦到了内部营业所、办公室的安排布置，这与银行实际业务及将来发展情势大有关系，再不能听之任之，一定要有新的安排。庄得之本是与盛宣怀有关系的封建官吏，看法做法比较保守，陈光甫为了免除争议，乃请一位外国专家来司其事，这样可以避免董事长的干扰。这一着棋倒真灵，从此银行内部布置，董事长只好作壁上观。当然这是有点凭借外力解决内部矛盾的一种手段，并不是一切真由外客做主。陈光甫为此特别组织一个迁移新楼布置办公室的小组，总经理、副总经理、外宾及各部负责人参加。我也算是小组的一员，因此与这位外国专家处得很好；后来我去美国学习时，也曾得到他的不少协助。

迁移小组考虑得最多的是营业大厅的布置安排。一切对外业务部门都设在营业大厅，这里布置妥当与否，对发展业务大有关系。首先注意要使来往顾客一进行门就感到舒适方便，指示明确，一目了然，存取迅速，宾至如归。管理部门都设在二楼。陈光甫对于调查研究特别感兴趣，因此调查部就设在总经理办公室的旁边，以便其就近询问。调查部由三部分组成，一是经济调查处；二是信用调查处；三是内外咨询，负责研究编写重要商品及大宗出口和可做放款抵押商品的经济情报，供总经理参阅。

上海商业储蓄银行迁入新建大厦后，门面富丽堂皇，内部热情待客，服务周到；又在本埠新设10个分行，业务突飞猛进，存款成倍增加。特别是因汉口分行大胆利用时机采取特殊政策，即在国民党政府进入武汉实行现金管理，令各银行停止付现时，本行独树一帜，与当地外国银行一样照常付现，信誉愈著，虽招致其他银行的不满，但也无可奈何。不料长江洪水泛滥，武汉三镇顿成泽国，汉口分行仓库存有大量食盐押款，盐泡水中遭受损失，有的同业乘机造谣，宣称上海商业储蓄银行遭受巨大损失，濒于破产，因此酿成存款挤兑。由汉口分行波及其他分行，当然影响上海，存户纷纷来行提款，情况至为紧张。陈光甫一方面命令营业大厅全体行员处之泰然，若无其事，来者不拒，要现就付；另一方面与中国银行商议对策。陈光甫系中国银行常务董事，与该行总经理张公权交谊很深。张公权在上海银行成立之初，就帮了大忙，与李铭一起替陈光甫鼓劲，由中国银行用堆花方式存入3万元。当时上海商业储蓄银行股本不到10万元，这3万元就显得很不寻常了。尔后3万元始终不动，上海银行得益不少。现在张公权不单考虑上海银行一家，更从上海金融大局着眼，认为万一上海商业储蓄银行出了问题，势必波及整个金融界，因此竭力支援。并特别开仓，有意将箱箱现金由仁记路的中国银行运往宁波路的上海商业储蓄银行，如此川流不息地箱箱现金进入上海商业储蓄银行仓库，上海商业储蓄银行则将现洋堆在柜台上及楼道内显眼处。中国银行还通知全国分行支援上海商业储蓄银行分行。因此挤兑者不但渐少，有的进行一看现洋堆积如小山，反而转取为存，提款挤兑风潮很快平息。陈光甫即令调查部赶写一篇《谣言感想记》的小册子，指明谣言的由来，谣言的卑劣，谣言对存户招来损失，本行对存户顾客一方面表示同情，一方面表示歉意，希望以后不要轻信谣言，以致天下本无事，庸人自扰之，云云。这个小册子迅速刊印邮寄全行存户，并陈列银行柜台上任人取阅，的确获得了宣传的效果，业务蒸蒸日上，存款加倍增加。

迁入新行址后，我与陈光甫接触日多，深深感到陈光甫有一特长，就是善于用人。他认为世上无完人，也绝无废人，各有所长，各有所短，各有特点，也各有缺点，要用其所长，避其所短，尽量发挥其特点，设法防止其缺点。当时上海金融界无论旧式钱庄或新式银行都各有派系，用的都是同乡亲戚，尤其是负责职员，必须是关系人物，所以形成什么宁绍帮、镇江帮等。但陈光甫则不然，他是江苏镇江人，而上海银行上层负责职员中有湖北人、四川人、江苏人、广东人、河北人、江西人、湖南人、福建人等，既不任人唯亲，都能为其所用，各显其长。上海银行还有一个制度，不定期地选派职员出国深造及实习，当时只送往英、美两国进行培训。同时还开办训练班，公开登报招考，每期20—30名，开始全天学习，然后半天学习，半天到银行业务部门实习，教员即由行中高级职员兼任，我也在第一、二期担任过教学任务。陈光甫私称这是他的"黄埔军校"。这个训练班，的确也培育出了一些人才。此外总行人事部规定每周星期四晚请十数人聚餐，由总经理出面约请，随便座谈，在座谈中发现可用人才。每月开行务会议一次，由总经理主持，听取各部汇报后，总经理利用实例，宣传本行精神。但万法不离其宗，总是宣称本行以服务为主旨，在为社会服务中取得应有的利益，同时提出"银行是我，我是银行"。每次题目实例有所不同，但主旨精神不变，反复宣扬，使之深入人心。

上海银行迁入新址，同时在本埠增设10个分行，在全国各省也陆续新开分行或办事处，业务日见发展，但资本仍只有250万元。这时我又上书建议必须乘时增加资本，并且秉着本行一向号称"银行是我，我是银行"的精神，最好增加资本时由董事会决议一半由股东出资，一半由全行行员分担，务使每一个行员都是股东。其能购股多少，则按进行年龄论资排辈，进行分配；现钱不够者可由行中拨出一笔无息贷款，即以股票作抵押，年终由股息及红利归还。陈光甫甚以为然。1930年经股东会议决议增资250万元，达到500万元；其中125万元由全行行员认购，详细办法由人事部订出。此后存款大增，由6500万元增加到15280万元，当时我想行员都是股东，就真正达到了"银行是我，我是银行"之目的。可是理想是理想，事实是事实，因为论资排辈，还是高工资的高级职员分购的多，小行员份额有限；无息贷款也是高级职员占便宜。所以虽然一时大家都兴高采烈，几年以后小行员的股票就都陆续高价转卖而放弃股东名义了。事实上要想由股东而选上董事，必须起码有200股（2万元），这于当时是很大的一笔钱。我出任华北管辖行上海银行经理时，陈光甫推选我做董事，我只有二十几股，当然没有资格，行里乃由特别费项下收进的股票中提出200股过户在我名下（股票仍由行里保管），我才被选上董事。

进东三省的目的始终未达到

上海银行当时在全国各大商埠差不多都已开设了分行支行，唯有两大区域因种种顾虑尚未设行：一是东三省；二是四川省。现在存款日见增加，资金丰富，要谋出路，更想进军两地，但两处情势特殊，未敢冒进。1930年陈光甫因我在奉天沈阳办过银行，又是日本留学生，所以要我亲去东北三省作一番调查研究。当时有一俄国人在哈尔滨开设一个胜济银行，此人原在上海华俄道胜银行任高级职员，与陈光甫相识，一直主张上海银行去东北三省开设分行，他可以帮忙筹划，我去了可与之接洽。我开始还有点犹豫，因为我在沈阳有一段不愉快的经历；不过后来一想，当初我在奉天时因银行局面太小，施展不开，现在上海银行资力雄厚，大可以在东北三省做一番事业，与外人争一日之短长，于是也就欣然愿往。即从上海乘船先到大连调查，一到大连，看到大连港真是一个天然良港，确是东北三省一个出色的物资进出口，银行在此大可发展外汇业务及各种投资。当时印象很好，认为上海商业储蓄银行以大连为起点，可以依次进入东北三省。随后乘车去奉天沈阳。大连是南满铁路的起点，南满铁路规模宏大，是日本侵略中国的基地，又是日俄战争的产物，简称"满铁"。一上南满铁路火车，一切都是日本方式，就像到了日本。我在日本住过10年，司空见惯，当然不感到生疏，但在自己的国土上，如同到了外国，却又感到十二分的不快。到沈阳下车一看，大为惊讶，比我1927年在此见的情况，又发生了很大的变化，日人势力更见加大。南满车站周围虽没有租界之名，却有租界之实。奉天大的商业活动，都由日本大银行（正金、朝鲜等）、大企业总揽，张作霖的政府设在城内，形成两个市场，两个天地。再往深一层调查，看到日本关东军在此横行霸道，剑拔弩张，与奉军到处发生摩擦，滋生事故。此时从大连得到的热度，已下降了一大半。到了吉林长春，又是一番景象，长春是南满铁路的终点，又是苏俄中东铁路的终点。长春本是吉林省商业中心，是一块好地方，可是这里好似已形成三个国家。进入中东路车站，上了中东路火车，内外一切又都是苏俄方式，起居饮食都是俄式，在车上就像到了俄国，我不懂俄语，一切更感到异常生疏。透过车窗，遥望长春夜景，真痛感风景不殊，举目有山河之异。到了哈尔滨，由胜济银行迎接招待，这位俄国人对我表示非常欢迎，把他的银行业务，说得天花乱坠，希望与上海商业储蓄银行合作，两者相得益彰，前程远大。我经过一番调查以后，综合三省情况，感到东北三省确是一块宝地，可又是一块是非之地，中日之间、中俄之间、日俄之间随时随地可能发生摩擦，随时可能发生冲突，大有"山雨欲来风满楼"之慨。此时在大连得到的百分之百热度已下降到零度了。我提前赶回上海，如实向总经理陈光甫汇报:东北三省是块宝地，又是一块是非之地，已成了一个大脓疱，迟早非穿不可，一切工作等脓疱穿了再看。虽不幸而言中，但当时还万万料想不到次年（1931年）会有"九一八"这样震动全世界的大事变和伪满洲国的出现。但不管怎样，上海商业储蓄银行总算没有听信那位俄国人的花言巧语匆忙进入东北开设分行，从而避免无意义的损失，亦是大不幸中之小幸也。

进入四川省

在东北三省开设分行未能如愿，转而欲向四川发展，陈光甫要我去四川进行调查。我又欣然奉命入川，陈光甫特别介绍先与四川名人卢作孚先生晤面，征求其意见。陈光甫平生最钦佩的实业家有张謇、范旭东、卢作孚、刘国钧，银行家有张公权、李铭、徐新六，文人有胡适，艺术家有程砚秋。胡适在北京教书时，陈光甫一到北京就亲自要我随他拜访。对程砚秋也一样，每到北京就要我陪他到程府拜访，记得我曾两次陪先拜访胡适后再去拜访程砚秋先生。我到了四川重庆，先持介绍信去民生公司找卢作孚先生，值卢先生不在重庆而在市郊北碚，我又专程到北碚。卢作孚先生真是一个创业奇才，不但创立了民生实业轮船公司，还在一块不毛之地的北碚区创造出一个新社会、新乡村，真是从无到有，从小到大，从贫穷落后到富裕，一个从平地涌现出来的现代化市镇。我到北碚见了卢先生，他非常热情，并陪我参观其创办的学校、医院、纺织工厂、温泉公园，夜宿温泉旅馆。卢先生极力主张并欢迎上海商业储蓄银行来四川开设分行，声称四川是天府之国，有做不完的事业和生意，不是一个银行或几个银行所能包办的，银行事业大有前途。同卢先生一谈，使我对四川发展充满了信心。但是我到了成都，访问聚兴诚银行董事长兼总经理杨灿三后，却又感到有些不太对头。此人可谓川中银行事业的一霸，长袖善舞，左右逢源，对我一方面是热情欢迎，一方面则是危言耸听。据他意见，四川成都是一个军阀社会，无理可言，无法可守，因之稍一不慎，即可倾家破产。他是本地人，无法离开，言外之意，你们下江人何必冒险而来。当时成都的确是在三个军阀分割之下，一是刘文辉，一是邓锡侯，一是田颂尧，白天全市可以往来如常，18时以后三方互相设防戒严，各防地夜晚不能互相通行。当时我住在成都青年会，青年会总干事通知我夜晚千万不要过到对街马路，白天虽可以去，一到18时，要赶快回来，否则，虽近在眼前，等于远在天边，要到明早才准通行。但我又从其他朋友处得到非常确实客观的情况，他们认为现在"一市三公"，比"一市一公"好。"一市一公"（指一个军阀），他可专断独行，横行无忌；"一市三公"，则互相争做好人，收买民心，谁也不肯先得罪老百姓。当时四川军阀虽然互相争地盘、争地位，甚至动武力，但对老百姓还不敢无法无天，对于金融界更是另眼看待，不敢得罪，反而希望获得帮助。经过反复调查，不惑于表面现象，我还是相信卢作孚先生的主张，又与聚兴诚银行内部的江浙人交谈，证明一切情况绝非如杨董事长所言。四川的确是天府之国，生意做不完，尤其申汇生意，更非一家银行所能包办，杨某不过是卧榻之旁，不容他人酣睡而已。因此我回沪后，极力主张大举入川，并主张从聚兴诚银行中物色几个下江人来上海银行工作。聚兴诚是川帮家族事业，非亲属不能在该行出人头地，我们请其入行，大有帮助，而他们也久已见异思迁。陈光甫听信了我的意见，随即筹备开业工作，首先在重庆、成都、自贡等地开设分行。当时想不到后来抗日战争发生，重庆会成为陪都，而上海商业储蓄银行在川早已有了立足之地，很方便地将上海总管理处迁入四川，得益匪浅。上海商业储蓄银行入川后，不但对抗日战争尽到应尽的责任，同时在后方偏僻之地，设立了中国旅行社及许多清洁便宜的招待所、小旅馆，便利全国迁川人士，特别是知识界、教育界人士来往住宿，人人赞许，有口皆碑。银行业也随之大有发展，并在后来国家收复失地时，为银行复原打下了基础。例如，抗战胜利时，我从重庆乘飞机回天津时随身带了一大箱法币，这对当时华北恢复银行业务起了很大的作用，对各同业也尽了一点帮助，这又非始料之所及也。

创办上海中国征信所

　　为什么在上海创办中国征信所？当时在上海成立中国征信所并非易事，首先要各大银行愿意出经费，次之要有这方面的人才。上海商业储蓄银行及中国银行各自设有调查部，性质接近征信所，但要各银行摒除私见，互相合作，共担经费，成立公共征信所，则还有许多周折。值天津金融界发生了空前的大风潮，给上海成立征信所加了一副促进剂。原因天津有个协和贸易公司，系美国留学生祁仍奚及奚东曙（奚伦）等人所开办，奚伦是段祺瑞的女婿。这个公司开张之始，声势浩大，经营业务主要是从美国进口小汽车及附件，出口花生米、发网等，排场很大，高不可攀。祁仍奚本人则大手大脚，高视阔步，请客送礼，不可一世。各大银行趋之若鹜，争先恐后求其开户，唯恐不及。各行经理争相巴结，又互相保密互不通气，希望自己多做生意。起初都吃了一些甜头、油水，后来愈陷愈深。协和贸易公司的进出口贸易，开始相当顺利，颇有收益，后来走向逆境。头寸不够，只好拆东补西大做表面文章，把一点仅有的现金，今天存这家，明天又存那家，表示非常活跃。各银行不明就里争相贷款，而协和贸易公司则愈来愈空，有的银行呆账达90多万（在当时是一笔了不起的巨款），少的也有几万几十万。等到资金周转不灵时，祁仍奚则逃避隐匿无影无踪，协和贸易公司突然宣告破产。当时天津金融界真如霹雳一声大梦初醒，瞠目结舌，摊开账目一看，都如哑巴吃黄连，几至酿成天津金融界全体倒台，所幸各大银行都有上海总行出来救济，才免全体倒闭之灾。

　　上海金融界有鉴于此，深深感到银行界历来互相保密并非好事，应当有一个从事经济金融信息的综合机构，互相通气，互相补益。因此中国银行调查部负责人张禹九、祝仰辰，上海商业储蓄银行调查部负责人资耀华联系浙江实业银行（后更名浙江第一银行）襄理章乃器及新华银行副经理孙瑞璜等，乘此时机在上海设立一个征信所，建议由各大银行分摊经费。此举正与各大银行总经理如张公权、陈光甫、李铭、徐新六等人心意相同（陈光甫对此特别感兴趣），因此一拍即合，很快进行筹备工作，并从日本人在上海早已开设的帝国兴信所内请有经验的中国人调查员为本所工作，组织管理委员会及工作组。最初由中国银行张禹九及祝仰辰、浙江实业银行章乃器、上海商业储蓄银行资耀华等轮流负责值班，每天中午都到征信所午餐，商议进行计划及听取调查员汇报。还刊行不定期金融经济情况简报，分发各会员银行参考，接受各银行委托信用调查事项，并负责保密。这在当时算是一件新事物，也取得了相当显著的效果，为各银行所重视。我于1933年8月去美留学，征信所一度由章乃器全权受理负责，章乃器去后，由新华银行副经理孙瑞璜负责到解放为止。

21

废两改元的是非功过

60年前的中国社会银两和银元并行流通，给商民带来许多不便和损失。而银两和银元本身在全国各地区又成色不一，交易行市到处不同，计算非常复杂，商民更受损害。当时新式银行、实业界、经济学者，早已主张废两改元。1914年（民国三年）北洋政府公布国币条例，规定一个银元等于银两七钱二分，并铸造发行大头银元（袁世凯头像）通行全国，本拟乘势实行废除银两，统一发行银元。由于各省军阀割据，政令不出都门，军阀各自为政，各自发行乱铸辅币，北洋政府势力既弱，决心也不大；同时旧式钱庄银号依此为生，群起反对废两。当时帝国主义银行也因政府历年借款均用银两做单位，充作借外债抵押的盐税关税均收银两，归外国银行经管，每年到期的外债本息，外汇牌价由外国银行定价（由英商汇丰银行开价），并以银两为本位作价，利用两、元行市变动多得外汇牌价折算的额外利益，因此也不赞成废两改元。只有新式银行如上海银行以及在新式银行工作的一些青年行员，一致推动银行当权人物向政府当局请求早日废两改元。1917年首先由上海总商会呈请北洋政府实行废两改元；1918年上海银行业公会又呈请政府实行，同时在中外修改税则委员会上（陈光甫、张公权都是委员）多数委员提议早日施行废两改元。卒因当时担任总税务司握有特权的英国人赫德坚决反对未能实现。

1927年国民党政府迁都南京以后，为了易于筹备军费，并打破历来由金融经济左右政治的局面，转变为由政治支配金融经济，为此必须统一币制，首须废两改元。1927年先将钞票发行最多、信誉极好的中国银行总管理处由北京迁来上海，并修改中国银行章程，重新颁布中国银行条例，规定资本为2500万元，强行加入官股500万元。1928年又将有发行权的交通银行总行迁来上海，颁发条例，规定资本为1200万元，加入官股200万元。有了这些安排后，乃于1932年召集金融界讨论废两改元方案。当时银号钱庄依然坚决主张要慎重处理，但新式银行则一致赞成早日实行。此时，举足轻重的帝国主义银行改变态度，也赞成废两改元。这是因为1930年前后，世界连续几次发生经济恐慌，生产过剩，销路有限，列强都注目于中国这个新的大商品市场，作为它们资本及商品的出路。这就必须要有一个货币统一的金融市场，所以也赞成废两改元。国民党政府乃于1932年3月1日正式公布了废两改元法令，先由上海推行，4月1日起即在全国范围内施行，从此一切交易均以银元计算。陈光甫立即将上海商业储蓄银行原来的往来部改为贷款部，并经办国内汇总业务，仍由李芸侯任经理。上海商业储蓄银行全国分支行很多，通商大埠差不多都有分行，利用各埠货物进出，交通快慢，调拨款项有盈有缺，汇市常有变化，若能善于挹彼注兹，获利甚丰。万一头寸不足，则运送现钞补充平衡。我也曾亲自押运过巨额现钞由上海到汉口分行。当时运输现钞实有风险，万一遇上军队，就要全部损失。如1936年上海商业储蓄银行南京分行往山东济南分行运送现钞，在徐州附近遭到当地驻军石友三部队抢劫，银行无处控诉，只有哑巴吃黄连白受损失。

废两改元是比较成功的，也是人心所向。对其是非功过，也还有些争论。我自始至终是主张废两改元，并不止一次地向张公权、陈光甫以及金融界号称开明之士者进言，要其向政府建议实行。我认为不管国民党政府当时动机如何，废两改元统一币制，在经济发展上是进步的，是应当赞许的；能把几代人希望解决而未能解决的废两改元、统一币制、便利商民的难题解决，是值得一书的。现今有人还认为"废两改元并不是什么进步的措施，而只是国民党反动政府政权为进一步控制中国金融迎合帝国主义侵略的需要，以便出卖中国货币主权，所采取的一个'步骤'"，我实在不敢苟同。

废两改元施行后，国民党政府当然要进一步图谋统一发行货币。当时的金融形势，要统一发行则必须先掌握中、交两行的实权。因中、交两行发行的钞票，信用很好，深入人心，所以必须把中、交两行发行大权由政府掌握为其所用。1930年2月，国民党政府先颁布海关税收改用关金券，1932年与废两改元同时颁布中央造币权的统一，并进一步强化中央银行权力。为了进一步统制全国财政金融，还必须并吞中、交两行，归为国有。1933年春，我随陈光甫视察长江流域各埠的分行业务，到达九江分行时，陈光甫突然接到中国银行行长张公权由上海拍来急电，要他火速回沪有事相商。陈当即返沪，我们则继续视察。视察完毕返沪后，才知财政部部长孔祥熙正拟秘密发行金融债券一亿元，作为增加中、交两行及其他三家有发行权的银行官股资本之用。正式债券尚未印行，只由财政部先交给一张2500万元金融债券预约券给中国银行作为增加官股资本，连原有资本，官股商股合计是官六商四之比。张公权自知无法完全抵制，乃一方面筹开常务董事会、监事会，股东大会商讨对策，另一方面在开董监会前先与当时担任中国银行董事长的李铭（浙江第一银行的总经理）及常务董事陈光甫三人事先密议办法。他们都认为迫于形势，不可能完全拒绝，只有不得已而求其次，要求官商控股各半。陈光甫与孔祥熙私人关系很好，又都是留美学生，同是在美国所组织的一个兄弟会的会员，可以无话不谈，孔祥熙还是上海商业储蓄银行董事，所以要陈光甫私下向孔祥熙陈述内情，希望官商股权各半。孔祥熙欣然接受这一建议，当即收回1000万元金融债券预约券。表面看来好似孔祥熙卖了人情，国民党政府让了步。其实国民党政府已成竹在胸，只要开股东会修改章程，从人事组织上插手掌握实权，资本股本多少已不是主要问题。果然，1935年3月召开中国银行股东大会时，即由财政部派宋子文、叶琢堂、席德懋、钱新之、胡笔江、杜月笙、吴鼎昌、王宝嵝9人为官股董事，并指派宋子文为董事长，指派宋汉章为经理，同时调中国银行总经理张嘉璈（公权）为中央银行副总裁。商股董事任期未满，依旧留任。同时交通银行也同样增加官股，但因钱新之与蒋介石有特殊关系，依然被留任为交通银行董事长。中、交两行已为官股资本所掌握，其他三家有发行权的银行即中国通商、中国实业及四明银行也都利用官股掌握其发行大权。从此多年来由金融经济左右政治的局面，就完全变为政治势力支配金融经济的局面了。

第一次赴美留学

上海商业储蓄银行特别注重引用新人，不受地方出身及亲属关系的限制。对一般行员采用公开招考方式，每年招考30人左右，先在自办的训练班培训，师资由本行高级专业人员担任。练习生半年听课学习，半年后则半工半读，轮流在银行各部门实习，两年毕业，分配到总行各部及分行试用。这项培训工作比较成功，造就了一些适用人员，成了基层骨干，有些人成为高级负责人。对高级行员及有特别贡献的普通行员，则选送出国深造，每年两三人，派往英美两国留学实习。行员出国深造，国内薪金照发，国外用费实报实销。

1933年夏，我也被派往美国进修，先在学校研究，后在有往来的银行实习。我这次进修和实习，都由陈光甫亲自安排，首先指定要进入陈光甫在美国留学时的学校，即宾夕法尼亚大学的工商管理学院（沃顿学院），并介绍其在该校学习时的约翰逊教授照顾我的学习。约翰逊博士系铁路交通运输等专业的名教授，当时中国铁路运输方面的工程师、管理专家，差不多都出自他的门下，他在美国也有名教授之称。

我于1932年8月初，由上海乘船赴美，乘的是美国首次建造的总统号新型轮船，船票及一切手续都由当时中国旅行社经办。我住在特等舱位，有套房、客厅。当时华人赴美，除普通检疫及海关手续之外，移民局这一关很麻烦。美国是以金钱多少看待人的，对华人特别严格，登岸时对特等舱和头等舱位的旅客特别优待，对统舱客人则刁难万端，甚至不许登陆而关进一个小岛上。我因为乘的特等舱，一切非常顺利。我到旧金山时，曾为本行上海新址布置营业厅的美国专家已在码头上接待。我送上陈光甫送给他们银行总经理、董事长及他本人的礼品，均系高级丝绸制品，是美国人最喜爱的东西。在旧金山住了三天，一切都由该行招待，并由这位美国专家驾车陪我观光风景名胜等地。有一次在高速公路上，他把车速提到每小时90—100千米。他是故意炫耀，令我惊心动魄。后来他说，只有在高速公路上才能这样，决不是随便冒险的。

我乘总统号轮船去美途中，途经香港、横滨、檀香山等埠，都停留了一两天，以便旅客上陆游览。船到横滨时，我曾上岸到东京及京都等旧地重游，并向京都帝国大学经济学院教务处申请将我毕业学分抄写出来，这样到美国大学入学时，可以免予考试即进入研究生院。我开始以为办理这事手续相当麻烦，后知这项工作已成为学校惯例，学校、教务处接到申请后不到一小时即用英文将全部学分打印好，并说若申请本人不能亲取，还可代为邮寄。

三天后，从旧金山乘车直达美国东部费城，即向费城宾夕法尼亚大学工商管理学院（沃顿学院）办理入学手续，然后持陈光甫的介绍信去拜访约翰逊教授，送上陈光甫托带的礼物。教授夫妇非常高兴，非常热情，特备晚宴招待，这在美国是不寻常的；还特别约许，以后有什么事随时可以协助。我在学校选修的课程是工商管理、银行货币、投资等；由于课程较多，没有选修约翰逊教授的运输课程，此举可能引起教授的不快。但我选的课程已满负荷，无法再选不愿学习的课程。在校一段时间后，即去纽约事先已约好的化学银行实习。这次不是视察、参观，主要是跟班学习。银行要按该行规章先由该行医务室为我检查身体，合格后才可正式工作，并给以相当的工资。我因自有公费，无须银行工资，即进入银行的信用调查部，每日按时上班。利用这个机会，我对该行信用调查部作了全面的研究实习，并对其经营管理方式的特点也作了相应的注意。

这次来到美国留学，除研究及在银行实习有所收获外，还遇到一次不可多得的机会，亲身经历了美国当时政治经济如何由乱到治的过程，获得了意外的不寻常的教益。1933年秋，我抵美时正值全美发生经济大恐慌，这是一次影响全世界的大风潮。1932年末1933年初，美国发生了特大的经济恐慌，工厂倒闭，企业关门，失业载道；全国银行倒闭近2.5万家，几家大银行如大通、花旗等，也处境艰难。胡佛总统一筹莫展而落选下台，由雄才大略的罗斯福总统当选就任。当时罗斯福真算是受命于危难之际，面临市面萧条，经济萎缩，他胸有成竹，立即召集全美出类拔萃的各方精英，组织了一个

Brain Trust（智囊团），陆续颁布并实行了一系列的New Deal（新政）。首先由联邦准备银行创立一个别开生面的存款保险公司，恢复金融信用功能，从而维持金融稳定，解除信用危机。同时大兴市政土木工程，在田纳西建筑一座规模宏大、举世闻名的特大水利工程，吸收大批失业队伍；收购农副产品，补贴农业资金，低利扶助建筑、地产、汽车等美国三大工业支柱。不到半年，社会经济就大有起色。我抵美国时，恐慌痕迹还到处可见，如有些地区的小旅馆竟用破产倒闭的公司股票债券糊饰墙壁，由此可见一斑。罗斯福的"新政"确实发挥了极大的威力，我曾据此写了一份简单报告，寄给上海中国征信所，供其参考。罗斯福"新政"为美国经济中兴打好了坚实的基础。罗斯福连续被选任，终其一生。他使美国经济繁荣，国力蒸蒸日上，贸易达到世界总额的40%，黄金库存占世界总额的1/3。罗斯福总统的政绩，是可以大书特书的。

在美国研究实习后，即奉命再赴英国伦敦进入西敏士银行实习考察。从纽约横渡大西洋，乘的是英国新建造的5万吨的玛丽皇后号巨轮，这在当时算是世界第一的豪华旅游轮，行程六天就到英伦。船上如一个小城市，从上到下，从东到西，全部看完，差不多要花上半天时间。这次同船的有胡传揆博士，他是洛克菲勒基金会资助由协和医院来美研究细菌学的。胡博士学有专长，造诣很深，回国后依然在协和任职。我与胡博士都是留美部分学生组织的一个兄弟会叫作仁社的社员，我是在费城加入的，他是在纽约加入的，在每年召开年会时互相认识的，这次也是互相约好一同乘船去英伦。

英美两国银行制度大不相同。美国银行是单一制，全国有大小银行几万家，除几家大银行开设为数很少的几处国外分行外，其他中小银行都不设分行。各州法律禁止州外银行来本州开设分行，纽约州更为严格，所以美国银行虽多，都不设分行。英国则不然，只有几家大银行，每家银行开设几百家分行及分理处，在伦敦每条街道的十字街口，四方都设有银行分行。英、美两家银行制度，各有所长，各有所短。论到银行管理制度，我是服膺于英国银行方面的；论到业务开拓、服务周到，则又向往美国银行。在伦敦实习之余，我编著一本《英美银行制度论》小册子，回国后交华通书局出版。

在伦敦实习完毕，即准备旅行欧洲各国首都及风景胜地。在报上看见Thomas Cook（中国叫通济隆）旅行社可以代为设计出国观光旅游，一切费用可在伦敦预先交款，以后凭证旅行，不再用现金。我看了这个广告，甚为合意，不但手续方便，而且安全保险，当即去该旅行社，请其代为设计。我的要求是走访东西欧各国首都及其他特别有名的观光城市，行程最多一个月，由日内瓦乘船回国。该社根据我的要求，按照该社的可能，代为设计安排行程。我在伦敦一次付款后，换来一本票证，先由伦敦乘轮渡到达巴黎，一到码头就有该社人员接送到旅馆。从此一切都听从该社人员吩咐，每日分秒不差；市内观光乘车是同其他旅行团体同游，也是由该社安排的。他们这种方式，的确很科学化，从个人看，好似为我个人安排，从该社看，其实是在其他计划内把我这一份添进去，非常经济合算，等于"添客不添菜"，而个人又感觉热闹而不寂寞，虽然人地生疏但安全保险。到了比利时首都布鲁塞尔时，突然遇到从美国大学毕业后假道欧洲考察的刘承昭博士，也是我在美国仁社的老朋友，每年仁社开年会时会晤聚谈，甚为钦佩。他后来在四川华西大学任教。这次他是个人旅行，所有带在身上的现金都被小偷窃走，身无分文狼狈不堪，正在走投无路之时与我相遇，可我当时身上只带了一点零用钱，只能尽其所有给他，供他打电报求援及短时吃饭等费用。我认为这次旅行计划打算得很好，大可作为我们中国旅行社将来发展业务的参考。我计划回国后建议中国旅行社也采用这种经营方法，虽暂不能向外国发展，起码可在国内各省会范围采用一次付款方式发展旅行事业。此次旅行，可谓走遍东西欧各大都市及名胜古迹，看到了许多国家的风土人情，本拟写一篇东西欧旅行记，但回国后情势改变，日夜忙于业务，无暇及此。但有一件事使我永远铭记的，是德国人的组织性、纪律性，使我钦佩万分。当我到德国柏林时，正值德国总统兴登堡将军去世，国会召开隆重的追悼会，并任由柏林市民自由参加吊唁，因此全市市民从四面八方涌来参加。我看到从东西南北各方前来的市民到了国会这条大街上，非常整齐严肃，秩序井然，既不见我拥你挤，也不见交头接耳，既无警察维持秩序，又无一点喧哗；如此巨大人流，缓缓而行，这是在任何国家任何地方都看不到的。我当时看了以后，不但甚为钦佩，而且极为感动，这样的有纪律、有组织的国民是值得学习服膺的。

在欧洲旅游完毕，照所定计划到意大利日内瓦乘德国海轮回国。船上一切设备应有尽有。这次乘的是普通舱位，两人共一舱房，同舱的是一位上海海关副税务司，由上海海关送到伦敦实习。此人与我年龄差不多，但最怕风浪，乘船就晕，船行驶到地中海时，本系风平浪静，但船身稍一波动，这位老兄就卧床不起。到了印度洋，遇到特大风浪，他呕吐呻吟苦不堪言。的确，这次大风大浪，据船上侍者说平常很难遇到。船客有几百人，这时到饭厅吃饭的，只和我与另外几位西方人，饭菜用具，都是用夹子夹好，固定在桌上，喝水不用盘而只用罐，免得洒出。说也奇怪，只要船一靠岸，同舱的这位副税务司就如死去又活来，立即要我陪他上岸找中国饭馆吃饭。一进饭馆，他就大吃特吃，我劝他少吃些，免得呕吐。他则说多吃才有东西好吐，否则吐酸水更难过。这大概是他的经验之谈，我是没有这种感觉的。

我在英美研究学习，都着重于全行业务经营管理及信用调查方面的工作，当然以为回国后肯定仍在总行工作。不料一回到上海，行中却要我去担任天津分行经理兼华北管辖行经理，并兼任中国旅行社华北区区经理。这个突如其来的变动，开始实有点丈二和尚摸不着头脑之感。后陈光甫恳切指出让我去天津的原因：一是天津分行经理好酒贪杯，放款失策，天津分行只有300多万存款，却有近200多万的呆账，头寸吃紧，非从速扭转局面不可；二是华北局面混乱，日本关东军侵略东三省，成立伪满洲国，野心不死，还想进攻华北，征服大陆，常嗾使日本浪人走私偷税，天津驻屯军常无事生非，借口闹事，政府委曲求全，一直醉心于抗战必先安内。华北签订《何梅协定》，并起用所谓日本通的黄郛去华北担任外交事务，考虑你是日本帝大出身，黄郛在上海曾对你有好感，所以希望你去天津任职，或可利用人事关系发展行务，到天津后，如逢局势变化来不及请示总行，可以私函告我，由你全权办理。我听了陈光甫如此推心置腹之言，只好遵命前往华北，但这又要从头学起了。

再次到天津竟成了第二个故乡

天津本是旧游之地，十年前曾在此地工作过，当时是大树底下乘凉，现在却要独当一面了。1935年初春，我到了天津以后，观察当时行内外形势，认为目前要尽力设法吸收存款，搞活贷款。对行外首先参加社会团体如联青社、扶轮社、青年会等一些活动，广交朋友，搞好关系。这些社团中的人员都系本埠大工厂、大公司、大企业的年轻有为的经理、厂长等，这都是银行的源头活水，非把这些源头活水拉过来不可。次之，则利用仁社关系来助一臂之力，天津留学美国回国的仁社社员，有不少是大公司的经理。所以我征得仁社总社同意，在天津组织仁社分社，自兼社长，开展活动，确实得到了很大的帮助。还利用本行比较大的股东、天津有名的士绅、租界华人纳税会的董事庄乐峰等。此外，我自己也进而担任几家大公司的常务董事及天津租界华董。银行得着这些源头活水，存款显著增加。对于放款方面，千方百计搞活呆账，首先是两家大的呆账户：一是一家纱厂；二是一家火油公司。纱厂症结在于棉花价高而纱与棉比价反低，货物返销不出去。因此一方面整顿纱厂内部、节省开支，一方面请求上海银行各分行代为推销，打开纱布销路，工厂本身活了，贷款才能活。而火油公司是代销俄国石油的代理公司，俄方算盘打得太精，代理商油水很少，同时俄国汽油颜色发黄，一般不受欢迎，生意上不去。当时天津市尚有美孚、亚细亚、德士古三家英美汽油公司，颜色纯清，又善于经营，火油公司非改弦更张不可，而美孚也早有此意，于是取消代销俄国汽油合同，改销英美汽油，火油公司也就活了。由于这些活动，银行存款日见增加，放款如期收回，一切大有起色。当时天津的上海商业储蓄银行与金城、盐业、中南、大陆所谓"北四行"相比，算是小"巴士"。但上海商业储蓄银行经过一番努力，发展很快，大有异军突起之势。可是当时从全局来讲，经营银行已非易事，银根趋紧，源头活水已不流畅。首先是外贸进口多出口少，国际收支亏损多；次之，美国实行白银政策，大量高价收购白银，中国白银到处走私外流，物价惨落，市面萧条，银行业务大受牵连。尤其实行法币改革，发行统一，私营行庄首当其冲，大银行勉强经营，小行庄日有倒闭，金饭碗也就不能做无米之炊了。

法币改革的前因后果

法币改革是中国现代经济金融史上的一件大事，也是我在银行工作中所遇到的一件大事。对于法币改革，研究讨论，我在幕中；机密决策，我在幕外。但由于业务关系，亲身经历和所见所闻确实不少。从1934年美国大量收购白银，世界市场银价猛涨，中国白银大量外流，造成通货紧缩银根趋紧，物价下降，经济萧条，商店倒闭。当时金融业内外人士都感到必须放弃银本位，实行管理通货，施行有控制的货币政策。国民党政府最早想到的是从美国借款援助改革币制，但美国政府犹疑不决。财政部部长孔祥熙乘参加英皇加冕典礼之机，密向英国政府请求帮助改革币制。英国政府很感兴趣，即密与美、法、日等国协商谋求共同参加其事，未曾获得同意。英国乃单独决定派其首席财政顾问李滋罗斯来中国调查访问，先取道加拿大，想顺道与美国及日本商谈，遭到冷遇而未能达成协议，李滋罗斯乃决心单独进行。但李滋罗斯并非1935年冬中国币制改革的直接策划者及主要设计人。过去几年来曾经过美国甘末尔、杨格、罗格哈德（此人与陈光甫交谊甚深）及中国金融专家等从正反两面研讨多年，设计了几个方案。这次法币改革，中国政府本拟挂钩英镑，希得巨额贷款，但李滋罗斯想到若提供巨额贷款，使法币与英镑挂钩，在当时国际关系上易受其他列强的攻击，考虑再三，最后把中国国际汇兑率拉低到一定适宜的标准，然后将汇率稳定在现有水平上，比较自然得体。当时由于李滋罗斯在国际财政金融界的声望，以及英国政府在中国正式颁布法币改革后，立即公开表示支持，并严令其在华的企业公司银行一律遵守等政策，使当时法币改革获得相当成功。不过虽然中国政府在法币改革的布告中，措辞极力避免法币与任何外币有联系，但日本政府仍表示极为不快。日本政府当时对中国的政策是唯恐天下不乱，认为中国币制统一，就可加强抗日的力量。所以很早就开始在华北一带扰乱金融市场，走私货物及白银，十分猖獗。并造谣银行钞票将从华北起始，停止兑现，不少人随着日本浪人到各发行银行持钞挤兑，如不立即采取措施，势必牵动全国，酿成全国金融混乱的大风潮，引起经济、政治的不稳局面。国民政府迫不及待，乃提前于1935年11月3日晚以迅雷不及掩耳之势，宣布实行法币改革。自1935年11月4日起，以中央、中国、交通三家银行所发行的钞票定为法币，所有完粮纳税及一切公私款项的收付，概以法币为限，不得行使现金。三行以外的银行已发行的钞票，暂准其照常流通，但以截至11月3日流通总额为限。一切单位和个人持有银币及生银者自11月4日起到指定银行兑换法币。所有1日订的合同契约，到期之日概以法币结算。外汇汇价为稳定价格起见，由中央、中国、交通三行无限制买卖。当时英国政府对法币改革支持最力，法币改革布告一宣布，英国驻华公使贾德干立即发出英皇敕令，要在华的英商和英国所有侨民遵从这一法令，使用法币不得再用现银。英国的汇丰、麦加利等银行率先将库存现银、白银提交给中国中央银行；英国的通讯社及报纸也普遍赞扬法币改革。当时美国驻华大使詹森虽声称公使无权命令其私人企业及银行遵守中国法令，但也暗使美国的花旗、大通及美孚等大企业很快把白银交给中国中央银行收兑，不再使用银洋。只有日本政府对新法币极力打击，日本军部更公然叫嚣中国币制改革是对日本的"公开挑战"，日本将要被迫采取报复行动。日本外交部则公然指责为何撇开日本单独与英美协商。不过日本在上海、广州、武汉等地的银行最后也不得不将库存白银交给中国的中央银行；唯有在华北方面的五千多万银洋，则用种种借口加以截留，不许南运，一直到解放才交出。

国际金融经济形势的变化，总是随着各国自身的利益和钩心斗角所掀起的。本来美国几年来连续大量收购白银，以致中国白银外流，银根趋紧，物价下跌，经济萎缩，钞票挤兑，如今改革币制废除银本位，实行汇兑本位，必然要在伦敦市场上抛售白银充实外汇头寸。而此时美国深恐英国从此加强对中国货币的控制，一反常态，在伦敦停止收购白银，一下子导致伦敦白银市价猛跌下来。中国不得不再向美国呼吁，声称中国币制基础将被动摇，要求美国照旧价收购中国白银。1936年1月美国财政部长摩根韬，提出他要了解中国新通货的全面情况和今后的意图，要中国派代表赴美研究。经财政部长孔祥熙选派陈光甫赴美交涉。陈光甫是美国所信任的上海商业储蓄银行总经理、中国银行常务董事及中央银行理事，当然可以做中国谈判代表，但最关键的还因陈光甫与摩根韬私人交谊很好。摩根韬原是纽约化学银行董事长、总经理，化学银行与上海商业储蓄银行多年往来，友谊甚厚，陈光甫也是摩根韬平日最钦佩的一位有信用的银行家。伴随陈光甫同行者还有两位专家即金融方面的顾翊群、政治方面的郭秉文，其中更有一位最得力的才华出色的冀朝鼎（中共地下党员）负责实际工作。陈光甫于1936年初赴美，与摩根韬进行多次会谈。本来美国政府一直怀疑法币与英镑挂钩，经陈光甫解释，最后决定今后中国中央银行采取盯住在英美套汇率中币值较高一方的办法，即当英美汇率发生大变动时，中央银行调整其中币值较低一方面的汇价，从而正式签订《中美白银协定》，美国同意向中国收购7500万盎司的白银作抵，取得一笔约2000万美元的贷款。总计从1934年起到1941年止共收购55295万盎司，价值2.5亿美元。这些美元作为法币的外汇储备都存在美国纽约联邦准备银行，同时在中国则成立"外汇平准基金委员会"，由陈光甫担任主任委员。实际美国从此已取得中国货币的控制权，此后中国财政上依靠美国的程度也就越来越深了。

法币政策的实行，使国民党政府达到完全垄断中国货币发行的目的。废两改元，虽统一了货币单位，实行了独占银币铸造权，但还不能达到垄断发行货币权的目的，因当时钞票发行还分散在许多私营银行手中，市面上还流通各色各样的硬辅币。法币一实行，完全禁止银圆及硬辅币的流通行使，除了中央、中国、交通三行外，任何银行都不许发行钞票，这样才真正把货币发行完全垄断起来了。而全体银钱业的库存准备金都是中央、中国、交通三行的钞票，金融业的最后信用直接依赖于国家银行，从此私营银行业的经营活动大受抑压。不但原有发行权的私营银行失去了一个生财之道，就是本无发行权的私营银行也断绝了领用暗记券的间接发行的利益。所谓暗记券，也等于暗中发行，例如当时上海商业储蓄银行因陈光甫与中国银行张公权的关系，上海商业储蓄银行用四成现金、六成证券交与中国银行，即可由中国银行用有特别暗记的钞票交与上海商业储蓄银行任其自由发行。上海商业储蓄银行获得了这几百万的暗记券，只要能在市面上流通而不流入中国银行，就可谓一本万利。但一旦流入中国银行，中国银行即向上海商业储蓄银行兑现。因此领用暗记券银行，总是千方百计将暗记券仔细分散，混在其他钞票内行使，使之不容易回流中国银行。这是虽没有发行权，实际等于自己发行，且比有发行权银行更为有利。这种暗记，只有两行极个别负责人知道，绝对机密不许外泄。起初暗记券的实行，也是发行银行一种推销钞票能多发行的一种手段。当时浙江兴业银行有发行权，看到上海商业储蓄银行业务面广，可作其流通工具，曾要求用暗记券代其发行，但上海商业储蓄银行也必须选择信用好的钞票，才肯代其用暗记券发行，否则，若钞票发出去很快就回笼，反等于自找麻烦而受损失。

由于法币改革，曾享有发行权的银行从此不能继续发行钞票，领用暗记券制度当然随之取消。源头活水既少，全体银根趋紧，获利工具亦少，银行经营维艰。1935年我往返津沪五六次，都是由于各地银根紧迫，总行电召商讨行务。我曾向陈光甫建议，是否由上海各大私营银行弃除私见，联合起来将各行所有的不动产作股本，成立一个规模巨大的不动产抵押银行，从而以不动产作抵发行几倍的债券，使死资产变为活资金，则上海金融界可以全盘活起来。日本劝业银行采用此法经营相当成功，可作参考。此项建议，当时未曾得到注意，陈光甫于1936年1月即赴美交涉借款去了。

1936年春，我乘陈光甫赴美的空当，走访华北、西北上海商业储蓄银行各地分行及中国旅行社，一是请求各地分行代销天津分行押款的大量棉纱棉布及纱厂的存货；二是同各地中国旅行社讨论仿照英国通济隆旅行社代客计划旅行及一次付款的办法。这次商谈结果很好，各地分行及中国旅行社都同意进行。任务完成后，我从郑州乘车回津，出乎意料地在车上遇见程砚秋先生。我与程砚秋先生并不算十分相识，只在北京陪伴陈光甫到程先生寓所访问过两次，当时只聆听他们两人谈话，我只是旁听，很少插言。现在陈先生却一见如故，甚为热情，并询问光甫先生近况。我告以光甫先生目前正在美国交涉借款事宜，听说很顺利，不久就可回国。我当即请程先生今晚在车上便餐，他欣然接受。火车上当然做不出什么名菜，但餐车管事大都与中国旅行社相熟，这次在郑州上车，中国旅行社派人送我时，即与车上餐厅管事打过招呼，请其照顾。因此我向管事人商量请他们尽其所能，准备几样精致的小菜，我要请程砚秋先生吃便饭。管事人欣然允诺，尤其听说要请程砚秋先生，更加高兴，大家都想看看程先生。当晚餐车伙房倾其所有，准备比较精致的几样小菜，用餐时全体工作人员都一齐出来向程先生问好。用餐时程砚秋自带一瓶法国白兰地，他说："今晚您请我吃饭，我请您喝酒。"并说："这瓶法国白兰地是十几年陈酒，是一个好友在武昌送我的，与普通白兰地大不相同，醇香可口，您可以尝尝。"可惜我平生滴酒不沾，但为不负盛意，也陪饮一小杯，品尝之下，真是不同凡响。程砚秋先生真是海量豪饮，三杯下肚，兴致极高，上下古今，无所不谈。此时我才发觉程砚秋先生不但是一代戏剧艺术大师，且文学造诣很深，诗词歌赋，琴棋书画，都有独到之处。我从小爱好音乐，学过吹箫吹笛，拉过胡琴，到日本后又学过小提琴及曼陀林，回到北京，还学过昆曲及戏剧，但都只学到皮毛，在外行面前似乎还算内行，在内行面前则又是十足的外行。这次聆听了程砚秋先生关于戏剧艺术的高论，真使我茅塞顿开，大受教益。

我回到天津，知道光甫先生已完成任务回国，不久又接到光甫先生电报，嘱安排行务迅即来申。这次电报与往日不同，多了"安排行务"四字，我一时不知是何用意，反复思考，认为可能要在上海多留一些时间也未可知，只有到了上海再看了。

我到上海后，即由陈光甫、李铭、徐新六等约在上海城市饭店午餐。我很奇怪，李铭、徐新六虽然都很熟识，但从来没有请我吃过饭，心想必有什么重要问题探索。在座谈中，首先由李铭（他当时是浙江实业银行总经理，又是中国银行常务董事）很诚恳地对我说："你曾建议设立一个不动产抵押银行，并依此发行债券搞活资金，我们研究后认为可行，各大银行都同意参加建行。现在特请您辛苦一下，即往东京一行，将日本劝业银行用不动产发行债券那一整套办法弄来，我们即准备上财政部及中央银行申请注册立案，希望这个银行可以很快开业。"我当即通知中国旅行社买票东渡。到了东京，我首先拜访日本大藏大臣池田成彬，他原是三井银行董事长、总经理，来过上海也有一面之缘，我向他言明来意，池田大臣当即令其秘书用电话通知劝业银行。我即如约前往，该行因接了大臣的电话，特别热情接待，可说是有问必答，有求必应，还特别指派一位行员，替我搜集整理有关材料，甚为省心而方便。我因此抽空又到京都去参观我的母校即第三高等和京都帝国大学。我是第三次来日本，无论在东京或在京都总感到有些异常，人们不如往常悠闲，到处显得很紧张。在京都大学突然遇到老同学室伏高信，此人系文学院毕业的学士，当初我们都住在大学同一宿舍，饮食起居、看书学习常在一起，虽不同院但相交要好。此人思想进步，是不是共产党我不敢断言。他在学校看见我，甚为惊讶，即约我在一个很偏僻的小饭馆吃饭。他很慎重地也很神秘地对我说："您怎么这个时候还来日本？日本军阀已准备大举侵略中国，这不是今年明年的事，而是今天或明天的事了。您得赶快回中国去，否则就可能当俘虏了。"我一听之下，不胜惊讶，看他态度很严肃，我绝对相信他。同时从我三次来日本所看一些情况比较起来，感到确是大有变化。我是1926年离开日本，第二次来日是1933年，当时看到8年的变化，是日本经济日益繁荣。这次来日本离1926年是10年，离1933年只4年，但日本社会情况变化极大。过去日本老百姓看到军人士兵非常爱戴，非常亲热。这次老百姓看见军人好似非常畏惧，总是敬而远之。过去军人不常在街上走动，也不带武器，这次则是全副武装，高视阔步。所以我听了室伏高信的话，再证以所见所闻，真有点箭上弦、刀出鞘之感。我立即回到东京，准备电知上海我要早日回国。待我一回到东京旅店，上海已有电报要我中止调查即日回国，大概上海方面也已知道日本军阀就要大举侵华的消息了。我当即买船票回国。可是我回到上海一问，乃是另一个使人生气的原因。即李铭等向财政部及中央银行申请登记注册立案时，宋子文等提出一个交换条件，即要由他的兄弟宋子良担任不动产抵押银行的总经理，不能由资某任总经理，否则立案不能成立。这一下把陈光甫、李铭等吓坏了，因为他们知道宋子文等一直就想插足各私营大银行，各大银行也常存戒心，遇事谨小慎微，不敢稍露破绽。如上海商业储蓄银行，陈光甫专聘请上海有名的大律师及会计师，每年年终的资产负债表及损益计算表，都经会计师签字证明，不让宋子文等抓住小辫子。宋子文等虽想各个击破，但也很难下手。此时宋子文已是中国银行的董事长，在金融界握有权势，可以左右金融业。各大私营银行对宋都心存戒惧，感到朝不保夕，只想成立一个规模巨大的不动产抵押银行，能变死资产为活资金，缓解银根极紧、业务萎缩的难题。倘若这个规模巨大的银行再为宋子文等所掌握，等于各大银行将其所赖以生存的命脉即"不动产"全捆起来，送上祭台让宋子文宰割。于是各大银行协商，宁可今后大家过点紧日子，遇到银根抽紧，谁家发生困难，互相暗中协助，共渡难关。所以一致同意撤销登记，电示我中止调查立即回国。我回到上海才知道这种情况，更深感宋氏家族的野心太大，欲壑难填。我只有再回天津，准备如何利用租界搞救亡求存了。我想起六年前一件难忘的事，即1931年日本关东军夺取东三省，还想再进一步发动侵略上海，幸我平日常到上海北四川路内山书店看书买书，在那里认识了一位日本通讯社记者高桥先生，1932年1月26日夜间，他突然匆匆忙忙赶到我住在闸北的寓所，要我赶快住进租界里来，越快越好，否则战事发生，就进不去了。我相信了他的话，1月26日即同家人住进英租界的亲戚家，连家具都来不及搬运。1月28日晨，果然日军同我十九路军在闸北江湾一带发生激战，达一月之久，租界外炮火连天，租界内捐物捐款，慰问接济十九路军，后由英美等国调解，战事方平息。想起旧事，我更相信日本同学室伏高信的消息，我将在日本京都听到的秘密情况向陈光甫、李铭等转达，他们也感觉到日本野心不死，定会继续侵略，现已到处制造口实，挑起事端，如南京日本总领事走失酿成轩然大波，是其明证。不过当时上海金融界总认为上海、天津都有租界存在，尚可偏安于一时，日本当不敢冒险冲破租界，只要全国人民抗战到底，则不但可利用租界作抗战基地，将来还可作复员的工具。殊不料日本军阀竟狗急跳墙，孤注一掷，敢于在1941年12月11日，偷袭珍珠港，不惜与全世界各国为敌，终于自取灭亡，但这是后话了。

（原载中国文史出版社《近代中国工商

经济丛书·陈光甫与上海银行》）

上海商业储蓄银行简史

吴经砚[*]

　　本文详述了上海银行的始末，作者熟知上海金融界掌故，并以金融史研究为毕业事业。本文对上海银行的记载，可以说是比较精确且权威的。

一、"小小银行"的发家（1915—1926年）

1. 在第一次世界大战中成立

　　上海商业储蓄银行（以下简称上海银行）是在第一次世界大战爆发的第二年即1915年6月成立的。成立时行员只有7人，额定资本仅10万元，规模很小，因此有人称之"小小银行"或"小上海银行"。这家"小小银行"的成立，却也从一个方面说明当时中国的资本主义银行业正在兴起，1915年一年中全国新设银行就有7家之多，而辛亥革命前的十余年间，全国设立的银行

---

　　* 吴经砚，本名洪葭管，现任上海市金融学会副会长，中国金融学会金融史专业委员会主任。

总共也只有十余家。

第一次世界大战于1914年8月在欧洲两大帝国主义军事集团之间展开，主要战场在欧洲，但战火也蔓延到亚洲和非洲，先后参战的国家有30多个，卷入人口达十几亿人，战争延续了4年之久，到1918年11月才结束。第一次世界大战是帝国主义为了争夺世界霸权和殖民地势力范围而进行的。大战爆发后，欧洲几个主要帝国主义国家英、法、德、俄忙于互相厮杀，暂时放松了对中国的压迫，中国的民族工业得到进一步发展。以民族工业厂矿的设立情况来看，第一次世界大战前后的1912—1919年间新设的厂矿，就比1895—1911年间有显著的增长。前一段17年，平均每年设立29个，后一段8年，平均每年设立59个。除新设厂矿外，还有许多工厂在原有基础上扩充规模。工业有了发展，交通运输业也有了发展，国内市场扩大了，商品流通扩大了，资本主义信贷系统也就随之扩大。

第一次世界大战期间，曾经被民族资产阶级看作他们的"黄金时代"。银行业的情况也是如此，一般都是业务发展较快，营业收入和资本积累较多，放款呆滞也最少。所以，这个期间成立的银行特别多，1914—1918年间就达35家。一方面是由于民族工商业发展的刺激；另一方面，北洋军阀政府财政上对银行资金的需要和帝国主义各国特别是美、日帝国主义对华贸易的需要，也是促成银行大批设立的重要因素。投资者筹设银行的规划和设想会有不同，但是他们的目的是一样的，这就是：开设银行有利可图，趁这个所谓"黄金时代"，努力挤入淘金者的行列，分割剩余价值，获取优厚利润。1915年成立的上海银行自然也毫不例外。

2. 资本勉强收足十万元

上海银行于1915年4月17日召开第一次股东会（即创立会），决定资本额为10万元，但决定后一时不易收足，到5月22日收了8万多元，到6月2日正式营业时才勉强收足。那一年，别的银行的资本，官办的中国银行和交通银行且不说，私营的浙江兴业银行是75万元，盐业银行是150万元，中国通商银行是250万两（约合350万元），而上海银行只有10万元，是当时上海银行业中资本最小的一家。

股东会上，推选庄得之为董事长，陈光甫为总经理。在初期上海银行的股东中，庄、陈两人是主体，其他的董事和股份都是由于他们两人的关系而拉拢和凑集起来的。当时投资的人不踊跃，总共只有7个股东，开创立会时，出席的股东只有4个人，其余3个人分别由庄得之、陈光甫代表。这次会上选出了7名董事，也即是全部股东都担任董事，其中庄得之方面占了4人，陈光甫方面占了3人。

在10万元资本中，庄得之投资2.2万元，陈光甫投资5000元。但是在陈光甫投资的5000元中，有一部分还是庄得之为他垫支的。陈光甫的股份是以后多起来的，他取得对上海银行的全权支配地位那是后来的事。

庄得之，江苏武进人，是清末洋务派官僚盛宣怀的远房亲戚，曾在张之洞、李鸿章手下搞军需，混得了候补道台的名衔。以后，盛宣怀又介绍他参加沪宁铁路的筹建事务。1904年起到上海一家奥商信义洋行当买办，这家洋行是专门经营军火生意的，信义洋行与德商礼和洋行合并后，他继续担任买办，直到第一次世界大战爆发这家洋行停业为止。从1912年起，他担任中国红十字会的理事长。

陈光甫，少年时在汉口一家洋行实习，从小就受到资本主义的熏陶。后来在汉阳兵工厂担任英文翻译。1904年去美国，为圣路易博览会中国馆的工作人员。博览会结束后，在宾夕法尼亚大学读书，毕业后又在美国的银行里实习。1909年回国后，任南洋劝业会外事科长，接着任江苏都督府财政司副司长，1912年改任江苏银行总经理。第二年辞职去北京，任中国银行顾问，但这是一个空头衔。

庄得之和陈光甫两人聚合在一起投资办银行，虽然资本较小，但他们的活动能量却不小。银行设在上海租界里，凭借他们两人的社会关系，特别是与洋行的密切关系，在租界上活动有很多便利条件。资本主义银行是货币经营者，它所运用的货币资本，不仅来自本身的股本，更重要的是集中社会上闲散的钱。吸收大量存款，是银行扩展业务、增加收入的重要前提。庄得之、陈光甫两人与官僚、地主、买办、清朝遗老等广泛联系，是他们兜揽和吸收存款的有利条件。上海商业储蓄银行创办人很重视收集这种"小金额"的活动，为此他们把这家银行的名称特别标出"储蓄"字样。

3. 资本积累、业务扩展异常迅速

旧社会的银行是一种特殊企业，它既不像工厂那样生产商品，也不像商店那样买卖商品，而是经营货币资本，充当货币资本的实际贷出者和借入者之间的中介人。它的主要业务项目是存款和放款，同时办理汇款以及其他与货币有关业务如保管、出纳、兑换等。其中存款总额的多寡，最能衡量一家银行资力的大小。上海银行的业务扩展迅速，可以从它的存款总额不断增加中得到说明，1915年开业那一年年底的存款是57万元，1926年已是3244万元，12年间增加了56倍。

银行吸收进来的存款利息低，贷出去的放款利息高，后者超过前者的差额，减去业务经营上的费用，就是银行利润的主要部分。这12年间，上海银行的净盈利共计355万元，资本与盈利的比例即平均年盈利率达到20%以上。

随着业务的扩展、利润的增加，资本积累也异常迅速。它的资本额由成立时的10万元，增为1921年的250万元，比成立时资本增加了24倍。

关于这12年间扩展的具体情况，可分1919年前和1919年后两段来看。

从成立到1919年的四年半中，是上海银行的树立根基时期。

它的原始资本这样小，如果运用时陷于呆滞或者成为倒账，它的周转就会发生困难。但是当时正值第一次世界大战期间，外国商品输入总值减少，其中英国商品输入几乎减少一半，法国减少1/3，德国几乎全部停顿；美国

商品输入虽增多，但也不及战前英国的数字；日本输入增长虽快，但由于中国人民对日本侵略者的反抗和1915年抵制日货运动的开展，它的增长趋势也受到阻碍，而中国出口的产品和原料却有所增加。因此，这一时期民族工商业获利的较多，亏累的甚少，上海银行的工商业放款几乎没有受到呆滞损失，这是它初期业务能够打下根基的有利条件。

在初期业务中，为了树立根基，它致力于吸收存款、储蓄和开展国内汇兑。当时银行家数远没有后来那么多，竞争者少，兜揽存款还较为容易。它在吸收社会各阶层手中闲散资本和收集小金额以形成一个货币力量方面下了功夫，因为银行要赚钱就得有存款，要赚更多的钱就得吸收更多的存款来运用。上海银行强调"服务社会"，提出"人嫌细微，我宁繁琐""人争近利，我图远功"的口号，想尽各种办法，以广招徕。具体措施有：一元起存的储蓄；制成各种储蓄盒交存户使用；办理"礼券储金"（旧社会用作现金馈赠）；结合代收学费在大、中学吸收存款；在教会中吸收外国人的外币支票转作存款；对存户的汇款手续费减收或免收，等等。当一元起存的储蓄开始时，有一个人拿了一百元钱要求开立一百个一元钱的存折，上海银行也同意照办。1917年起，它专门成立了储蓄部，还组织"储蓄协赞会"，在货币持有者中间广泛宣传，后来又去兜揽外国资本企业的存款。经过多方面的努力，它的存款总额逐年增加，1919年底已达到616万元。

国内汇兑，也是它初期竭力推进的一项业务。工商企业或团体、个人，委托银行汇款到外埠，银行在没有解交收款人之前，可以暂时利用。汇款和存款、放款结合，有相互推动促进的作用。这项业务对它的根基的奠定和收入的增加关系很大，有些分行且把汇款业务称作它的"基本业务"，它的分支机构的设置也很考虑汇兑业务开展的需要，1919年前已设立的外埠分支行就有：无锡、常州、南通、苏州、南京下关、宜兴、蚌埠、临淮关、济南、汉口、长沙等十余处。

1915年，中国、交通、浙江兴业、浙江实业、上海、盐业、中孚7家银行发起组织"上海银行公会"，会所即借上海银行地方；1918年正式成立，迁入香港路新址，又有聚兴诚、中华、四明、广东、新华、金城6家银行参加。这13家银行互选中国银行上海分行经理宋汉章为银行公会会长，陈光甫为副会长。陈光甫担任副会长，有利于提高上海银行在金融业和工商业中的地位。随着资本主义工商业的发展，代表资产阶级经济利益和发展要求的团体，包括各业同业公会也逐渐增多。银行公会筹组的时候，正是上海银行成立伊始，它很需要一些老牌银行的扶助，其中浙江实业银行总经理李馥荪、中国银行副经理（1917年起任副总裁）张公权对它帮助较多，浙江实业银行平时常予透支，中国银行则从它开业之日起就存入7万元，一直不动，这就使它的资本实际由10万元变成17万元。李馥荪、张公权同它不仅是一般同业关系，而且是上海银行的董事和股东。

业务发展了，利润也在逐年增加，1916年净盈利3万多元，1917年5万多元，1918年9万多元，1919年就达22万元。

它的资本额，也由1916年的30万元，1918年的58万元，增加到1919年的100万元。这时候，上海银行的投资人中有一个较大的变化，就是旧中国两大民族资本集团，即以荣宗敬为代表的申新、福新集团和以张季直为代表的大生集团也投资进来了。前者在1919年时已拥有4个纱厂、12个面粉厂，后者也有3个纱厂及其他面粉、垦殖、运输等企业。经过第一次世界大战，它们的资本积累较多，这一年它们在上海银行的投资，前者为20万元，后者为15万元，分别占上海银行资本额的20%和15%。荣宗敬自己和张季直的代理人分别担任这家银行的董事和副董事长。在上海银行100万元股份中，工商业资产阶级的投资占了49.7%，这样，金融业资产阶级投资占10.2%，官僚政客投资占8.1%，买办投资占7.5%，就都远远落在它的后面了。上海银行几个当权者虽希望有新的股份加入，以扩充资本规模，但是他们也得提防大权旁落，于是他们采取种种手法，利用矛盾，不让新投资者影响他们对银行的支配和控制权力。

1920年到1926年，上海银行继续扩展。

从成立到1919年的四年半中，它的资产和负债总额均已超过1000万元，根基是树立起来了。在这个基础上，它的业务继续扩展，以存款总额来看，1920年为1007万元，1923年为1534万元，1926年则增加到3244万元。分支机构又增设天津、烟台、戚墅堰、杭州、镇江、许昌、北平、莫干山等处，1926年时已达二十几个。

中国民族工业在第一次世界大战中和战后两三年内的繁荣，大致到1921年为止，1922年起就又进入萧条。战后，西方帝国主义卷土重来，1921年起进口总值大幅度上升，入超数额达3亿多元，外国商品大量倾销中国市场，民族工业又遭受沉重打击。但是上海银行的业务继续扩展，盈利仍然增加，这是中国银行业不同于民族工商业的一种畸形发展。

据1926年统计，上海银行所聚集的货币资本中，约有40%是定期存款，这主要是豪绅、官僚等剥削阶级的个人存款，不受工商业兴衰的影响。民族工业这时虽受外国资本的打击，但是商业企业中不少是为外国企业推销商品、收购原料服务的，这些企业在商品流通过程中还是有间歇资金存到银行里，上海银行往来部账上每户的平均存款余额，还是逐年增加，1924年为1260元，1925年为1450元，1926年为1620元，每年平均递增率达13%。西方列强在华企业如英美烟草公司、美孚石油公司以及它们所控制的教会学校如上海的圣约翰大学、沪江大学，苏州的东吴大学，南京的金陵大学等也都是它吸收存款的对象。按照它的"人嫌细微，我宁繁琐"的做法，存款户数也不断增多，1923年时上海总行就有一般存款1.3万户，储蓄存款2.1万户。1925年的"五卅"运动是一场反帝革命斗争，全国千百万人民举行了反帝示威游行，上海工人、学生、店员的罢工、罢课、罢市持续到6月25日。"三罢"使帝国主义分子心惊胆寒，打击了帝国主义的威风，帝国主义银行特别是英国、日本银行的华人存款大量提取，改存本国银行；它们发行的钞票，中国人民普遍拒绝使用。这一客观因素的存在，有利于上海银行吸收存款，1924年底它的存款总额还只有1600余万元，到1926年底就达到3200多万元，两年中增加了一倍。

上海银行为了更多地聚集可以运用的货币资本，对于国内汇兑的开展仍不遗余力。这一时期它的国内汇兑的主要对象已着重外国在华企业，包括美孚、德士古、亚细亚等石油公司，英美、花旗、大英等烟草公司，卜内门洋碱公司和祥泰木行等。这些企业在中国推销商品或收购原料，常有款项从内地汇到上海，或由上海汇到内地。上海银行千方百计承做这些外国企业的汇款，对这些企业经手人进行拉拢，还同有些单位根据平时汇款情况和平均汇费率，签订长期合同，谋求把承汇业务固定下来。银行收下来的汇款在未支付前，实际是一项无息的存款。上海银行在这一时期内，仅汇款一项可以利用的货币资本平均达到250万元，恰好等于它的1921年时的资本额。

上海银行的国际汇兑业务虽开始于1917年，但真正开展则在1919年之后。要开展国际汇兑，必须有外汇资金作周转，它那时还没有自己的外汇储备，只能取得美国垄断资本银行的支持，通过送资产负债表、馈赠礼物、加强联系等种种办法去争取对方的信任。1920年获得美国纽约哲斯国民银行25万美元的透支，1921年纽约公平信托公司又给它透支50万美元，接着纽约保险信托公司也给予透支50万美元，1921年纽约欧文信托银行为了与同业竞争也把对它的透支额由5万美元增加到50万美元。这样上海银行已取得175万美元的透支，按当时汇率折合，又多了可以运用的货币资本约350万元。

上海银行自己不发行钞票，后来也没有向北洋军阀政府申请发行权，但是它向发行银行主要是中国银行领用银行券。这种领用银行券，以6成现金和4成保证准备金交给发行银行，实际上有相同于自己发行钞票的作用。上海银行到1926年已领用银行券420万元，这也使它增加了一笔可以运用的营业资本。

1926年，它把这些聚集起来的货币资本加以运用的情况是：现金占5.5%，存放同业（实际也是现金准备）占20.5%，放款占40%，有价证券占11.4%，其他资产占22.6%。

在放款中，信用放款占39.8%，抵押放款占60.2%。抵押放款中尤注意押汇，它在各地分支机构较多，也是为了便于这项业务的开展。在整个放款中，工矿企业放款占19.9%，商业放款占54.8%，个人放款占20.8%，而对政府机关放款和铁路放款两者合计起来也只占2.3%，这是与"北四行"①很为不同的。工矿企业放款中，大部分放给对它有投资关系的大生集团和申新、福新集团，两者合计金额达272万元，占全部工矿企业放款的3/4。对这些企业放款的增加，并不表示民族工业的发展，而是反映了这些企业陷入困境，不得不依赖银行的贷款来维持生产与经营。其中大生纱厂困难更甚，那时它已不是银行的好主顾，而是长借不还的大欠户，实际上它的厂房、机器设备等已完全抵押给银行了。这时，以陈光甫为主体的上海银行当权者就不让大生纱厂的代表担任这家银行的副董事长，连一般董事的席位也不给它保留了。

这一时期由于业务的迅速发展，上海银行每年平均盈利均在40万元以上，个别年份的盈利率达到46%。它的资本在1921年就增加到250万元。1926年资产总额达4700余万元，存款超过3200余万元，成为当时较大的民族资本银行。"小小银行"以这样异常的速度进行着扩展和积累，那已不是一般的发家，而是超速发展了。

上海银行得以迅速发展，除了利用有利时机和运用广泛的社会关系之外，陈光甫设计的一套经营管理方法也是极重要的原因。正由于他的精明办

48

---

① 金城银行、大陆银行、盐业银行、中南银行——编者注。

行、经营得法和严密管理，才使上海银行在与别家银行同样有利环境中取得了较大的成就。

二、国民党政府建立后，业务大扩展的十年
（1927年—1937年6月）

1. 在革命运动面前的政治态度

国民党南京政府是在1927年4月18日建立的。蒋介石得到了帝国主义的扶植和大地主、大资产阶级的支持，民族资产阶级"也曾在1927年及其以后的一个时期内一度附和过反革命"（《新民主主义论》）。陈光甫在"四·一二"前后就曾积极地为蒋介石政府筹措经费。

1927年3月21日北伐军到达上海龙华附近，蒋介石按兵不进市区。英勇的上海工人阶级在中国共产党领导下发动了第三次武装起义，22日解放了上海。26日蒋介石一到龙华，就积极策划反革命叛变。当晚，上海资产阶级的代表虞洽卿即去见他，就密谋策划为筹集军费而组织财政委员会。不久，4月9日以陈光甫为主任委员的"江苏兼上海财政委员会"就正式成立了。

这个委员会共有15名委员，多数是江浙资产阶级的代表人物，而以陈光甫为主任委员，也不是偶然的。那时他的上海银行已有相当规模和资力，他在银行业和工商业中有一定代表性和影响；另外，他同蒋介石国民党方面有一定联系，被认为是可以信赖的人。原来在上海银行的股东中，有孔祥熙和宋子文母亲，他们各有5000元投资；孔祥熙还是这家银行的董事。孔祥熙和宋子文在上海经营以商业和外汇买卖为主的企业时，就常常向上海银行借款。北伐开始，孔祥熙继宋子文为广东省财政厅厅长，曾于1927年2月间函约陈光甫去广东，并专门托贝淞荪向陈光甫面告南方的情况。陈光甫与孔、宋

两家的联系早已建立，现在又通过这两人而建立与蒋介石的关系，所以他比别家银行总经理更适宜于担任这个委员会的主任委员。

陈光甫接受这一任务后，为了部署借款，四处奔走，甚为努力。早在"四·一二"之前，他就持着蒋介石署名的信向"上海商业联合会"接洽垫款，但是这个联合会一时凑不出现款，而蒋介石为进行"四·一二"政变需要经费急如星火。陈光甫乃在银钱业中活动，终于在4月1日由各银行垫借200万元，各钱庄垫借100万元。蒋介石发动"四·一二"政变后，饷项依然奇绌，需款孔急，向上海的江浙资产阶级要钱的电报一个接着一个地发来。4月16日，陈光甫把蒋介石来电交给商业联合会，4月26日又把另一电报转给虞洽卿。他还积极做蒋介石与张公权之间的调解工作。那时蒋介石正在逼迫中国银行垫款1000万元，蒋介石的逻辑是：你中国银行发行这么多钞票，库房中有的是现银，为什么不肯垫借？张公权则分辩说：你把我的银行当作发行准备的现银都拿走，一旦发生挤兑，银行不就要完蛋？正在双方僵持的时候，陈光甫透露给张公权，"江海关二五附税国库券条例"已通过，分摊的对象已落实，也就是说，中国银行先垫一下，不久就可如数收回的。这样，张公权才大着胆子答应由中国银行垫借1000万元。

江海关二五附税，是指上海海关原有5%的关税之外，另加2.5%的附加税。"二五附税库券"，就是以加征2.5%的关税收入为担保而发行的一种库券（库券一般按月还本付息）。这次库券发行额3000万元，月息7厘，5月1日起正式发行，到1929年12月本息如数还清。陈光甫透露给张公权的库券分摊具体情况是：上海银钱业500万元，上海商业联合会300万元，江苏、浙江两省1200万元，绅商700万元，两淮盐商300万元。这些认购者，全是江浙两省的资产阶级，而这笔巨款对支持蒋介石政权站住脚起了极大作用，因此说，江浙资产阶级是蒋介石在财政上的全力支持者。

一方面要满足蒋介石的需要；另一方面又要保障债券购买者的利益，为此成立了这笔库券的基金保管委员会，来全权支配这笔还债基金。这个保管委员会的主任委员，是由浙江实业银行总经理李馥荪担任的。

过了几个月，蒋介石的军费又大大不敷，又要发行库券。这次库券的名称叫"续发江海关二五附税库券"。它分两次发出，一次在1927年10月，发行2400万元，另一次在1928年1月，发行1600万元，合计4000万元。这次发行时，宋子文已担任国民党政府财政部部长，陈光甫为主任委员的江苏兼上海财政委员会已经结束，但是发行的办法和认购者，与第一次是基本相同的。

陈光甫通过对"二五附税库券"的尽力推销，得到了蒋介石的赏识，赢得了持券人的满意，提高了社会地位，也增加了上海银行在同业中的竞争力量，为未来更大的扩展奠定了基础。

在北伐战争节节胜利的同时，工农群众运动也在猛烈地发展着。对蓬蓬勃勃的工人运动，资产阶级本能地充满仇恨。上海资产阶级代表虞洽卿1926年11月到南昌见蒋介石时，就商谈了如何对付职工运动的问题。

上海银行的职工运动，在1926年下半年已经兴起，长沙、武汉两地分行的职工首先组织了职工会。1927年3月23日，也就是上海工人三次武装起义胜利后的第二天，上海银行职工立即成立了职工会，又加入了"上海银行业职工总会"。这个职工会和职工总会，除了为在经济上改善待遇、改变职工在银行内的地位而进行斗争外，还在"宣言"中提出"取缔外商银行"的口号和办成"平民化的银行"的主张。

庄得之和陈光甫对于职工运动是十分害怕的，表面上未公开反对，暗地里却策划了周密的对策。蒋介石一发动"四·一二"政变，上海银行就立即开除了职工会的代表和积极分子20余人。个别的人虽有与上海银行有很深关系的父兄辈为之说情，但还是被开除了。

2. 业务从观望到猛进

从1926年下半年起到1927年3月止，上海银行先后裁撤、停业的分支机构有：长沙、杭州、镇江、常州、无锡、苏州、蚌埠、临淮关、济南、烟台、北平等十几处。在外埠分支行中，除剩下最必要的四个外，全都停业了。在银行的报告中写道："由于战事与工潮之影响，遂不得不将外埠分行除留宁（南京）、汉（汉口）、津（天津）、通（南通）四行外，暂行停业。"

这家银行为什么会因"战事与工潮"而把绝大部分分支行都停业呢？这是因为陈光甫在北伐战争开始的时候，还弄不清蒋介石的真面目，怕北伐军所到之处，工人运动不断高涨，对于银行资本会有极大不利，宁可停业减少收入，也要抱观望态度，以待其变。

"四·一二"后，蒋介石对革命人民进行血腥大屠杀，职工运动遭到严重破坏。上海银行资本家的两大忧虑消除了。国民党政府已得到中外反动派的支持暂时站住了脚，这就使上海银行的资本家踌躇满志，认为可以不再担忧工人运动和"赤化"的到来了。他们不仅从1928年起把已停业的分支行先后恢复营业，而且要在国民党统治区增设一批新的分支机构，大事扩展。

上海银行从1928年6月起，主要是恢复原有机构，1929年起就开始增设新机构，一年之中增设8处，到年底时已有机构31个。它为了扩充业务的需要，这一年的5月，以合股方式把陇海线上的"徐州国民银行"作为自己的卫星行，由陈光甫兼任董事长和总经理；11月又以承购股份方式把"浙江龙游地方银行"纳入它的掌握之中。这两个"小银行"虽然名义上维持独立，但实际上成了上海银行的分行。

1930年到1933年4年间，上海银行又增设分支机构40处，其中1930年、1931年增设较多。1931年下半年发生提存风潮，1932年、1933年增设较少。但到1934年又大肆扩展，一年之中就新设42处之多，使分支机构总数达到的最高峰111个（抗日战争前夕收缩至88个）。随着机构的扩充，职工人数也不断增加，最高时达到2775人。

机构骤增，这当然是业务猛烈扩展的主要标志和必然结果。这样多的分支机构，除官僚资本银行外，是别的私营银行从未有过的。

它的分支机构，主要分布在十条铁路线上。上海总行是中枢，南京、汉口、徐州、郑州是四个支撑点，沿着长江和陇海铁路由东向西，沿着津浦铁路和京广铁路由南向北，设立了许多机构，形成了一个"井"字形的分支行网。当然它在华北和华南的沿海城市中也有分支行，并把北洋线和南洋线水陆联结起来，以便于押汇和汇兑业务的开展。

上海银行对于分支机构的增设，除了几个大城市一开始即为正式分支行外，在中小城市设立机构时，一般采取比较灵活的方式，如有的地方先派驻一两人办理一些汇兑业务；有的先设立"商记堆栈"和仓库，办理一些银行业务；有的委托其他金融机构代理某项业务，以后相继决定是否成立机构；也有外面挂着筹备处牌子，实际已进行正式业务的。它在设立机构时，还往往利用它的附属事业"中国旅行社"开路，对外以旅行社业务为主，对内则以银行业务为主。陈光甫曾经说过："本行欲在某处发展，先在某地办旅行社，取得社会上一部分同情后，即办银行，故旅行社为银行的先锋队。"

上海银行机构设立的灵活性和业务经营的多样性，包括通汇地点多，运送现金方便、收付及时等，使当地钱庄侧目。芜湖、九江、常州、南通等地都曾经发生过整个钱庄业群起反对上海银行，有的还与它断绝往来。芜湖钱庄业公会就对上海银行设立"商记堆栈"一事严加责问，说这既非银行，又不像钱庄，而实际经营着汇兑、押汇、抵押放款等银行业务，因此，曾通知所有钱庄不与该"商记堆栈"往来。但在这些地方，上海银行的政治势力与经济力量同钱庄竞争，总是取得优势的。

分支机构多，对上海银行的业务扩展带来很多便利，不仅吸收存款较为广泛，对于促进押汇、汇兑业务的发展尤起重要作用。1934年是它历史上机构最多的一年，这一年它的汇出汇款总额累计达到40500万元，比任何一家私营银行都多。上海银行大扩展的10年里，仅汇水和兑换收益就达1510万元，占营业总收入的38%。

1931年10月，它又正式成立宝丰保险公司。这个公司资本50万元，上海银行出资20万元，英国5个保险公司出资20万元，其他则由商务印书馆的夏鹏和申新纱厂的荣宗敬等投资。此后，上海银行各地分行的押汇、押款、仓库等业务上的水火保险，均由英国宝丰保险公司承保，成为该公司的一项基本业务。

在分支机构增多、业务扩展的同时，它的资本积累也十分迅速。1931年资本额增加到500万元。1937年公积金及盈余滚存达到1004万元，比1926年时的61万元增加了15倍。

资本额增加到500万元，是1930年11月董事会议决实行的。在原有资本250万元基础上，再增加250万元。新增加的250万元中，半数由股东认购，但银行在暗藏盈余中拨出25万元赠送给原股东。原股东如认购新股500元，实际只要拿出400元现款就可以了。另外半数125万元，则由行员认购。这家银行还订了一个"行员认股办法"，想使全体行员（不包括工友）都来认购，以便施行其"银行是我，我是银行"类似"人民资本主义"的一套手法。办法中规定，按每一个行员工作年限和薪水高低决定认购股份的多少；钱不够，可以向银行借款，借款分5年还清。借款中一半要付利息，一半不要付利息，5年之后从"行员储金"中拨还。目的是使职员与银行之间的雇佣与被雇佣关系，变成股东与企业的关系。当时入股的虽有600户，但以后很多人都退股，将股票售还给银行了（因为按照"行员认股办法"规定，只能售还给银行，不能售给他人）。

这时上海银行的股份中，民族工业资本家、官僚资本家、买办以及其他银行资本家的股份所占比例都有增加，而上海银行掌权者掌握的股份增加最多，包括他们自己持有的股份，银行用暗藏盈余购存的"行股"以及行员售还给银行的股份等，约占资本总额30%—40%。银行的实际掌权者、总经理陈光甫等人的股权越来越集中，地位越来越巩固。当时有些帮闲者私下说："预为将来垂久之制度计，则董事长应由总经理担任。"庄得之的董事长名义，虽然一直维持到他病死，但是陈光甫事实上已居于全权支配上海银行行务的地位了。

3. 1931年提存风潮过去后，存款不断增加

上海银行在机构不断增设、业务日益扩充、存款逐年增加的过程中，曾于1931年发生了一次严重的提存风潮。

在国民党的反动统治下，随着帝国主义侵略的加紧，中国的民族工业和农村经济陷于破产或半破产的境遇。1931年夏季，长江流域和淮河一带发生水灾，其中尤以汉口地区受灾情况最为严重，接着发生"九一八"事变，日本帝国主义侵占我国东北，这对整个中国震动极大，上海金融市场银根奇紧，公债市价暴跌。正在这个时候，英国为转嫁经济危机于9月下旬宣布放弃金本位。这一老牌资本主义国家的币制改革，影响所及，造成世界市场的金价下跌，银价上升，上海市场上黄金每十两的价格也猛跌了百余元，一时风声鹤唳，金融动荡。就在这个时际，市面上忽然传说上海银行汉口分行在水灾中押款的食盐受淹，损失数百万元，总行在公债和黄金的投机上又亏本1000万元等。流言一起，四处传播，9月21日开始，上海的总行与南京分行立即发生提存风潮，大批存户纷纷前来提取存款，而这家银行的存款中，活期存款比重较大，提存的人就倍形拥挤。风潮前，原有存款总额为12600万元，短短十几天中，一下子就提出4400万元，几占全部存款的35%。

虽然它变卖和处理了一切可以变现的资产，但还是应付不了来势凶猛的大量提存。最后，不得不请求中国银行总经理张公权帮忙。当时中国银行吸收的存款达6亿元，发行的钞票近2亿元，陈光甫是中国银行的常务董事，深

知它的资力足以支持上海银行。而张公权也知道上海银行并不是资产抵不上负债那种内囊空虚的企业，所以中国银行和它的各地分行答应给予上海银行以借款和透支；同时交通银行和中央银行也表示必要时给予支持。上海银行有了后台，有了现银准备，一场提存风潮就应付过去了。

当提存风潮过去后，上海银行觉得要应付未来的银行提存等危机，必须厚集准备。以后，它的现金准备经常占存款总额25％以上，有时达到1/3；对于放款的抵押品则要选择那种流动而又易销的商品。为了防备内部人员泄露业务秘密，它告诫有关人员"应付外界的言辞和态度，特别是在金融紧迫的时候，要极端审慎，以免引起意外事情"。

提存风潮过去后，它继续谋求扩展，业务扩展的主要方面是大量吸收存款。当时内地现银集中沿海口岸，特别是集中上海，这正是吸收存款的大好机会。长期以来，由于外国商品大量倾销内地和广大农村，而农村可以输出的农副产品少于输入的工业品，再加以工农产品价格剪刀差的不断扩大，因此农村对城市经常处于入超地位，不得不以现银来弥补城乡贸易间的差额。此外，农村的地主、豪绅也把他们剥削、搜刮所得的金钱，带到沿海口岸来贮藏或经营。这样，现银就大量由农村流入沿海城市。内地、农村金融枯竭，沿海城市游资壅塞，这就是30年代初期金融的真实情况。游资壅塞，作为全国金融中心的上海更为突出。1932年从内地流入上海的现银，平均每月为600万元，1933年内地现银继续流入，一年之中估计至少为8000万元。在这种情况下，银行、钱庄吸收存款都较容易，它们的存款总额都告激增，而上海银行以其机构众多、业务猛进，存款增加尤为迅速。

以资力较大的"南三行"①、"北四行"7家私营银行来作比较，它们的存款总额，在20年代上半期是"南三行"中的浙江兴业银行和"北四

---

① 上海银行、浙江兴业银行、浙江实业银行。

行"中的盐业银行轮流交替居于首位，上海银行居于第四位或第五位。国民党政府建立后，上海银行以其与四大家族的关系，大力扩展业务，1928年下半年起存款就迅速增加，1930年达到8978万元（比1926年的3244万元增加了1.8倍），已居于上述7家银行的第一位，也就是全部私营银行的首位，一直继续到1934年（这一年存款达到15816万元）。1935年、1936年两年被金城银行所追上。1937年6月抗日战争前夕又复居于第一位，总额近2亿元。

上海银行吸收存款的地区，1935年时，在上海吸收的占57%，其他各地吸收的只占43%，可见现银集中沿海大城市，特别集中于上海的情况是非常突出的。上海银行的存款来源（不包括储蓄部存款和同业存款），根据1935年分析，个人存款占60%，商号占21.4%，机关占11%，团体占2.7%，工厂占2.2%，学校占1.8%。存款之中，大部分是大额存户，其中5000元以上存户户数虽只占7.4%，而存款金额则占70%。

银行担负着资本分配这样一种特殊营业，这样一种社会职能。当时这种资本分配中，相当一部分是提供给社会上经营租界上的房地产和购入国民党政府发行的公债，其中也包括银行本身购入房地产和公债。上海银行投资房地产的金额，1929年只有140万元，仅占存款总额的2%；1931年上海总行盖起一座六层半的大楼，耗资280万元，又购入其他房地产，金额增至712万元，已占存款总额的7%；1936年金额又增至932万元。而有价证券投资（其中主要是公债，1935年前占一半，1935年后所占比重更大），1932年占存款总额的5%，1934年占9%，1936年占12%，1937年6月更占16%，金额达3185万元。上海银行投入房地产和有价证券的资金比例，在20年代比"南三行"和"北四行"中任何一行都小，但是30年代后所占比例的指数也直线上升，这固然说明对这两项的资金运用比放款给工商企业更有优厚利润可得，也反映了大城市游资壅塞、银行找寻资金出路的一种畸形状况。

4. 大量领用兑换券，对官僚资本银行的依存

上海银行自己是不发行兑换券的，但它大量领用官僚资本银行发行的兑换券。

非发行银行向发行银行领用兑换券，一般是向发行银行缴4成现金和4成保证准备。比如说，领用一万元兑换券，只要缴付4000元现金，其余4000元可以国民党政府发行的公债抵充。而这种公债，银行本来是大量购存的，因此，通过这种领券业务，银行就可多获得4000元的运用资本。由于这种办法的推广，也促使银行更大量地购入公债。缴了现金和保证准备后，领用的兑换券就如同自己发行的兑换券一样使用和流通。

上海银行于1915年开业的年底，就开始向中国银行接洽领用兑换券，但是大量的领用是在这十年业务大扩展之后。

1927年和1928年，由于它的业务还处于观望中，它的领用兑换券数额也较小，占存款总额的比率只有7.9%，不如北伐前的占10.5%。但到了1930年业务大扩展后，比率就大幅度上升，1930—1934年5年平均占存款总额的15.7%，1935—1936年升为25.7%，相当于全部存款的1/4，可见这项领用兑换券在它的可支配的货币资本中所处地位的重要。

领用兑换券，把它使用出去，从中获得的收益是不少的。1926年之前，由于发行银行对缴纳的4成现金还计给较低的利息，因此上海银行这方面的收益约占总营业收入的18%，1927年后现金部分不计利息，收益稍低了一些，但仍占总收益的13%，每领用兑换券1000万元，一年就可获得约40万元的盈利。

利之所在，趋之若鹜，关键是发行银行能给予多大额度。上海银行领用兑换券数额，1930年已有1060万元，1932年突破2000万元，1934年超过3000万元，1936年达到4000万元。这种增长趋势，超过了其他领券银行的增长数，这不仅是由于上海银行业务扩展的需要，也是它对国民党官僚资本银行依存关系密切的具体体现。

陈光甫在中央、中国、交通三大银行都有一席地位，他是中央银行的理事，中国银行的常务董事，交通银行的董事。上海银行领用的4000多万元兑换券中，中央银行为2550万元，中国银行为710万元，交通银行为750万元。为什么中央银行给予领用的特别多呢？这就要看一看它与国民党中央银行的一段渊源。

对于国民党政府筹设中央银行，陈光甫先是抱着反对态度。1928年8月3日，陈光甫在南京见了蒋介石，蒋在询问上海商界对南京政府的看法后，问到"中国银行如何办"时，陈光甫答云："如中央银行不办，可将中国、交通两银行合并，作为一行，任择何招牌。"意即将中国、交通两银行合并为一家银行，取名"中国"或"交通"就可以了，不必另设中央银行。他在见过蒋介石后，写给上海银行他的助手的信中说："今日商界、金融界与一般国人对于设立新中央银行不独不感其需要，且或反生疑虑。"这反映了当时民族资产阶级对蒋介石力图在经济上造成垄断势力的一种忧惧。

到了10月间，国民党决定成立中央银行，陈光甫被指派为理事，这时他则"尽心竭虑，为大局计划"，向宋子文提出办中央银行的五点建议：（1）中央银行应维持超然地位（意即中央银行总裁不应由国民党政府的财政部部长兼代）；（2）发行兑换券应受地方法团监督，以固信用；（3）厘定本位货币，废两用元；（4）应集中现款，以调剂金融；（5）应辅助普通银行而不予竞争业务。蒋介石设立中央银行，是为了造成官僚资本的优势，开辟他从事内战、独裁的经费来源，无约束地任意发行钞票，并且可以让他予取予求。而陈光甫呢，抱着发展中国资本主义，从而进一步发展上海银行的美梦，幻想成立一个不与民营银行争利而为民营银行服务的所谓"银行的银行"的中央银行，这真是"与虎谋皮"！

1928年11月，国民党中央银行正式成立，之后，发行兑换券数字逐年增加，也给予私营银行领用兑换券。这时的陈光甫，早把"中央银行与政治关系必须划分清楚""发行必须公开"等高调撇诸脑后，而竭力为上海银行争取更多的领用额度。上海银行先后与中央银行签订10次领用兑换券合同，从1928年的200万元增到1931年的500万元，1933年宋子文下台，与上海银行关系更密切的孔祥熙任国民党政府财政部部长兼中央银行总裁，1934年上海银行的领券额度更迅速增加到2000万元，后来仍继续增加，这说明它对官僚资本银行的依附。

领用庞大数量的兑换券，这对分支机构众多、正在全力扩展业务的上海银行来说是具有重要作用的。这有利于业务开展过程中头寸调拨的灵活，增加可以贷放的货币资本。前12年，上海银行放款总额平均占存款总额的65.4%，这10年就上升为占74.7%；在这10年间，存款增加9倍，放款增加10倍，放款增加倍数超过存款增加的倍数，这就是大量领用兑换券可以增加货币资本投放所带来的作用。

5. 工业放款的扩大

上海银行的放款总额，抗日战争前最高时达到14000余万元，户数2000多个，其中较大的工厂放款有200多户，金额4200余万元。从30年代业务扩展以来，它的工业放款在全部放款中的比重，一直在1/3左右。工业放款占全部放款1/3这样大的比重，是别的银行少有的。同期的中国银行只占12%左右，另一家最大的私营银行金城银行也只占25%左右。

上海银行工业放款比重较大，有两个情况较为突出：一是集中于纱厂和面粉厂；二是纱厂放款中又集中于申新、大生两个集团。

在它的工业放款中，纺织工业占66.7%，其中纱厂占61%；食品工业占24.7%，其中面粉厂占20%；其他机械、化学、建筑、日用品工业等合起来不到10%。

它的纱厂放款对象，虽有上海的申新一、二、五、八厂，鸿章纱厂，上海纺织印染公司，无锡的申新三厂、振新、丽新，常州的大成、民丰，南通、海门的大生各厂，芜湖的裕中，武汉的申新四厂、震寰、裕华，沙市的沙市纱厂，长沙的湖南第一纺织厂，华北的宝成、仁丰、鲁丰、大兴等30多家纱厂，但主要是集中贷放给申新集团和大生集团。以1933年为例，在它的纱厂放款中，申新各厂占58.6%（1935年后降至25%左右），大生各厂占12.9%，其他各厂合起来不到30%。

贷放给这两个集团以巨款，并不是这两个集团增建新厂或扩充设备的需要，而是各厂靠借债来维持生产与经营，这种情况是明显的。例如，申新集团到1931年已发展到9个厂、46万纱锭，但那时它向上海银行的借款总额不过550万元，进入1932年，随着"九一八"事变发生，民族危机加深，加上世界资本主义经济危机的袭击和国民党政府的捐税繁重，企业亏损累累，1932年借款就显著增加，1933年已达到1322万元。借款越多，利息负担越重，生产出来纱的成本就越高，一包20支纱，申新二厂的成本（指工资和费用，不包括原料）是45.2元，其中利息一项为20.07元，即占44%。利息之大，实堪惊人。在这种情况下，工厂资本家靠拼命压榨工人找出路，申新各厂于1932年起还推行所谓"劳工自治"，用强制工人在厂内住宿、加强劳动强度等办法来提高劳动生产率，从加强剥削工人中转嫁利息负担。

上海银行对纱厂放款采取的方式，主要是厂基押款、原料与半成品押款和商品押款。差不多所有方式的放款，都有足够的抵押品掌握在它手里。押品如果是花、纱、布等原料、半成品或成品，那它就可以随时处理变卖；如果是厂房、机器设备，那它也可以根据借款契约的规定来作价处理、没收和变卖。它对较大数额放款的纱厂，都派出会计员和保管员，来监督工厂的现金收支和物资收发。掌握会计权还只是第一步，到了必要时，它就借口保障债权，逼迫工厂资本家委托它来代管代营。

上海银行股份中有荣家资本集团的投资，并且占较大比重。荣宗敬向银行、钱庄投资有一个盘算，叫作"今天搭股1万元，明天就要用它10万元、

20万元"。他一味用这个"诀窍"来取得银行借款，但没有想到借款还不出时的严重后果。当1934年上海银行伙同中国银行组成银团对申新一、二、五、八厂进行代管代营时，他非常气愤，把账簿往桌子上一甩，说："就让他们来管好了！"他对于棉纱栈单上加印"银团"字样，尤其反感与恼火，一下子把栈单撕得粉碎。上海银行的资本家曾经讥讽地说过："申新处处想顾全面子，唯恐人知；而银团方面须拉破面子，唯恐人不知。"申新想利用银行放款占便宜，而银行则抓住抵押权处处对其加以控制和监督。

银行不仅一般地监督工厂的现金收支和物资收发，甚至可以决定工厂开工还是停工的命运。申新一、二、五、八厂都欠上海银行巨额借款（1934年6月底共欠1265万元），这些厂的流动资金极端缺乏，申新要银团继续垫款予以维持，而银行只同意维持一、八厂，而对二、五厂认为"前途堪虞"，决定不再垫款。这样，这两个厂只得在1935年2月宣告停工，两厂全体职工5000余人，连家属2万余人生计陷于困境。当时两厂工人对此极为愤慨，提出抗议，要资本家早日开工。但银行资本家置之不理，直到1936年10月，在停工了1年又8个月之后，考虑到"长此停顿，则机器锈坏"，有损银行产权，加之当时市面已在好转，棉纱生产将有钱可赚，才决定有条件地恢复开工。

上海银行这十年工业放款的利率，平均在一分零半厘左右，而存款利率平均只有五厘半到五厘九，两者之间的差额就有五厘左右，单这一项利息收入就达2300万元，占总的营业收入的58%，比1915—1926年12年的利息净收入455万元增加了4倍多，这充分表明上海家银行大扩展的程度和大扩展的结果。

6. 从事农贷和盐贷

从1931年起到抗日战争前的几年中，上海银行还办理农贷。它把放款到农村去这一件事说成是"繁荣农村，辅助农村经济之发展"，其实它的真实目的，是在业务扩展、存款增多的情况下，到农村开辟阵地，解决资金的出路，追求较高的利息收入。

银行资本对于农民小生产者，原是通过商业放款、资助商人在农村的购销活动而进行间接榨取的。现在它与农村封建势力勾结起来，通过它所控制的一些农村押借所、农业仓库、信用合作社、产销合作社等机构，放款给农民，对农民实行直接剥削。到1935年时，这种农贷区域已分布在10个省的73个县，机构906个，全年农贷总额608万元，年终余额332万元，有借款关系的农民近20万人。

　　这种农贷，名目很多，实际是商业放款的变种。以产销合作而言，棉花的运销约占70%，其他为小麦、杂粮的运销，上海银行承做这种货物的运销押汇，据它自己供认"不特时期较短，且具有流动性质"；以农业仓库的押款而言，"数量零星，尤为稳妥"；而信用合作贷款，名曰"以农业生产为中心"，实际大多数是经营农产品的储押和运销，可见这种农贷实际是商业放款和商品押汇的变相，它自己也承认"农业贷款与商业贷款相较，在流动性与稳妥性上，并不逊色"。

　　这种农贷对农民的剥削是很重的，它不但体现在贷款的利率上，也体现在贷款的方式上。"农民押借所"除利率和押品保管费外，还要农民负担火险的保险费。农民借款要有质押物，质押物主要是衣服、器皿、农产品，规定"春夏为衣服抵押季，同时催赎农产品，秋冬为农产品抵押季，同时催赎衣服，互为周转"。这种"互为周转"，当时就有人指出，这是变相的典当。"农业仓库"，名为仓库，实是办理仓库农业押款，押品主要是农产品，它利用农民对现金的迫切需要，进行放款，结果往往是贫苦农民不能还清本息，让农产品被贱价出卖。至于"信用合作社"以及"产销合作社"，它们的主持者多是豪绅、地主、镇长、乡长，合作社的股金有限，绝大部分资金由银行贷给，而贷款总是被这些人所操纵，有的还包办转借，高抬利息。江苏东台有一个大丰社，名为合作社联社，实际是押借所，以经营衣服的抵押放款为主，在它贷出的68297元中（户数近一万户），衣服押款有

48740元，其中到期未能赎清者13280元，即被照章拍卖。贫苦农民想借到钱固然要费不少周折，而所出的利息、押品保管费、手续费、保险费等加起来，在年息一分八厘以上，这与旧的农村高利贷实质上没有什么不同，只不过有一种"银行农贷"的好听名称而已。

上海银行的放款之手还伸入到盐区。它在商业领域的贷款中，对食盐的运销押汇也是一项比较突出的活动。由于这家银行早期的投资人和董事中有扬州盐商，陈光甫1927年为蒋介石政府筹集军费而推销"二五附税库券"时，又与扬州盐商打过一阵子交道，所以与盐商的关系较为密切。1928年它的南京分行即开始办理南京到蚌埠的铁路车运淮盐押汇，隔了两年，又办理由淮北盐场运至扬州十二圩以及由十二圩转运至芜湖、九江、汉口、岳州、长沙等地的押汇。

由于盐贷的利益优厚，资力较大的一些银行也相继开始经营，都想在这个领域开辟新的盈利途径，因此竞争趋于剧烈。它们往往通过押款折扣和利率的降低，对盐商放宽条件以揽做盐贷。后来10个银行1935年初制定协议，规定了每票盐的标准押款数额和利率最低限额。上海银行由于以往关系较深，在成立十行协议中较为出力，依然处于优势地位，在3000万元盐贷总额中它一家占到1/3。

淮盐由扬州运往皖、赣、鄂、湘四省，向例由江船（木帆船）承运，但江船运销损耗较多，押汇款项周转时间较长，为加速借贷资本的周转，上海银行建议政府有关部门改用轮船运销，它自己首先试办轮船押汇。这样，就大大影响了扬州十二圩木帆船船工的生计。船工代表因此强烈抗议并提出合理分运的建议，有关方面被迫同意这一建议，并划出一部分由木帆船承运，但盐商拖延不交运，引起了船工的极大愤怒，1936年6月10日，近300船工发动了一场坚决斗争，达到了预期的分运目的。

从对淮盐的押汇中，上海银行资本家深知运盐是一项有利可图的商业经营，乃与公泰盐号合作，加入股本6/10，即出资30万元，从盐贷进而运盐，变银行资本为商业资本。合资经营盐业的结果，1936年盈余11万元，1937年上半年又盈余17万元。这是这家银行以后设立附属事业"大业公司"的直接动机，也是它在抗日战争期间大搞商业经营的先声。

三、从商业、外汇经营中获取厚利
（1937年7月—1945年8月）

1. 抗战爆发，应付提存

1937年7月7日，日本帝国主义发动了卢沟桥事变。第二天，中国共产党中央委员会向全国发出宣言，号召各党派各阶层一致抵抗日寇的侵略，加强统一战线，接着又发表了《抗日救国十大纲领》，指明抗战胜利的具体道路，着重指出"必须抛弃单纯政府抗战的方针，实现全面的全民族抗战的方针"。而蒋介石国民党政府，在卢沟桥事变发生后，还在和日寇继续谈判，只是由于全国人民的压力，由于日方的行动已严重地打击了英、美帝国主义在中国的利益和蒋介石所直接代表的大地主、大资产阶级的利益，日军复于8月13日大举进犯上海，蒋介石在东南的统治也无法维持，才被迫实行抗战。蒋介石奉行的是片面抗战，在经济上采取的"不是抗日的财政经济政策，而是照旧不变甚至变本加厉的无益于国、有益于敌的财政经济政策"。

在整个抗日战争时期，上海银行的业务方向和经营情况以及它的主要资本家的政治活动又是怎样的呢？

卢沟桥事变发生后，银行存户纷纷提取存款，上海银行和其他银行一样，忙于应付提存。8月13日日军进犯上海，战争全面爆发，国民党政府于8月15日颁布了所谓"安定金融办法"限制提存，规定活期存款每户只能提取存款额的5%，每星期至多以150元为限；定期存款则须经银行、钱庄同意方可做抵押，每户以1000元为限。尽管有这一规定，但提取存款者相继不断，上海银行的存款余额日益缩减，存款总额从1937年6月的20194万元，减为10月8日的14400万元，又减为12月底的12921万元。半年中，存款减少40%，这是上海银行从成立以来继1931年提存风潮后又一次大提存。

存款锐减，银行不仅需要准备巨额资金以资应付，当时连现钞也很紧张。在平时，各银行大宗款项的收付都使用票据，通过票据交换所进行划拨转账，现钞收付并不甚巨。战争一发生，存户提存都要现钞，钞票需要量骤然大增，国民党中央、中国、交通、农民四家银行的印钞机一时还来不及赶印，现钞奇缺，这就发生了现钞贴水，那种限于汇划转账的票据如要换取现钞，每千元票面就得另加几十元的贴水。在应付提存这件事上，上海银行还比一般银行早做了一些准备。陈光甫那时是上海银行公会主席，他与各方面有较多接触，也知道资本主义世界在战争时期提存风潮来势凶猛，1931年上海银行也经历过提存风潮，为了及早预防，他在抗战前一年即1936年10月就要各分支行集中准备，以宁、汉、津三个分行为准备中心，分别联系附近分支机构进行调拨，而且指出这种准备必须以现钞存在本行库内，不可存到中央、中国、交通、农民四行去，"以防万一有止付大数存款的情事"。总的说来，上海银行应付这次提存，没有遇到特殊困难。

2. 大搞外汇和商业经营

抗战爆发，忙于应付提存的紧迫时期过去后，上海银行就开始大搞外汇和商业经营了。

国民党政府在1935年实施"法币政策"时，只准中央、中国、交通三行，后来加上农民共四家银行发行钞票，并订有6条办法。其中第6条规定，"应由中央、中国、交通三银行无限制买卖外汇"。国民党政府的"法币"所标榜的就是这种法币可以申请购买外汇。平常时期，这还可以应付，战争一发生，它的弱点就明显地暴露出来。如果按照"有钱出钱"战时财政的合理原则，对这种"法币"可以请购外汇的办法，原可加以改变，但是国民党政府为了照顾帝国主义银行、洋行的利益，依然维持这一办法。由于外汇黑市价格已高出官方牌价，把"法币"换成外汇，就可以立时获利，请购者越来越多，国民党政府收兑几亿银圆换成的外汇储备，很快就花去了一大半。上海银行既是外汇经营银行，香港设有分行，国外还有代理银行，它自然比不具备这种条件的银行便于从中捞到好处。它用"逢低吸进，逢高售出"，港沪两地套作以及由武汉经广州带现钞到香港的办法，进行外汇经营活动，大获其利。抗战的第二年，即1938年，只上海分行一个单位就在这种"兑换手续费"上盈余220多万元，按当时兑换率折合约为二三十万美元；刚刚设立几个月的昆明分行也获利15万元。上海分行这一年办理决算时，就用移花接木的办法把这笔"兑换手续费"中盈余的一半列入"利息等收入"项目，加以掩饰，以为这样不致引起国民党政府财政部和伺业的注意，而免被证实上海银行在外汇上大有盈余"并非谣传"。

抗战爆发后，蒋介石在军事委员会之下设立了贸易、工矿、农产三个调整委员会，把贸易调整委员会的主任职位畀于陈光甫。据陈光甫自己说，这个贸易调整委员会的任务是推动土产出口，以争取外汇。他虽然曾经奔走于汉口、重庆、香港各地，但由于国民党统治的腐败，战时交通的阻塞，这个争取外汇的努力并没有取得什么成效。到武汉沦陷，这个委员会改隶国民党政府财政部，陈光甫也不再是该会的主任了。

蒋介石政府这时非常需要外汇，以便从国外进口一些物资。从1938年起到1940年初，在一年多时间中，陈光甫代表国民党政府去美国磋商借款。这时候，美国正在重施第一次世界大战的故伎，采取鼓励侵略和观望"中立"的政策，一方面与英、法大做军火生意；另一方面又暗中把大量战略原料甚至武器卖给日本等法西斯国家。所以当时谈成的借款只有两笔，一笔是桐油借款美金2500万元，另一笔是滇锡借款美金2000万元。陈光甫曾经说过，这是"当美国孤立主义盛行之时，而以商业借款方式取得的"，言下之意是，能够谈成这两笔借款，是很不容易的。1940年春，陈光甫签订借款完毕回国后，为了维持债信（即有助于国民党政府将来可以获得美国的更多借款），以及陈光甫自己在国际上的信誉，他想方设法解决交通阻塞，使桐油顺利出口，还去滇缅公路沿线催促，并在仰光筹设炼油厂，使桐油可以散装上船，尽速运往美国抵债。

陈光甫战时担任的另一职务是"中、英、美平准基金委员会"主席。这个委员会是为了继续维持出售外汇，向英国、美国取得借款和国民党政府自己拿出的外汇作为平衡准备的基金，而于1941年4月成立的。成立时的基金是1.1亿美元，有中、英、美三个国籍的委员。在国民党通货膨胀政策下，这种出售外汇的办法，并不能稳定币值，相反，助长了外汇投机，造成了"法币"的进一步贬值。太平洋战争爆发后，国民党政府终于不得不实行外汇统制，不再出售外汇，这个委员会也于1943年宣告撤销。

陈光甫曾经担任过的这两个职务，一个是贸易，一个是外汇，而上海银行战时业务经营的方向也主要是这两方面，很清楚，这就为上海银行带来优于别家银行的条件，因为它不仅可以按照通货膨胀下一般规律进行经营活动，而且可以得到官方消息，从而使经营活动搞得更有把握，更能赚钱。

关于外汇经营，上面已说过一些。这家银行，因为陈光甫担任了上述有关系的公职，所以表面上做得"尽量照政府意旨办理"，骨子里是别有打算，因为这样可以显出，按它的外汇业务经营活动能力和从1917年起已成立国外汇兑处的经验来说，本来是可以有较多的外汇经营利润的，但现在为了"维护法令"而"牺牲生意"了。将来确定特许经营外汇银行名单时总不能忘掉上海银行。后来它终于成为重庆9家特许经营外汇银行之一，除官僚资本银行中央、中国、交通、农民四家，帝国主义银行汇丰、麦加利两家之外，民族资本银行便是上海、金城和浙江兴业三家。

现在再说上海银行商业投机经营的庞大组织和广泛活动。

在应付了抗战初期存户的提存风潮和处理了战区分支机构的撤退事务之后，陈光甫从其在贸易调整委员会所了解到的战时进出口贸易受阻的情况，以及国民党"法币"贬值的必然趋势，决定这家银行战时大搞商业经营，大规模地囤积商品，为此成立专门从事商业经营活动的机构——大业贸易公司。原先成立的大业商号和大业盐号只成为构成大业贸易公司的一小部分。这次它新拨出50万元作为这个公司的资本，在国民党统治区和当时称为国际通道的越南、缅甸等处广设机构，最高时这种机构有33处，职工有560多人。

大业贸易公司的活动主要有四项：

大量运入日用工业品。它大量运进纱、布、砂糖、纸张、西药、颜料、五金等主要日用品以及贩运汽油、煤油等，特别注意掌握内地迫切需要的纱和布。战前，国内纱锭约有500万枚，而战时国民党统治区的纱锭只有17万枚，但是织布需用的纱，重庆一地原来也需要18万件，加上军需和大量内移的人口，需要量增加更多。对于纱、布这种畅销和易藏的物品，大业公司就大事购、运和囤积，1939年10月存量最高时，纱有3000件，布达7万余匹。当时物价，重庆比上海涨得更快，与战前相比，1939年12月，上海物价指数为3.08，重庆是1.77，但到1940年12月，上海物价指数是6.53，重庆则已是10.94。显而易见，国民党统治区物资缺乏，物价飞涨，如何"招致外来物资的流入"，即如何进口和从上海运入日用品，就成为一件十分有利可图的事了。

大肆购运出口物资。不论是桐油、猪鬃、皮毛或是橘子、药材等，大业公司都经营，尤其是陈光甫用以向美国抵债的出口桐油，最为注重。大业公司桐油的存量最高时达到3万担，这些物资一装上船，转手就可变成外汇。

收购、运销食盐。大业公司盐号部分经营范围的庞大和数量之多，也足以惊人。战时它主要经营川盐，也有浙盐、淮盐、粤盐、滇盐等，平时存盐常有20万担，其中川盐就占十五六万担。盐的最高存量，也到过40万担。大业公司在食盐的经营上，获利也很丰厚。

大业公司还拥有先是与人合资、后来改为独资的上川实业公司——上川工业公司。这个公司1940年成立时资本100万元，其中上海银行投资占35%，大业公司出资占55%。上海银行高级职员个人投资10%。以大业公司所占比重最大，所以当时他们自己称"上川为大业的事业"。这个实业公司办有电机厂、电器厂、农化厂和畜牧场。电机厂和电器厂的主要产品是电器材料和交通通信器材；农化厂系制造酒精以充液体燃料，并有酵母和硫酸铵生产，畜牧场则是以加工副产充饲料和养猪为中心，并繁殖乳牛、山羊、家禽等。

那时候，银行的算盘是这样打的：通货膨胀，法币贬值，这月放出的钱，下个月收回时已经减值不少，即使收取较高利息，也还抵不上货币贬值的损失，这样与其放款给别人，还不如自己来经营，肯定要有利得多。大业公司经营的范围如此广泛，它借的钱也就极为庞大，经常占上海银行放款总额中很大的比重。1941年5月，它的资本已增加为500万元，上海银行给它的各种放款，包括押款、押汇、临时透支等，贸易部分和盐号部分合计达3000万元，约占上海银行在国民党统治区全部分支行放款的25%左右。这里还不包括上川实业公司各厂向上海银行借款和这个公司向其他银行的借款。银行本来是经营货币资本的，它把社会上大量的游资集中起来，供给工业和商业的职能资本家去运用，资本的所有权和资本的使用权是分离的。现在，上海银行把集中起来的货币资本的相当一部分直接用来自己经营商业和工业，这样，它实际上便具有双重身份，即资本的单纯所有者和资本的使用者。这是它比别的企业便利的地方，也就能比别人获取更多的厚利。

3. 太平洋战争后更注重积累外汇

1941年12月8日，日军偷袭美国的珍珠港后，太平洋战争爆发了。第二次世界大战的区域更加扩大。随着美国对日宣战和英国对日处于战争状态，国民党政府在中日战争实际已进行了四年多的1941年12月9日，才正式对日宣战。这时，日军进入上海的"公共租界"和"法租界"，"孤岛"已变成沦陷区，香港也被日军占领。上海银行总处原已移设在香港，这时便将总处人员分成两部分，一部分去重庆，一部分回上海。

这家银行在上海总处的董事长，自从庄得之在1941年死去后，由陈光甫的亲信、原副总经理杨介眉继任并兼代总经理。1942年杨介眉死去，就由沪行的经理朱如堂接任。1943年11月，按照汪伪政府的管理银行办法，上海银行补足资本伪中储券1000万元，召集股东临时会，改选董监事，除了已去国民党统治区者之外，其余的原董监事仍任董监事。1942年3月，在华北的天津、北平、青岛、济南几个分行，按照华北伪政权的管理银行办法重新注册。当时华北流通的货币，是华北伪政权的"联合准备银行"发行的"联银券"。华中地区包括上海，从1942年6月起，不准再使用和持藏国民党政府发行的法币，汪伪政权规定法币按2：1的比率兑换"中央储备银行"发行的"中储券"。汪伪的"中储券"与"联银券"的比率是100：18。日军利用伪政权发行的钞票和它自己发行的军用票，在我沦陷区大肆搜刮物资，以遂其"以战养战"的目的，手段是十分毒辣的。

在沦陷区的上海银行，除了一般存款、放款、汇款等业务外，突出的也是从事商业、外汇投机经营，但规模上没有在国民党统治区所做的那么大，也做得比较隐蔽。

那个时候，不论是日军占领的沦陷区还是国民党统治区，投机都是极为狂热的。投机业的经济基础正是资本主义。但是在恶性通货膨胀下的投机，那就有更广的范围和更高的程度。因投机而新设的银行、钱庄不断增加，到抗日战争结束时，仅上海一地就有银行195家（战前73家）、钱庄226家（战前48家）、信托公司20家（战前6家）。这些银行吸收了游资，除自己经营金银、外汇、商业投机活动外，还为社会上的那些公司、贸易行、商号等所谓企业提供投机资金，鼓励工商资本转向投机市场。银行贷给工厂的放款，工业资本家也用到投机领域中去，造成社会上生产资本萎缩，而投机资本却空前膨胀。

在国民党统治区，投机盛行的情况完全一样，银行、钱庄也不断增设。重庆一地，战前银行、钱庄总共不过20余家，到抗战结束时，单是银行就有94家，此外还有钱庄、信托公司等24家，合计118家，其增加倍数远远超过上海。

上海银行设在重庆的"总经理驻渝办事处"原是管辖设在国民党统治区的11个分支行的。1944年5月，按照国民党政府管理银行办法，它在重庆召开临时股东会，决定总行临时迁到重庆，原"总经理驻渝办事处"改组为总行，并选举新的董监事。陈光甫从这时起改任董事长，另由他的亲信伍克家任总经理。

为了配合商业经营，也为了银行在广告和宣传上的需要，上海银行在国民党统治区大规模地发展中国旅行社。最多时拥有自办招待所重庆、西安、昆明等11处，受托承办招待所贵阳、兰州等17处，临时招待所3处，承办公路食堂7处。日军占领香港后，西南方面机构有所减少，西北方面则有所增设。到了抗战后期，它也搞商品经营，囤积土产及日用必需品，也购存黄金。

中国旅行社、大业公司都是上海银行独家投资，也就是它的附属事业，对内它们是视同一家的。战时还成立过"行、社、公司联合委员会"。这三个系统加起来，大大小小有上百个据点，构成了上海银行战时在国民党统治区的商业经营和运输网。

1942年后，蒋介石政府从美国政府提供的5亿美元借款中，以2亿美元为基金，发行"美金节约建国储蓄券"和"同盟胜利美金公债"各1亿美元。蒋介石政府债信很差，过去发行的公债几次改变还本付息的办法，但这两种美金债券可不同了，由于持券人主要是四大家族及其亲信们，他们要从中大捞一把美金，所以他们不仅要维持债券的债信，而且债券一到期，非常及时地换给了美金汇票；过去发行公债总是用摊派的办法来推销，而这次发行的美金债券却采取内部认购的方式。首先是四大家族、豪门，上海银行和一些私营银行也不放弃这个机会，它把吸收来的存款和其他可以运用的货币资本尽最大限度购存这两种债券，据战后上海银行董事会正式报告，总数达200多万美元。这些美金债券在购买时，每一美元只值法币20元，但不久随着法币不断贬值，每一美元债券黑市价格值法币100余元到200余元甚至1000余元，它只要在黑市上出售一部分债券，就可收回购入时的全部成本，这种购入外汇利润之优厚，也就可想而知。这份巨利，构成了上海银行在抗日战争时期外汇积累的一大来源。

至于大业贸易公司，太平洋战争爆发后，虽然因日军占领香港、缅甸等地，运进日用工业品和出口土产方面较受影响，但它仍可囤购大量物资和继续经营盐号。它投资的上川实业公司下面的几个工厂，因为向银行借款方便，一直有较大利润。到了1944年，国民党政府的军政部要设立特种车轮修造厂，缺乏机器，上川实业公司就将电机厂电器厂的机器、设备等全部作价卖给它。同年，国民党政府粮食部的"中粮公司"因改制酒精，需要机器设备，上川实业公司的农化厂一应俱全，亦就连同厂房一并出售。大业公司把这几个厂售出后收到的价款以及业已大量购存的"美金节约建国储蓄券"和"同盟胜利美金公债"作为基金，通过交通银行向美国怀丁厂订立优先订货合约，订购了4万纱锭；同时又在美国购入南方纱厂旧纱锭2万多枚，预备在战争结束后运回。后来战后实际购到的是2.8万锭，每锭定价60美元，单这一项，大业拥有美金就达168万元。资本家经管的外汇、商业经营的详细账目是不会轻易提供给别人的，但粗粗估算一下，上海银行在战时积累的外汇总额达美金300多万元，这是只少不多的。

在国民党通货恶性膨胀的日子里，上海银行不仅从商业经营和外汇经营中获得了暴利，而且还从通货的不断贬值中获得好处。许多存户战前储存在银行的存款，有的由于战时交通阻隔未及时支取，有的因未到期不能提取，随着通货膨胀的日益加剧，就变得越来越不值钱了。而银行掌握这些钱，却绝不会任其不断贬值，而是把它用之于囤积商品和套购外汇。抗战之前，上海银行的庞大数量的存款，合黄金为171万余两，而到抗战胜利前夕，它的存款总额只合黄金1万余两，这就是说，战前它如果清偿全部存款，得变卖值171万两黄金的资产，而到战争结束时，则只要变卖值1万两黄金的资产，就可全部清偿了。这是一个多么巨大的变化！当然，存户的支取、续存等变动情况并非如此简单，但无论如何，它的资产净值是大大增加了。战前它还发生过存户提存的危机，必须预防和谨慎应付，而经过战时通货膨胀，它的资产基础远比战前坚实稳固，再也不怕提存风潮了。国民党政府发出的是立即就要贬值的纸币，而换到的却是人民手中有用的物资，这是官僚资产阶级对广大劳动人民深重的剥削与掠夺，在那些日子里，无数人民饥寒交迫，家破人亡，千千万万人民群众都受到损害，而上海银行却从中分享一份厚利，发了偌大一笔"国难财"！

四、恶性通货膨胀下的业务变化和资金转移
（1945年9月至1949年5月）

1. 恶性通货膨胀下的业务变化

抗日战争胜利后，蒋介石依靠美帝力量，垄断了受降权利。在上海，国

民党军政人员展开了一幕幕接收（人们称之为"劫收"）丑剧，金融方面也设有"财政部京沪区特派员"，负责接收事宜。这个特派员办公室曾经拟议把金城银行、大陆银行等列为"附逆银行"；把战时没有在重庆设立分行，对国民党不够靠拢的浙江实业银行列作淘汰的银行；至于上海银行、浙江兴业银行等，虽然在重庆设有总行或分行，但在汪伪政府注册过，"最好也来一次接收形式"。这种装模作样的姿态，目的无非是想欺骗民众，最后必然不了了之。结果，除战时设立的、经汪伪核准的银行、钱庄停业外，战前开设的、经国民党政府财政部发给营业执照的银行、钱庄都继续营业；上海银行由于陈光甫战时为国民党政府卖过力，当然更不会遭致什么麻烦了。它的战时在上海的董事长朱如堂战后只是跑到美国去避一下风头，第二年回国仍然担任上海银行的副董事长。

上海银行在抗日战争时期，原在重庆和上海都设有总行，"脚踏两头船"，现在带着从战时重庆捞到的几百万美金回到了上海。1946年2月正式宣告总行迁回。重庆董事会选出的董事长陈光甫和总经理伍克家继续任职。他们把沦陷区的30个分支行先后复业，加上战时在蒋管区和沦陷区继续营业的27个，分支机构又恢复到57个。

这时上海银行的业务，也面临恶性通货膨胀的继续加剧和官僚资本银行垄断势力的日益扩张对它的影响。

官僚资本银行的金融垄断势力，在抗日战争期间和日本投降之后达到了最高峰。抗日战争前的1936年，中央、中国、交通、农民四家银行的存款总额占全部银行存款的59%，战时已占80%以上，战后竟占90%左右。由于货币发行权完全掌握在它们手中，它们可以投放的货币资本远比私营银行为多，因而放款总额占全部银行放款的比重在1947年6月竟达到96.5%。

官僚资本银行接收了敌伪金融机构以及敌伪所掠夺中国人民的金银之后，又对华中、东南的广大人民进行一次直接的大洗劫，这就是规定它的法币以1∶200的比率，收兑汪伪发行的"中储券"。接着，国民党政府又公布了"修正银行法"及其"施行法（草案）"，规定私营银行必须缴纳存款准备金，并对私营银行经营存款、放款、汇款等各项业务作了种种限制。

上海银行从这些措施中，感到国民党"政府对于金融事业是有独占之趋势，而商业银行之地位将今非昔比"。上海银行分行向其总行报告说：官僚资本银行"挟其种种优越之条件，分途兜揽，是以各地规模较大之厂商，几为之网罗殆尽"。陈光甫对此深为哀叹，认为这已由"自由竞争形式转到统制政策"，官僚资本银行"发展其垄断事业之行为，其势难当"。他在写给另一个上海银行同仁的信中说："我行过去每委曲求全，避免其锋，此后出路，尤只有慎择正当思想，加强服务能力。"

在它的所谓扩大服务面中，除了挖掘新的往来户外，注重于几个大户，尤其是美国在沪的垄断企业，如美孚石油公司和德士古公司，这两个企业的所有收款和付款均交它代理，它还专门为之成立驻公司的办事处。此外，英国资本的颐中烟草公司、美国资本的上海电力公司、美国电影制片公司以及国民党政府交通部的京沪、沪杭甬铁路局，也都是它的大存户。它的10个大户存款，经常占存款总额20%—30%，最高时也有达到40%的。

上海银行对官僚资本银行的存款比例，虽由1936年的7%大幅度降到1946年的0.8%，但它在私营银行中仍占有一定的比重。1946年6月，全国银钱业（四大银行除外）307家，存款总额为2300亿元，其中上海区174家，存款1000亿元，而上海银行全国各地分行存款160亿元，约占7%，上海区存款78亿元，约占7.8%，在私营银行中仍然占居首位。

国民党政府财经政策造成的恶性通货膨胀，在抗战结束后并未停止，蒋介石为了抢夺人民的胜利果实，在美帝国主义的指使与支持下调兵遣将，于1946年7月发动全国规模的反革命的内战，军费支出倍增，法币发行指数扶摇直上，恶性通货膨胀日益加剧。1947年2月爆发了"黄金潮"，经一度压抑的物价又进入新的狂涨时期，黄金市价带头猛升，国民党政府不得不颁布经济紧急措施。这是国民党统治区政治经济危机尖锐化的突出表现，也是法币进入崩溃阶段的开始。由于猛烈的通货膨胀和物价狂涨，社会上的游资，很多不是通过银行，而是直接以地下钱庄形式进行拆放。由银行吸收的那部分，也是流动性极大，大多是工商企业平常用以周转的短期资金，隔不了几天就要支出，因此银行必须以较大比例充作准备，不能大部用之于放款。据1946年下半年上海银行统计，存款中约需50%作准备，20%向国民党中央银行缴存"存款准备金"，两项合计近70%。在全部存款中，活期存款占93%，定期存款只占7%。

在恶性通货膨胀下，国民党统治区的游资也依然集中于上海。这主要是由于蒋介石打内战的庞大军费很多从上海国民党中央银行国库局发放，有的单位领到后就在上海市场上抢购物资，使上海经常有大量资金。另外，上海是国际贸易口岸，战后美国商品排山倒海地输入中国，使上海成为"美国工业的边界"、内地为了支付货款就要把资金汇往上海。上海银行的全行存款中，有54%是在上海吸收的。

吸收的存款，除去70%左右做提存准备和向国民党中央银行缴存"存款准备金"外，所剩下的能运用于放款的货币资本已极为有限。在上述283亿元存款中，用作放款的只有92亿元，仅合33%。"以往银行对于大户（放款）唯恐其不来，今则因限于本身力量，变为无力多放。"在这种情况下，上海银行的放款不仅数额小，期限也极短暂，大多以贴现和买汇方式贷出，定期10—15天，最长也不超过一个月。如果以黄金市价折合，战前它的放款为1.4亿元，约值黄金124万两，这时只值4500两，相差极为悬殊。以这样小的金额和这样短的期限，能对生产事业起什么作用呢？

通货膨胀会引起有利于剥削者而不利于劳动人民的国民收入再分配。这在银行与存户之间特别是小额零星存户之间就存在这种情况。例如有一个姓朱的存户，在1930年12月16日以231.38元存到上海银行，定期15年，到期本息可取1000元。这1000元，在战前可买84石米，但15年后，即1945年12月到期支取时只能买一斗多米。而上海银行呢，上面说过，在八年抗战中却利用存户由于交通阻隔等各种原因而没有取出的存款，从事商品囤积和购存外汇，发了一笔巨大的"国难财"。当战争结束时，许多存户就要求银行加倍偿付，有的还告到国民党的法院。国民党法院迫于人民的压力，也不得不判决银行应按原本1000倍偿还存户，实际上当时（1947年7月）物价已比战前上涨3万多倍，按1000倍偿还，存户已是莫大的损失。

总的说来，上海银行在这一时期的经营方针，并不着重于从日常存放款业务中取得多么大的利润，它把资本积累，寄托在追求美元上。在恶性通货膨胀下，日常存、汇、出纳尽管业务量很大，收付频繁，却不过是陪衬，是次要的获利途径，而真正的目的则是对美元的追求和积聚。

2. 关于资金转移和积聚美元的活动

"蒋介石政府所长期施行的极端反动的财政经济政策，现在被空前的卖国条约即中美商约所加强了。在中美商约的基础上，美国的独占资本和蒋介石的官僚买办资本紧紧地结合在一起，控制着全国的经济生活。"这是对国民党统治区经济情况的本质分析。

美国独占资本在中国侵略势力的扩张，会吸引着那些具有更多买办性的民族资本企业去依附它。在陈光甫的亲美思想影响下和二十多年来同美国资本在经济上的联系，决定着上海银行追求和积聚美元的活动，贯穿在整个解放战争时期。

抗日战争胜利结束时，陈光甫正在美国，作第四次赴美之行。他这次赴美是作为国民党政府首席代表，参加"国际通商会议"，1945年10月离开重庆，1946年6月回到上海。在这8个月中，参加国际通商会议仅是一个方面，更大的活动是策划上海银行几百万美元的保存与营运，同时与美国金融实业界垄断资本家多方接触，研究对华投资问题，企图把美国的资本引进中国。据他的一个亲信透露：陈光甫认为"上海银行在以往30年间为沟通宁波路（指银钱业）与外滩银行之汇划，今后30年间应沟通中国与纽约垣街（即华尔街）之汇划，现在此项计划，已略有眉目"。这就是说，从1915年开始的30年间，上海银行由于经营得法，获得了自己的扩展，也尽了帝国主义银行与本国企业挂钩搭桥的作用；今后30年则要在美国垄断资本与本国企业之间起牵线作用，使中、美资本进行"投资合作"。根据陈光甫制定的"战后经营方针"，上海银行已经先后在美国建立的机构有："中国投资公司""纽约通讯处""华懋保险公司""中国工厂拓展公司"和"克莱斯公司"。

中国投资公司，成立于1945年9月，与浙江实业银行和两家美国公司共同投资，资本500万美元，先交40%，即200万美元，其中上海银行投资60万美元。由美国人克体司（电力公司董事长）任董事长，李馥荪任总经理，陈光甫、张公权任董事。据上海银行自称，设立这个投资公司是为了"研求国内外投资途径，俾将来可代中国工商企业在纽约金融市场发行公司之证券，吸引外资来华，间接或直接可为本行增加业务，而本行在国际金融市场中亦可获得相当地位"。

纽约通讯处，1945年抗日战争胜利后设立。设立的目的是："研究关于在美投资，联络美方银行；研究国际经济并训练人才，相机在美创立永久性之基业，以辅助本行业务及华侨在美经营事业的发展。"这个通讯处的设立，标志着陈光甫多年来想在美国设立一个分支机构的愿望的部分实现。

华懋保险公司，1947年2月成立，与美商克罗伯保险公司共同投资，资本200万美元，上海银行投资100万美元。由朱如堂担任总经理。其余是浙江实业银行和大成纱厂各投资25万元，克罗伯公司投资30万元，克罗伯父子投资20万元。双方在契约中说明：在未征得对方同意之前，不得把股份售卖给第三者。

中国工厂拓展公司，1946年由陈光甫出面与美国奇异公司合资设立，上海银行投资11万美元。

克莱斯公司，1947年改组成立。上海银行委托三个美国人为财产的全权保管人，另选三个美国人为董事，实际是上海银行转移资金的一个保管机构。

这样，上海银行战时在重庆购入的300多万美元的"美金节约建国储蓄券"一逢到期就可随时结成美汇，陆续存放在美国，由这些公司保管起来。

随着这些机构的成立，上海银行自身几百万美元的营运和保管问题是解决了，但是否能像陈光甫所设想的那样把五六千万美国资本吸引到中国来呢？却一点也没有成为事实。这是因为蒋介石政权日趋崩溃，美国私人资本家对华投资裹足不前，而那时美国的主要投资者，不是美国私人资本家，乃是美国政府，它采用的是间接投资形式即贷款给蒋介石政府。据美国国务卿艾奇逊在发表"白皮书"时承认，战时和战后这种贷款和"援助"总数是45亿美元（新华社统计为59亿余美元）。蒋介石已成为美国垄断资本在中国的总代理人，陈光甫想在引进美国资本中起一份中介作用的企图，也就不可能实现。相反，蒋介石的官僚资本与美国独占资本紧紧结合，控制着全国的经济生活，并开始对外汇、金银更大规模的独占，和对人民的金银、外币的又一次搜刮了。

国民党政府的法币在惊人的恶性膨胀下终于崩溃，于1948年8月19日起发行金圆券，规定每300万元法币换一元金圆券，强制人民使用比法币面额增大几百万倍的大钞；同时依靠武力搜刮人民的金、银、外汇。在"人民所有金银外币处理办法"中规定：私营银行"不得收兑、持有或保管黄金、白银、银币或外国币券"，在"人民存放国外外汇资产登记管理办法"中，规定一切外汇资产都需向国民党中央银行或其委托的其他官僚资本银行"申报登记"，其存款及外币即现金外汇并应移存到中央银行，违反规定者（在企业即法定代理人）"处7年以下有期徒刑，得并科罚金"。

　　上海银行按照这些规定申报登记的外汇资产，本身部分为528万美元，大业公司部分为164万美元，合计692万美元。其中应移存的现金外汇，上海银行本身是53万美元，大业公司是61万美元，合计为114万美元。

　　三十几年中积累起来的外汇资金，一下子全部申报登记和移存到国民党中央银行去，这当然不能不使上海银行震惊和心痛。但是陈光甫毕竟为蒋介石政府向美国借款而奔走效劳过的，因此没有像金城银行总经理周作民、浙江实业银行总经理李馥荪、联合银行总经理戴立庵等那样，被蒋介石的儿子、当时在上海任"经济管制督导员"的蒋经国找去谈话和给予威胁，要他们交出银行的和个人的更多的外汇资产来。

　　同时，上海银行由于在转移外汇资金这一点上，比别的私营银行做得早、做得巧妙，所以除了移存的现金外汇100多万美元被国民党中央银行低价收购下，其余500多万美元，它都有理由申述已有"正当用途"。例如，对其中近200万美元，说是固定投资于上述几个公司，而有的公司在合资契约上规定，一方股份转让出售，必须征得对方的同意，对方既是美国私人资本家，蒋介石政府就无法强制他们。另外的300多万美元，上海银行早已购了美国股票，并以此为担保品向美国银行押借现款，对外则强调是国外业务部的营运基金，是营业上所需要的，蒋介石父子即使要拿走，也一时下不了手。等到1948年11月，金圆券事实上宣告破产，国民党政府为了施行另一种欺骗手法，修订人民所有金银外币处理办法，又准许人民持有金、银、外币时，这些已申报登记的500多万美元的外汇资产仍然回到上海银行手中。

　　正由于保存和积累外汇资金成为上海银行战后的既定方针，所以它把战时在美国订购、原拟运回中国的2.8万纱锭也转卖出去，而以现金外汇存在美国。在国内业务上，它对同它关系密切的植物油公司等的较巨额借款也不愿承贷；对于上川工业公司投资"国营纺织公司"的打算也取消了。陈光甫认为"金融千变万化，不宜再加副业负担"。凡此种种都说明，只有积聚美元才是它追求的主要目标。

这个时期，它的总行和各地分行都设有暗账，暗账收入的来源，有的来自放款暗息，有的来自暗藏盈余。这些暗账，很多用私人名义在本行开户。他们利用这些货币资本，再进行投机牟利活动。而最后，则是把这些货币资本或商品实物统统变成美元资产。它的香港分行增加的营运资本100万美元，就是以新积累起来的从暗账里出售美国股票所得拨充的。这就是它在恶性通货膨胀下业务变化的真谛所在。

全国解放后，上海银行在上海的总行和在大陆的其他各地分行都接受了社会主义改造。1951年7月扩大公股，正式改组为公私合营，成立新的董事会，推举陈光甫为董事长，资耀华为总经理，1952年12月与其他59家银行、钱庄一起，组成了统一的公私合营银行，实现了私营金融业的全行业公私合营。

（原载中国文史出版社《中华文史资料文库》14卷）

陈光甫与上海银行的始末

王奉明　汤斌盦

本文以亲历者的回忆，勾画出陈光甫的部分性格特点，并以此为
线索，串联起贯穿上海银行始末的数起事件，细节生动，颇有趣味。

创办上海商业储蓄银行

陈光甫名辉德，江苏省镇江丹徒镇人，美国留学生。学成回国，时在前
清末叶，正值端方（午桥）署两江总督举办南洋劝业会。当时端方竭力想推
行新政，对留学生极其重视，恰巧唐寿民的父亲（陈光甫和唐寿民同是丹徒
镇人）任南洋劝业会秘书，因缘汲引，陈光甫就进入了南洋劝业会办事。等
到南洋劝业会结束不久，民国建立，程德全（雪楼）出任江苏都督。当时藩
库（藩台衙门的库房）库存有纹银50万两。江南士绅要求程德全把这笔库存
拨作教育基金，而江北士绅则要求程德全拨作导淮经费，双方相持不下。陈
光甫乃向程德全建议，把这笔库存银两作为创办银行的基金，将来银行成立
以后，教育、水利以及各种建设需款，都可通过银行透用，一方面可平江南

江北的士绅之争；另一方面也为江苏省建立了金融机构。程德全采纳了陈光甫的建议，决定开办江苏银行。程本人自任江苏银行总办，陈光甫任江苏银行帮办。唐寿民也入行办事。

继后袁世凯称帝，各省先后反对。其时肇和兵舰驻扎上海，与各省采取一致行动，倒戈反袁，首先向江苏银行提款，充实军需。袁世凯认为肇和兵舰起义，如果江苏银行拒绝他们提款，他们不敢轻举妄动，因此迁怒陈光甫，决心要暗杀他。这一动机被张一麐知道了，张是袁的亲信幕僚，和陈光甫并无一面之交，因而向袁世凯进言："肇和兵舰全副武装来向江苏银行提款，江苏银行帮办陈光甫手无寸铁，怎么抵抗得住？今天你要杀他，未免滥杀无辜。"袁世凯觉得张一麐所说的这番话，不为无理，就此罢议。嗣后这一消息，不知怎样透露到陈光甫耳朵里头，陈光甫大为寒心，决意摆脱江苏银行。

张一麐对袁世凯说了以上这么一句话，救了陈光甫的一条命，这是后来陈光甫亲口对上海银行董事会秘书纽师愈说的。抗战发生以后，上海银行总管理处已经迁到香港，分支机构陆续疏散。同时规定，不得进用一个新行员。恰巧这个时候张一麐写了一封信，要求陈光甫把他的女儿带进上海银行，并指明要派在苏州分行。当时陈光甫就让纽师愈写复信，"如命照办"。纽师愈觉得很奇怪，不得进用新行员也是陈光甫下的手令，今天张一麐来了这么一封信，他又自食其言，况张一麐已经是失时的凤凰，以陈光甫"趋炎附势"的个性，这其中必有蹊跷。当时纽师愈就提醒陈光甫，在非常时期本行不得进用新行员，已经发出通告，怎么好破例呢？因此陈光甫把上述经过和盘托出。同时又下了一个手令，对张一麐的女儿指派苏州分行，以"助员"进用，月支薪金100元。

陈光甫脱离江苏银行以后，就想创办一个纯粹的商业银行，仿照欧美银行办法，兼办储蓄业务，借以吸收社会游资。于是结识孔祥熙等人，更拉拢了怡和洋行买办庄得之为董事长，陈光甫自任总经理，额定资本10万元。

定名为上海商业储蓄银行，简称上海银行。当时只收足65000元，便开门营业。1元钱可以开立储蓄存折。全部班底，大部分是江苏银行的旧同事，同时进用女行员，以严叔和为妇女部主任（1924年严叔和创办了上海女子商业储蓄银行），实开银行界风气之先，营业蒸蒸日上。其时南通大生纱厂是张謇（季直）的哥哥张詧（退庵）主持。大生纱厂沪账房负责人吴寄尘，扬州人，也是上海商业储蓄银行的股东。因此和南通方面关系比较密切，首先在南通开设分行，张氏弟兄助力不少。及至1931年，长江水灾，上海银行汉口分行因承做的押款食盐被淹，损失甚巨。风声传播，上海总行和南京分行存户纷纷提款。万分危急之时，张嘉璈（公权）把中国银行的库存现洋尽量运送到上海银行。据当时目睹的人谈：这一天运送现洋的独轮手推车，从三马路衔接到宁波路，摆成一字长蛇阵。同时上海银行连夜装运现洋到南京，以备应付。至于上海各行各业，系由杜月笙出面代打招呼。不两日，风平浪静，存款反而逐渐增加。所以上海银行的扩大，是从这一风潮以后开始的。陈光甫认识到这一次上海银行受打击，如果不做食盐押款，绝不会有这次风潮，与其因人受累，不如自己来干。因此决心营运食盐，成立"大业盐号"。由于它的资金充足，几乎压倒其他盐商，同时和盐税局方面更有所勾结，范围逐渐扩展，尤其是在抗战期间，大业盐号在后方营运食盐异常活跃，所获利润已无法估计了。当时的盐务总局财务处处长陈如金（海秋）和陈光甫是胞兄弟。

上海银行初开业时，进用的练习生都是拜陈光甫为师。其中有一个练习生李桐村，特别得到陈光甫的垂青，不次擢升，最后派任上海银行南京分行经理。但是李桐村放荡不羁，在南京分行做经理，常常自己开汽车横冲直撞。有一天开汽车到下关，中途把一个英国人撞死了，随即急电上海总行报告。陈光甫接到这件电报，大吃一惊，连夜赶到南京，筹划应付，首先向司机黄信说好口供，绝不能说是李桐村自己开的车。并向黄信说明，如果被判徒刑，所有他的家属生活费按照他本人的薪金10倍照付。并向他保证，坐牢以后，在最短期间一定设法把他营救出来。一面向中国警察、司法部门大肆运动；另一面直接向英国领事衙门疏通。当时陈光甫已露头角，不但在中国的贪官污吏中可以左右逢源，就是英国领事也得买他几分账；当时花的这笔运动费，足可购买几十辆汽车。结果是：司机黄信被判有期徒刑30年，处罚金"规元"10万两，作为抚恤死者家属，就这样结局。事后，李桐村南京分行经理撤职，调总行专员。这个时候李桐村在陈光甫处已失宠。关于牛替羊灾的司机黄信，大约坐了不到2年的牢，陈光甫运用手腕，也花了钱，居然得到假释。再说李桐村是不甘寂寞的。当抗战发生以后，陈光甫为蒋介石效劳，主持富华公司，大肆搜刮物资。李桐村开动脑筋，首先从上海贩运了一批日用必需品，如棉布、毛巾、汗衫、袜子等类，运到重庆以后，奇货可居，大获其利。李桐村一眼看到四川的土特产桐油，他就放手收进。其时重庆的物价已经逐步上涨。而富华公司也在搜取各地的物资，如西北羊毛、四川桐油，皆是主要的物资。李桐村已经先下手，转手再卖给富华公司，获取的利润当然可观。陈光甫看在眼里，认为李桐村虽然会闯祸，但是有创业才能，在此非常时期，必须有非常人才。于是对李桐村说："你想干这项买卖，首先要有计划，必须要取得大量周转资金，方可大展宏图，你先草拟一个计划书，送给我看看，我来替你做主。"李桐村高兴极了，连夜把计划书拟就，送呈陈光甫阅看。陈光甫很满意。定名大业贸易公司，以上海银行副总经理杨介眉为董事长，所有的董事皆是上海银行的重要职员，并以李桐村为总经理。之前为李桐村替灾的司机黄信，这个时候是大业贸易公司的专员。

抗战发生以后，上海银行在临淮关有一笔大宗押款小麦，被国民党军队征用。当时上海银行总经理驻渝办事处接到这份晴天霹雳的报告，一筹莫展。于是打电报到美国，向陈光甫请示。陈光甫接到电报以后，就由美国发了一个电报给安徽省财政厅厅长章乃器，请他鼎力维护。后来按照官价收购。这是章乃器出了死力和当地的军队一再疏通所取得的成果，而使上海银行没有吃大亏。不久，章乃器下台了，预备办一个企业公司。他就写了一份计划书，直接寄到美国，请陈光甫帮忙。陈光甫看到这份计划书，明知是一笔竹杠，还是投桃报李，义不容辞。随即由美国发了一个电报到重庆上海银行总经理驻渝办事处，拨出100万元，交给章乃器，作为上海银行投资。因此成立了上川企业公司，章乃器自任总经理。开办以后，大为获利。年终，上海银行派出检查员，到上川企业公司查账，发现弊端百出。陈光甫觉得章乃器腰包已经塞满，如若不及时整顿，将来100万元老本，必定充公。随即改派上海银行业务部副经理朱汝谦为上川企业公司总经理，章乃器被撤职。在当时的环境下，章乃器确实敌不过陈光甫。虽然如此，章乃器心实不甘，于是运动了当地的军警武装来公司维护。新任总经理朱汝谦不但无法接收，而且无法进门。当时陈光甫说：章乃器拿政治力量来对付我，未免太自不量力了，我倒要给他点颜色看看。其时上海银行总经理驻渝办事处有一个职员叫黄玉珂，和特务头子戴笠是亲戚，当初，他进上海银行是戴笠向陈光甫推荐的。因此陈光甫就写了一封信叫黄玉珂面递，并教他把这一经过情况向戴笠说清楚。当时戴笠就通知军警高级机关，查明所属单位把派到上川企业公司的士兵、警士全部撤回，以后任何方面请求饬派武装保护上川企业公司，一概不许答应，并派了两名特务随同朱汝谦接收上川企业公司。章乃器看到原来的军警忽然不辞而别，随即向所辖的军警机关打听，知道发生变化了。料想敌不过陈光甫，不如先把公司的账册全部拿走。等到朱汝谦来接收，除了公司内部生财家具和全班员工原封不动外，账册一本没有，这怎么办呢？同来的两个特务，立时问明章乃器的住处，他们就走了。后来全部账册是由这两个特务弄回来的。最后，陈光甫还在上川企业公司内拨出一部分资金，交给章乃器作为酬劳。从此泾渭各分，永无瓜葛。上川企业公司至此乃为上海银行独自经营。并因黄玉珂不无微劳，特别提升黄玉珂为上海银行昆明分行经理，也就是对戴笠的无形报酬。

　　熟悉上海掌故的人，都晓得过去的上海有三个半滑头。一个叫吴鉴光，瞎子，算命，起课，卜卦；一个叫黄楚九，百龄机发明人；一个叫陆锡侯，城里小世界创办人。由于陈光甫以不足10万元创办上海银行，居然生意鼎盛，所以一般评价，他要算作半个滑头。

中国旅行社的由来

　　上海银行开业以后，陈光甫仍不时到美国走走。有一次，他又要想到美国去了，亲自跑到通济隆买邮船票（代售外国邮船票只有通济隆一家），正值这个卖票员和一个外国少女谈情说爱，絮絮不休，陈光甫是懂外语的，听得不耐烦了，板起面孔向这个卖票员说了一句："请你把我这笔生意先做好，再谈情。"哪里想到这个卖票员也老羞成怒，冲口向陈光甫回答："你要着急，最好你自己办个通济隆。"陈光甫一声冷笑，"好吧"，拂袖而去。就在这个时候柜台里面另外有一个职员认识陈光甫，看到这个情形，马上就跑到经理面前报告。这位经理觉得陈光甫不好得罪，随即派人带邮船票跑到上海银行向陈光甫当面认错，并向他道歉，这桩公案总算结束了。陈光甫到了美国以后，通过美国财阀的门路，向各邮船商运动，签订合同，把代售邮船票的业务招揽过来。随即引证美国成例，分头向英、法两国邮船商运动接洽，分别签订合同。回国以后，就在上海银行里成立了一个旅行部。一面向北洋政府交通部呈请援照国外成例代为经售火车票。起初交通部认为国营事业无须商人经手，但以实属创举，姑准所请，唯不允给予手续费。经陈光甫一再具呈，并列叙理由，最后交通部核准照给手续费。其手续费按各等车票票价算收。例如：每售出一张头等或二等火车票，按票价5%计算手续费，三等火车票则按照2.5%算收。另外，凡在年度终了，全国范围内的中国旅行社（初称上海银行旅行部）共计代售出的联运头等、二等火车票，金额达25万元，或超过此数（超过部分照算），则按2.5%计算手续费。

当时陈光甫告诫旅行部同人以服务社会为宗旨，以谦和接待对顾客，营业蒸蒸日上，通济隆就此一蹶不振。继后，因为这项业务非常发达，乃将旅行部取消，单独成立中国旅行社，陆续设立分社，几乎遍布全国各交通要道。凡是上海银行想在某一地区分设机构，总是先行设立中国旅行社，也就是把它作为先头部队。主要是调查当地商业、出产、市面情况，而后斟酌设立分、支行或办事处。在未设立分支机构以前，凡是中国旅行社所在地皆可以通汇。因此，上海银行的汇款业务也非常发达。由于旅行社的业务蒸蒸日上，陈光甫说过一句得意的话：中国旅行社这把火是我放的。因此他又想出一个办法，选择通都大邑和名胜地区，筹设招待所，如首都招待所、西京招待所、华清池招待所等，几乎遍及全国各大商埠。双十二事变，蒋介石就住在华清池招待所。其时西京招待所还住有一部分蒋介石的部属，气势凌人，作威作福。西京招待所有一个职员沈显庆还遭到他们痛打过一顿。到了抗战时期，招待所在西南、西北一带沿途遍布。这是受了当时军事委员会和西北公路局的委托投资合办的。

受宋子文威胁的前因后果

1927年北伐，国民革命军到达武汉以后，首先召集各银行开会，协助解决军饷。当时在行营主持财政的是宋子文，这一天会议也是宋子文主席，在开会的时候大家相对无言，因此会议是无结果而散。其时上海银行汉口分行经理唐寿民认为要协助国民革命军北伐成功，必须打开这一僵局。就在当天傍晚，单独去见宋子文，和宋洽谈："今天的会议其所以无结果，主要是没有一家银行敢于出头露面，先行动笔写认捐若干，凡事必须要有一个始作俑者，希望你明天再行召集各银行开会，由我来先写，因为上海银行是一个商业银行，过去对各项捐款比例很小，尤其对军、政界借款，上海银行向不参加，倘使我先动笔，其他同业必定大为诧异，也就不能推诿。"宋子文满怀高兴，连夜写好通知，清晨分别送达。这一连续会议，仍然宋子文任主席。唐寿民第一个拿起笔来写了认捐20万元。出席这次会议的各银行经理，看到唐寿民这一举动大惊失色。特别是中国银行和交通银行，认为上海银行能够认捐20万元，按比例分摊，当然不能少于上海银行，对此很费踌躇。然而事已如此，不得不循序照认。这场会议是圆满结局。因此宋子文和唐寿民相互默契，心照不宣，不言可喻。按照银行手续，分、支行遇到重大事件，必须先请示总行核夺。这一次认捐，事先并未请示总行，事后应即陈报总行备案。上海银行汉口分行率先把这一经过事实电陈总行核备。陈光甫看到这份电报，勃然大怒，随即电达汉行叫唐寿民来沪述职。唐寿民到达上海和陈光甫见面，陈光甫怒气冲天，首先对唐寿民说："老兄，你冲了我的家哪，上海银行的资本只有10万元，你一笔头，就代我送掉20万元，你怎么对得起我？"声色俱厉，把桌子拍得震天响。唐寿民忍气吞声，辞职了事。

嗣后，有人把这一消息告诉了宋子文，同时宋子文又引起了旧恨。这件事是在陈光甫做江苏银行帮办的时候，宋子文租赁江苏银行楼上，办了一个五洲贸易公司，当时向江苏银行洽商，开立往来透支户，透支金额限以50元为度。陈光甫觉得宋子文年少气浮，未可信任，予以拒绝。以区区50元，陈光甫竟不信任。而这一次又碰到汉口捐款事，唐寿民竟因擅自做主，而被陈光甫辞掉。就在这个时候，北伐军已进展到蚌埠。上海银行蚌埠设有分行。

宋子文借沟出水，指定上海银行协助军饷20万元。蚌埠分行电请总行核示。陈光甫晓得宋子文是借此报复，决意上海银行关门，随即召开董事会。董事长庄得之力劝陈光甫忍气，一面转请孔祥熙向宋疏通，结果以认捐5万元了此一场公案。

认销"二五库券"

北伐大军抵达南京以后，蒋介石便坐镇南京。当时蒋须筹措军饷，拟发行公债，名为"二五库券"。因为这笔数字很大，首先要向金融界洽商认销若干成数，否则不易筹募。其时江、浙财阀中，江苏为陈光甫领先，浙江为徐铭（寄癫）领先。彼此磋商，并约同金融界首领人物，一再开会集议，大家认为这一次北伐，旗帜鲜明是国民革命军，内容是铲除军阀，究竟施政方针如何，尚未大白天下。如果盲目认销公债，难免石沉大海。于是公推虞和德（洽卿）向蒋介石说明经过，并请他明白表示。蒋介石本来就不想革命，既然金融界提出方向，乐得顺水推舟，当时向虞和德保证，绝不共产，并请他转达金融界各领袖鼎力帮忙。虞和德回到上海以后，就和这班金融寡头秘密集会，一致通过，所有"二五库券"，金融业首先认销。

随后蒋介石就任命陈光甫为江苏兼上海财政金融委员会主任委员。钱永铭（新之）为副主任委员。中间曾以无锡茧税局任命陈光甫为局长，陈光甫坚辞未就。抗战军兴，任命陈光甫为贸易委员会主任委员，同时主持富华公司。

未能登上政治舞台的主要原因

金融寡头和蒋介石一鼻孔出气，前节已经详细叙述。所以这班金融寡头，当然要论功行赏。如吴鼎昌（达铨）、张公权、钱永铭（新之）都先后登上了政治舞台。而陈光甫的财政部部长，一再哄传，并未实现。最突出的是在抗战前两年，各地报纸以头版新闻登载陈光甫出任财政部部长。其时陈光甫正出发西北，视察上海银行业务，专车抵达郑州。陇海铁路局局长钱宗泽趋跄逢迎，当陈光甫下车到达住所以后，钱宗泽马上派人送来一篓很新鲜的山东肥城桃。陈光甫大加赞赏。据说：这篓肥城桃是钱宗泽刚由济南运到郑州，准备自饱口福，恰值陈光甫来到，而报纸宣扬陈光甫即将出掌财政，为了想拍新贵马屁，这种应时的礼物殊属得体。继后陈光甫的财政部部长并未实现。据消息灵通方面透露，陈光甫假作自命清高，何尝不想染指，但基于财库空虚，而八方应付，又甚费踌躇，虽然有一个邹秉文（上海银行总行副经理）能要政治，可以作为左右手，但全部班底无从张罗，况陈本人虽然长于经济学，又有办法向美国借钱，但是对于做官的诀窍，尚未得此中三昧，所以自始至终仅仅空望龙门，未能一偿夙愿。

西安事变的情报

陈光甫平时旅行各地视察，凡是到达某一分行，都要举行一次同人聚餐。就在这个聚餐的时候，陈光甫发表谈话，也就是训话。这一年陈光甫视察西北各分行业务，到达郑州，住了三宿，照例和同人聚餐一次，座中有西安分行、开封分行经理。笔者汤斌盒也由上海总行调到郑州分行服务，同在一个桌上。但是陈光甫有个特殊脾气，就是他在说话时，别人不能插嘴。这一天他谈到我们要注意情报，比如总行不断地给你们通函、通信，这就是情报的一种。你们各分行很少给总行做情报，或者你认为没有东西可报，我举例来说：最近郑州翻造马路，我在上海不知道，你们如果能够把这一消息报告我，我就可以"秀才不出门，能知天下事"，这就叫作情报，必须特别注意。其时在座同人，肃静无声。笔者因为和陈光甫相处甚久，关系较密，乃甘冒不韪，回答陈光甫：要把情报做好，首先要上下一气，内外协调，高级职员得到的重要消息，不要放在肚子里睡觉，外勤人员得到的任何消息，要和大家谈谈。这样做，就可以随时记录，即刻寄送总行。当时座中同人几乎面无人色，认为我一定要碰一个大钉子，下不来台。哪晓得陈光甫不但不以为意，相反地面有喜色，向我说：你说得对，今后你如得到什么消息，你就直接写信寄给我。从此我和陈光甫相互之间的关系，又迈进了一大步。

继后发生西安事变，蒋介石在西安被扣。当天陇海路西行车只开到潼关。郑州开始检查邮电，主要是不许把这一消息向外透露。这是一个空前重要的情报，怎样才能送到陈光甫面前？我绞了一个多小时的脑汁，终于想出了一个办法，因为银行汇款电报，单是上海银行就有好几十份。于是假造了一个汇款电报，把收款人的地址以及电汇的密码押脚，都写成驴头不对马嘴，就在这份电报中间，嵌了8个字，"潼西路阻"，"奉化留秦"。检查邮电的人看到是银行汇款电报，同时他自己的文化也不够水准，粗枝大叶一看了事。这份电报到达总行，内汇部译电人员首先看到收款人地址，上海无此地名，而且押密又不符，字句更断不下来，大家认为这份电报太离奇了。于是送请总经理审核。陈光甫看了两遍，忽地站起来把桌子一拍，不好了，蒋委员长被扣了！当时秘而不宣，关照信托部的经理，明日早市抛出证券若干。及至风声传到上海，金融市场突起变化。可是上海银行第一个先得情报，已经捞进一票。事后陈光甫查点到这份电报是笔者动的脑筋，大为嘉许。

得到美国财阀的信任

由于陈光甫是美国留学生，在美国籍的同学当中，先后也出了不少显要人物。尤其是陈光甫和美国的一班财阀，关系比较密切。前国民政府向美国借款，大都是宋子文亲自出马。在抗战期间，陈光甫深得蒋介石的信任，身任贸易委员会主任委员，经济命脉无形中已操在陈光甫手里。而陈光甫在美国尤其吃香，美国的财阀对陈异常信任。当时国民政府向美国借款，签订合同，向例是由财政部签署，但是美国还要陈光甫副署，否则不能生效。所以在抗战期间，陈光甫经常往来于重庆与美国之间。

其时陈光甫在重庆嘉陵新村筑有别墅一所。陈光甫由美国回到重庆，经常就住在这个别墅里。上海银行总经理驻渝办事处也在嘉陵新村自建房屋。陈光甫别墅里的座上客大都是美国人。陈光甫要讨好美国人，除供应西餐外，还不时叫上海银行总经理驻渝办事处的厨师，做出扬州点心（厨师是扬州人），给美国人换换口味。这班美国人吃得津津有味，一面吃，一面拍手。陈光甫乐开了。因此常常要做扬州点心，并且要不时换花色。这位厨师很精明，手段也很辣，到了开账取款的时候，陈光甫一看账单，为之咋舌，哪里要这么许多钱？明知是一笔竹杠，但是无法可想，因为在重庆像这样的厨师不可多得。而况他做出来的各色点心，又大合美国人的口味，因此忍气吞声如数照付。据说这位厨师就在这一项上，发了一笔小财。

从上海到香港

陈光甫一手创办上海银行，他以刻薄起家，首先对同人的待遇，与银行同业相比较，算是最刻薄的一家。同人中有超过50岁的，陈光甫就认为是老弱残兵。所以上海银行开办了无数次的训练班，把这些训练班的学员就作为接替人。在抗战期间，沦陷区的各分支机构统统撤退到重庆。其他各银行也纷纷向后方发展。同时提高待遇，拉拢人手。当时上海银行一班老同事，确实走得不少。到了别家银行以后，不但薪水拿得多，还有的独当一面。在抗战胜利以后，陈光甫召开了行务会议。他首先说："现在我们的老同人走得太多了，但是不满10年的同人走出上海银行大门，我不可惜，现在所走的大多数是10年以上的老同人，我深不可解。请你们谈谈这是什么道理？"当时有人指出症结所在，是待遇太低，升迁太慢，人往高走，水向低流，这是必然的趋势。陈光甫即席表示，即日改善同人待遇，要比任何银行都高。因此上海银行在胜利后的薪水待遇，可以说是无出其右者。上海银行平时库存极厚，准备充足，尤其积存的外汇要比其他银行多一些。陈光甫看到上海快要解放了，他把积存的外汇，抽出400万元，拨存香港分行。表面上是厚积香港分行准备，实际上是别有用心。陈光甫本人在上海未解放以前，已经携眷到香港。及至上海解放以后，有人促使陈光甫回上海。陈光甫说："我长到这么大岁数，做梦都没有想到中国有这样好的政府，如果我小去20岁，不待诸位劝驾，我老早就回到上海了，现在我已老迈，夕阳无限好，无能为力了。"等到1952年年底，上海金融业全面改造，成立了"公私合营银行"。陈光甫在香港把香港分行改组为"上海商业银行",去掉"储蓄"两个字,向香港英国总督衙门注册,不再和大陆上的上海银行来往了。

(1964年6月12日)

(原载上海古籍出版社《上海文史资料存稿汇编》)

上海银行：陈光甫的毕生事业

杨桂和

本文总结了一部分陈光甫经营银行的理念和手法，并辅以大量数据，比较具体地描述了陈光甫与上海银行的经营活动。并于之后附另一位亲历者的短文，以资补充。

一、陈光甫的家世与经历

上海银行（全称是"上海商业储蓄银行"）的创办人陈光甫先生是江苏镇江人，家里是从事钱庄业的。他原名陈辉德，由于对外通用"光甫"，所以"辉德"两字倒不为人知。但在不少地方他还是使用的，像他在国民党政府里的一些职位（如中央银行理事、国民政府委员等）就是用"陈辉德"而不用"陈光甫"的。

他幼年当过学徒，在邮政局当过职员，出身比较清苦。因此，当他创办起上海银行以后，即经常以他的出身苦为现身说法的材料来向银行职员灌输"勤俭"的道理。比如他说："银行一事是为耐劳守苦者终身之职业，但绝非吾人投机发财之地。"又说："上海银行是苦出身。"这对于上海银行在旧社会里保有一种比较"兢兢业业"作风是有一定关系的。

他很幸运地得到他岳家的支持，去美国留学，在美国宾夕法尼亚大学学经济。毕业回国后，又因他岳父是当时两江总督端方的幕僚，他得以出任江苏银行的经理。

陈光甫从美国学来一套资本主义经济思想与经营方法，是不适合于江苏银行那种封建官僚金融机构的，由于他不能满足官方的予取予求，所以辞职不干了。

他依靠岳家的资财和他家庭与钱庄的关系，以及攀附留日的张公权和李馥荪（铭）等人，于1915年在上海宁波路开办了"上海商业储蓄银行"。当时门面很小，资本名义上是10万元，实际上他说当时仅凑集了7万元，人员仅7个人，规模是很小的。陈光甫自兼营业，拉存款、跑工厂、搞放款，晚上回行还亲自为青年行员开班教书。所以不少行员是他的学生（像以后大业公司的总经理李桐村就是其中的一个）。当时陈光甫确是相当勤苦的，他所创办的小上海银行也不为当时钱庄银行所重视。

当时，虽然第一次世界大战正在继续进行，但上海金融市场还是在英帝国主义控制之下，英国汇丰银行的势力还是喧宾夺主的。国内金融势力则操在钱庄手里，洋商银行只收钱庄的庄票，不收银行的本票。国内埠际贸易方面，钱庄的申票又是主要的流通货币。所以钱庄是商业金融的枢纽，只有钱庄有票据交换机构，银行票据也要委托钱庄代理交换，这就必须先存放头寸于往来钱庄。一般银行想在上海外滩洋商银行开个往来户头，是不容易办到的。陈光甫后来常不胜感慨地说："吾人几次想在汇丰银行开个户头而不可得。"当时陈的声望远远比不上一个外商银行的买办。他说："吾人至汇丰汇款，必从后门进内。欲见买办固不能，即欲见账房亦不可得。"他曾说过："民国初年，江苏银行的董事多为外商银行之买办，骄甚。"买办有上海道契，可以用以押借款，有钱为银行垫款，可以出入官府，结交洋人，成为当时的"高等华人"。上海银行当时资金不过7万元，吸收的存款不过55.7万余元，储蓄不过1.8万余元，那是不入流的小银行，谈不上地位，就是维持存在，也还是要克勤克俭的。

二、陈光甫经营上海银行的一些做法

陈光甫凭借他从美国学来的一套经营方法，就在这个很小的基础上苦干起来。首先，他约原在邮政局的两个结盟弟兄（杨敦甫、杨介眉）到银行里来为他的左右手，又从江苏银行里挑选一些能干的人员，以结成相当短小精干的银行队伍；并培养一批年轻的练习生。在业务方面，除了仿效钱庄搞往来存款以外，还特别致力于小额银元储蓄存款的吸收。当时，钱庄对小额存款是看不上眼的，特别是对银元存款，一般是不给利息的。陈光甫看到银元的使用范围一天天要扩大，同时他认识到多数小额存款反而比少数大存户稳定性强，因此上海银行对于小额储蓄存款致力很大，特别提出一元即可开户的宣传，这在当时金融界是不屑为的。曾经有一个人为嘲弄这个小银行的这种做法，拿了100元来要求开100个存折，陈光甫并不以此为耻，还是贯彻他的做法，更加扩大对储蓄的宣传。以后继续开办的，有零存整取、整存零付、存本付息、子女教育储金、养老储金、礼券储金等等。

上海银行从办储蓄所获致的利益是很大的。从1915年的1.8万余元，到1921年即达116.67万元，1932年达2300余万元。这里储户很多，而且有不少是10年以上的储户。这是一笔非常稳定的存款，可供银行随意投资运用，准备金也远比活期存款的为小。无怪陈光甫后来常说："银行是一针见血的组织。"就是说银行仅凭信用就可以聚积社会不少闲散资金，以供工商业使用。

在一般存款方面，除了办理钱庄式的往来存款以外，还开办新式的活期支票存款。对于这项存款，陈光甫特别注意要加强对顾客的服务。他对于职员经常以"服务顾客""顾客是衣食父母"等口号来促进他们的服务态度。他训练行员对顾客要有礼貌，要和蔼，"见什么人说什么话。"如果职员得罪了顾客，那就要受一定的申诫。甚至有一个时期，他限制行员在柜台上吸烟，因为这是不礼貌的。上海银行活期存款这部分还实行柜台员责任制，就是由营业员负责验票、收款、付款，不像许多银行把验票与收付款分开。实行一人负责的优点是便利顾客，免得顾客跑两处。柜台人员因为经常与存户打交道，对于支票印鉴一看即知，一般不用验印鉴。陈光甫还要求职员认识顾客和了解顾客的信用，对于经常往来的存户要能做到不验印鉴和不看结存即能付款，所以效率很高，博得顾客的好评。

放款方面，上海银行没有像钱庄搞汇兑的条件，也没有搞银元银两兑换的资力，又不敢从事公债库券的投机，而主要投放于堆栈押款、货物押汇、厂家押款以及往来透支等。这种对物信用虽然比对人信用繁琐，但确是风险少，有保障，而且也适应民族工商业的需要。第一次世界大战结束以后，随着国内民族工商业的发展，上海银行的投放业务扩大了，同时也增加了往来存款数目。1915年存款总额不过55万余元，1921年即增为1227万余元，1931年增为10968万余元。在放款对象中，主要是上海、无锡、南迪、芜湖、蚌埠等地的纱厂和面粉厂。以原料棉花、小麦、棉纱和面粉为押品，投放资金；并且也放一部分厂基押款。这种国货工厂的放款，到1936年达到3800余万元，占该年放款总额11000余万元的三成以上。这是上海银行投放给民族工业的银行贷款，当时除了中国银行以外，在一般商业银行里是比较突出的。

在农业放款方面，上海银行追随中国银行之后，在1931年也委托华洋义赈会与金陵大学办理农村合作社贷款。1933年该行设立农村合作贷款部，并在南京，长沙、郑州三地设分部，从事以棉花为主的运销合作、信用合作、农业仓库、农民抵押贷款等业务。1933年贷出100万元，1934年贷款增至450万元，1935年增至600万元。这项业务虽然是为放款找出路，但终比投机公债有些积极作用。

陈光甫说，他经营上海银行的方法是："人争近利，我图远功，人嫌细微，我宁繁琐。"经营路线是"敬远官僚，亲交商人"。口号是"服务社会，辅助工商实业，抵制国际经济侵略"。这个口号后来就作为上海银行的行训。从上海银行的经营活动中看，基本上是按照这三个口号做的。像在1917年上海银行在南通办理厂家押款、工厂特约押款及抵押透支，这是开民族工业与银行握手之先声。1918年在英国伦敦洽订代理处，为我国商业银行办理国外汇兑的萌芽。1919年更扩大国外代理汇兑业务于英、美、法、荷兰、日本各国重要商埠的银行。这在推广营业和在国外汇兑中争取一席地位，是有一定先驱作用的。

当时上海银行还是弱小的，比起洋商银行来更差，所以陈光甫当时对洋商是仇恨的。他很支持荣宗敬所办的申新纱厂，可以说上海银行与申新、大生等纱厂有着血肉关系。英、日帝国主义对于中国纺织业的侵略和摧残直接影响上海银行的利益，陈光甫当时是站在中国民族工业这方面的。他同情荣宗敬所说的慨叹话："上天不令中国人做第一等人！"他并引申说："上天简直不使我们做人！一般人生来都是穷苦，国内谋生艰难，生在山东的跑到东三省去做工，福建人向南洋各地去，广东人到欧美去求生活。"1932年他在上海银行对职员说："我们要记住，中国当前的敌人是外国经济侵略。外国银行专做汇兑生意，他们所关心的是Manchester的棉布，以及Pittsberg的铁矿，Detroit的汽车，并不管我们工业的盛衰。"同年他在《银行周报》上撰文也说："上海进出口生意，由本国银行直接投资的，不过10%光景，其90%俱取给于外国资本。……听说钱庄有1000万现款寄存在汇丰库中。"

1934年，当汇丰银行要拍卖中新纱厂的时候，陈光甫对于促使南京国民党财政部出来设法挽救是尽了一定力量的。

陈光甫仿效洋商通济隆的做法创立了中国旅行社。他最初在上海银行里设立旅行部，后来单独划分资金成立中国旅行社。中国旅行社为旅客代购轮船，火车客票，预定舱位，照料行李，并发行旅行支票。该社还发刊《旅行杂志》，刊载有关中外的名胜游记；并且设有专人编写各名胜地点的导游小册子，办理各地名胜的集体游览等。后来中国旅行社还在不少地方投资建筑旅社和饭店。抗日战争发生后，它在西南、西北公路沿线都办有招待所，旅客无不称便。

中国旅行社设立之初是亏本的，以后也一直不能盈利，因此在上海银行里有不少人反对从事这项生意。但是，陈光甫则始终坚持办理，并且对旅行社还十分重视。他之所以特别着重办理旅行社，可以从他在1929年1月在中国旅行社同人聚餐会上的发言里得到一些解答。他说："天地间事物有重于金钱者，好感是也。能得一人之好感，远胜于得一人之金钱。今旅行社博得社会人士无量数之好感，其盈余为何如耶？"实际上，正如许多人所知道的那样，中国旅行社由于接触的面很广，为上海银行做了不少广告，使上海银行从中得到不少存放款以及保管、委托等业务的盈利。除此之外，在介绍各地名胜和办理导游方面，"中旅"在我国旅行事业里也是先驱。《旅行杂志》在旧社会里很受读者欢迎。各地招待所比较整洁，服务比较周到，也是众所公认的。

所有以上这些活动，正如陈光甫所说："上天不负苦心人，为社会服务，利在其中矣。"

当上海银行还在比较进步的时期中，陈光甫特别注意行员的精神训练。每年在各地中学吸收学生入行，开办训练班。除讲授银行业务以外，还要灌输他所提出的"银行是我，我是银行"的团结一致的思想。并为行员讲述三大行训的关系："所谓辅助工商实业，抵制国际经济侵略者，亦即服务社会之谓。如能尽服务社会之能事，则工商实业自能辅助，国际经济侵略即已抵制矣。"此外，他每月还定期约银行各部门的人员同桌吃饭。事先由人事部门把约来职员的情况给他作了介绍，因而在吃饭时他可以针对每个人的优缺点提出鼓励和警诫，以促进行员更加努力工作。年终奖励的办法，除了公开的一般奖金以外，还有由他本人把行员找去慰问一番之后，亲自付给用红纸包着的奖金，这样更增加行员对他的爱戴。他可以用高于他自己（总经理）的薪金来约请高级职员到上海银行工作。他对于自家亲友的入行也视同一般行员，要求一切从头做起。因此，在人事制度上，上海银行是比较健全的。他肯拨出一部分钱为行员设置图书馆，还经常出题目征文，选中的给以奖金；并在行内办有《海光月刊》。他还鼓励行员在业余从事体育活动，开运动会，成立球队等等。这些对于活跃行员的精神生活起了一定作用。

陈光甫认清了"办银行者第一在于信用"，他认为有了信用，则不患没钱赚。1927年武汉政府颁布命令，集中现金，钞票停兑以后，汉钞市价仅一折余。上海银行汉口分行在停兑前后，所收存款约五六百万元。为了争取存款人的信用，陈光甫坚持按现金支付——即存款在停兑前存入的，概付现金；在停兑以后存入的，亦各按其存款日的市价支付。这样，上海银行多付出了现金200余万元。表面看来是吃了亏，但实际是收了长远的利益，因为这一举动博得武汉不少人的称赞与信任。后来上海银行汉口分行在汉口的存款大增，业务大盛，是与这次汉钞付现有密切关系的。

资本主义世界是互相倾轧的。上海银行的发展也不是风平浪静的。陈光甫为此曾感慨地说："中国人嫉妒心甚深，每见他人得意，即加忌妒，不但不肯帮忙，且在暗中百端排挤而倾轧之。"这是他亲身感受的总结。最使他刻骨难忘的是1931年的提存风潮，事后许多年，陈一谈到此事，还是心惊胆颤的。因为那次提存风潮差一点使上海银行倒闭！

1931年6月上海银行新建行屋落成，迁入办公。正在庆贺之余，由于汉口大水，传来上海银行做押款的食盐受淹，这竟引起南京上海银行的大提存。后来扩大到上海方面，形势相当猛烈。最多一天竟要付出1000余万元现金。上海银行变卖了一切可以变现的资产，还是应付不了。最后陈光甫不得不向上海青帮头领纳礼，同时向中国银行总经理张公权请求支持。中国银行答应借款并通知各地中国银行对上海银行加以援助。这样才使上海银行得以抵住提存风潮，免于倒闭。无怪事后多年，陈光甫对于张公权一直感恩戴德，称之为"救命恩人"。实际上也是如此，在当时银行界没有共同组织，无处可以借款，中国银行实际上有中央银行的地位，它通令支持上海银行，才稳定了人心，打击了趁火打劫的人。

风潮过后，陈光甫痛定思痛，特别在行内提出"打倒老太爷、大老爷、少爷三派"的口号。他指出："老太爷为行将就木之人，少爷为不识艰难之辈，大老爷则为官派十足者。"他竭力倡导勤俭负责。他说："行员能造谣，亦能辟谣。"

这一次风潮，对于上海银行在经营上敲了警钟，使它以后放款讲求了灵活性和厚积准备。但另一方面在陈光甫脑子里，认识到政治力量是不能不依靠的。这对于他以后转向政治活动不是没有关联的。

三、陈光甫对国民党政府政治经济的适应与徘徊

毛泽东主席在《中国社会各阶级的分析》一文中，就民族资产阶级的两面性引用了北京《晨报》上的两句话，刻画出这个阶级的矛盾惶遽状态，"举起你的左手打倒帝国主义，举起你的右手打倒共产党。"在陈光甫的发迹过程中，情况正是这样。当他地位还不巩固、上海银行还受帝国主义经济

压迫的时候，他对帝国主义是抱有恶感的，他对于中国新兴的民族工商业是支持的，对于英、日帝国主义纱厂在中国的喧宾夺主气焰是仇恨的。他对于封建势力也是反对的，特别对于内地的封建割据更是反对。他说过："内地对银行无认识，有不令银行出钱、将令何人出钱之想。法律与政治上皆不能保护。"他又说："地方军政借款，多用威力强迫，本行甚至有被抢劫现款之事。蚌埠、徐州军队，每以无款发放伙食，召集商家开会，迫令银行承借。稍推诿，即以饥军行将哗变、无法制止相要挟。"充满资本主义经营思想的陈光甫，对于封建势力当然是不会满意的，因为封建主义限制了资本主义银行的自由发展，因此他是同情革命军北伐的。

但是，他所向往的是统一的资产阶级政府，扫除军阀，统一全国，保护银行到处发展。大革命时期，工农群众起来革命，各地工会纷纷组织起来，却使他感到可怕。那时上海银行里也出现了工会组织，这使他感到劳资斗争就要影响到他的统制，因而对于革命又彷徨起来。

1926年11月虞洽卿由沪到南昌会见蒋介石，以反共灭共为条件，答应给蒋介石以财政上的援助，在沪筹募"二五库券"。陈光甫被推举为劝募委员会的主任委员。在这次筹募工作中，陈光甫表现了他的办事能力，很快募集了1800万元，其中银钱业购了1000万元，其他"绅富"团体购了800万元。这就给了蒋介石以背叛大革命的资本。

蒋介石背叛革命以后，陈光甫把上海银行的工会解散，开除工会中活动人员；并且对于广州分行里使他头痛的劳资纠纷进行了处理，把"闹事的"压制下去。事后，他曾说："（民国）16年春，革命军进至长江下游，是时共党蜂起，社会不安之现象达于极点。本行放款即无从着手，而所有存款悉为准备。"又说："吾人日处乱世之中，16年来，一无宁岁。尤以革命军进占长江流域后，工潮突起，战事蔓延，卒至市面大受影响，元气损伤，天演之理，不进则退。"这时期他把杭州、镇江、烟台、北平等分行停业，其他分支行也缩小范围，以减少存款减轻支付利息的负担。更重要的是广州分行里所发生的劳资纠纷，使他感到革命前途对于银行经营是不利的，因而保守收缩以观时局的变化。

陈光甫从工人运动中吸取了经验。他从此在上海银行里更加强了混淆劳资界限的措施。当1930年10月上海银行增资到250万元时，就把新股125万元分配给行员认购。他说："使行员皆成股东，实行劳资合作，庶几团结力量益臻巩固。"另外，陈光甫在上海银行里实行行员储金办法，即按每人薪水的10%，由银行在发工资时扣下，另外由银行照数也提一份，一并储存起来，到行员退职时才能支取。这一方面是为防止行员舞弊；另一方面也是想加深行员与银行的经济联系，他希望达到"银行是我，我是银行"的境地，使银行与职员血肉相联，痛痒相关。

在银行训练班里更加强灌输无阶级矛盾的思想。1932年他对行员们说："在职务上虽有阶级之殊，然所谓阶级，不过表示其一种责任，实际上人人平等。"又常说："大家都是老板，银行兴衰，人人有份，勤劳俭约，守分知足。"他在宣扬他对上海银行的"功劳"时说："本行经过16年风波，好像上四川的船，拉纤过滩的人用了许多气力，大挣扎，才能将船慢慢拉上去，稍一放松，又退下几十里。"因此，要求每个行员都要勤勉从事。他用轮船船主由洗厕所之工人一步步升迁之不易的例子，竭力宣传"无不从劳苦中来"的人生观。他用许多具体事例说明由于有了上海银行，才使得近万人有了生活保障（包括职员及其家属）。所以每个人应该爱护上海银行，不要搞劳资纠纷。他并且对中国大家庭的封建关系做了带有共产主义色彩的解释。他说："中国人的社会，自来就有共产主义性质的。闸北难民，不消说是分别到各人的亲戚朋友家里共产去了。外国人对中国人的大家庭制怎么能了解呢？"

1944年他在重庆，把美国宣传"人民资本主义"的文章最先找人译出登在《大公报》上。他认为斯大林是独裁的，中国共产党对于地主是"要命的"。1945年9月，他在《上海银行战后经营方针》里说："资本主义之经济已演变为福利经济，银行成为顾客之银行"，指出在人事上应该把"大我小我化为一体"。1950年他在香港寄给国内的《告同仁书》里曾说："上海银行没有真正的资方。"

在半封建半殖民地的国度里，资产阶级力量是微弱的，比不上发达的资本主义国家可以达到资产阶级左右政治的局面。拥有军队的蒋介石，为了培植四大家族的发展，筹措打内战的经费，开始逐步地实行囊括上海金融业的政策。而私营金融业为了生存，也不能不依靠蒋政权的保护。实际上，上海金融业对蒋介石的支持是与日俱增的。据估计，1926年上海银钱业投资公债有1.3亿元，1931年更达2.3亿元。直接对南京财政部的贷款，1935年6月底达6500万元。以上海银行一家而言，在1936年上半年即借给南京财政部420万元。

国民党政府为了反共，连年兴兵，财源枯竭，不能不赖发行公债弥补。内地战乱频仍，农村破产，社会资金集中于上海租界，银行存款增加，苦于缺乏出路。所以对于利息优厚（利息连折扣合计约在月息20%以上）的公债，自然视为经营的好对象。据估计，上海金融业对公债的投资数及其占放款的百分比如下：

年份	放款数（万元）	投资公债数（万元）	公债占放款的百分比
1932	1857	331	18%
1933	2327	383	16%
1934	2607	559	21%
1935	3185	740	23%

上海银行投资于有价证券的数目，比起其他银行为低。1932年有价证券占存款总额5%；1933年占6%；1934年占9%；1935年占11%。

上海金融业投资公债所获得的利益是相当高的。这可以从孔祥熙1936年9月19日给国民党中央政治委员会的密呈中看出。孔说："查政府发行各种公债，于条例中虽规定发行价格，而事实无法照规定价格发行。故于民国十八年时，行政院密饬财政部准以各种债券按照时价折变现金，借资应付紧急军需。……不知借款原有偿期，届期不偿，银行即无法周转资金，以营其他业务，更无放款余力。是财政部之所以债券折售，实为应付急需，并兼顾金融市场，原属不得已之举。况借款月息多为一分，而债券月息则仅五厘。若提供借款押品之债券长久不予结售，则每月坐耗五厘，即使押品债券逐步上涨，亦不足抵偿借款多支之利息。且既不结售，又无款清偿，则所借之款照复利计算，年复一年，其损失有更大折价者。"实际上，在宋子文任财长期间，一般债券结售价不过四折左右，中间经销银行的利润是相当大的。

永利公司总经理范旭东当时曾指出："市场利息因政府公债条例太滥之故，竟抬高至二分以上，市场流动资金群趋于投机一途，民间生产事业之股票债券竟至无人过问。谨厚之资产阶级则为公债利诱，动辄倾其家私。故公债之残害我国实业，比之任何暴力尤为凶猛。"中国银行经理卞寿孙在工商会议里也提出："凡属无裨生产事业之内债，以后不宜再发，俾市面游资不致倾注于公债一途，而银行亦得腾出余力以从事于辅助工商业之发展。"这反映了国民党政府用公债吸收资金，用以进行内战，已经与资产阶级利益发生了矛盾。

陈光甫在1932年也说过："政府借款，推销公债，迫令维持政府经费，一若银行负有维持义务，不容推诿。苟稍迟疑，即以为不爱国。借款与政府未必即为爱国。盖政府经费应有预算，量入为出，何能借债度日？"这时，南京政府的贪污无能也使陈光甫为之叹息。他已感到四大家族压迫的威胁，蒋政权的统制经济政策已使他感到不安。

陈光甫在与李馥荪等人合作努力下，在1933年1月成立了银行票据交换所，加强银行间的团结，以后对于国民党政府的借款，很多都由银团贷放，风险分摊，借以增加对放款的保障。

正如陈光甫所顾虑的金融兼并果然发生了。1935年3月国民党以一纸金融公债的预约券1500万元拨充中国银行的官股，连原有官股500万元合为2000万元，与商股相等。又以该公债预约券1000万元拨充交通银行官股，形成官股1200万元的优势。这样就把中、交两行夺到手里。宋子文出任中国银行的董事长，把总经理张公权挤出中行，并实行了董事长制。交通银行董事长胡筠（笔江）早已投入宋子文门下，因此未动，只把上海银行国外部经理唐寿民调到交行当总经理。

3月20日南京财政部通知中、交两行，4月1日宋子文就走马上任进入中国银行。张公权事先并未与议，等他听到消息后，据说曾"潸然泪下"。这对他以及上海金融界都是一大打击。因为张公权在1917年及1920年曾两次反抗北洋政府对中国银行进行夺取的企图。1916年他抗拒袁世凯停兑中国银行钞票的命令，使他在中国银行打下了根基。国民党执政以后，中国银行还实际上起着领导金融界的作用。但是国民党改组中、交两行事先竟不叫他知道，他也无力反抗。这正反映了巨量公债已使上海金融业背上很大的包袱，离开了南京政权就难以生活下去，没有什么力量与之抗衡了。

中、交两行的改组震惊了陈光甫。他当时曾说："中、中、交三行之增资改组，中央银行法之公布，中国开办储蓄，中央设信托局，往昔行庄所恃以为武器者势必将缴械。政府已自不干涉状态，进而为统制主义。"

陈对于统制经济是反对的。他所崇拜的是自由竞争和不干涉政策，因为他所追求的是无限制地发展和扩张商业银行。他常说："人生在社会有一真正快乐之事，是树一目标，创一事业，达到目的地及成功，为最快乐。此种快乐从艰危困苦中得来，尤为永久，尤为有纪念价值。"这就是一般所说的资产阶级"创业欲"，这在陈光甫身上是相当浓厚的。

陈光甫对于宋子文一直是抱有反感的。他认为宋为人毒辣，不讲人情，时时想吞并人，不如孔祥熙"厚道"。他说孔还讲交情，念旧好，宋则翻脸不认人。这时，陈光甫不能不求在政治上占一席之地了。

四、陈光甫在新形势下的变通求存之道

上海银行随着国民党在国内势力的扩张，也扩大了营业面点；但是四大家族的气势凌人，也使陈光甫看出金融业前途埋伏着不少危机和苦难。陈是"随缘善变"的，他不能坐以待毙。他常说："环境有时不能不变更，社会上受环境之支配发展，应付有时而穷。能改良应付之方法，则进展开通之景象，不难达到。所谓穷则变，变则通。山西票号执金融界之牛耳，气魄何等宏大，乃不旋踵如义善源及源丰润等相继失败，此皆不知变通之误。"

陈光甫变通之路何在呢？通过贝祖贻（淞荪）的关系，缓和了他与宋子文的不和。他送股票给孔祥熙，请孔担任上海银行董事。广泛结交国民党军政要人，进一步加强南三行（上海、浙实、浙兴）间的团结。而最主要的是力求与美国挂钩。他认识到在国民党政权里他是渊源浅，没有力量的，要想立于不败地位，只有与美国发展关系才行。

1932年他指出："吾国保险费流入外国，每年有2000万元，为一大漏卮。"随后他与英商太古洋行合资组织了"宝丰保险公司"，开始与洋商合作。1933年6月他派人到美国去，临行时指出赴美的使命，"在于打通欧美各银行与本行发生直接往来。能成功，即本行之新生命所寄托"。这时候，他已从仇视帝国主义转而与之接近了。上海银行的新生命已想转到与外国银行往来上了。

1936年，他代表国民党政府赴美国接洽出售白银。因为1935年国民党政

府实行白银国有以后，把外汇与英镑发生直接联系，对于美元没有固定汇兑比例，不利于美国商人。外汇基金是靠出售白银得来的。李滋罗斯的办法触恼了美国，报复的手段是美国停止在英国利物浦白银市场购进白银。而当时如果美国不购银，银价就要下跌。美国这样一来，银价下跌了而且没有买主，中国外汇基金也没有着落，眼看法币对外价值即难以维持，南京政府不得已乃派陈去美国商谈出售白银。

陈光甫这一次在美国活动的结果是美国答应收买中国白银，交换条件是要中国把对美元的汇率也固定下来，并且要使用一部分银元。事后据陈谈，这次赴美叩头是"苦差事""把鞋底都跑破了，看了人家不少冷面孔"。但是，他不是没有收获的。由于这一次他的小心谨慎，向美国财政部"竭诚"剖析中国国情，使得美财政部发现他愿意为美国服务的思想，对他有了较好印象。

因此，1938年当抗日战争发生后，蒋介石又派陈光甫赴美接洽借款。陈光甫去后得到2500万美元循环使用的"桐油借款"。他还代重庆财政部在美国设立了"世界公司"，专门办理在美出售桐油偿还借款的事。在国内贸易委员会下设立复兴公司，专门办理在国内收购运输桐油去美的工作。当时美国《生活》杂志特别写了文章，对于陈光甫从滇缅路运输桐油至美还债的做法大为赞扬。陈光甫当时是重庆财政部贸易委员会主任委员。由于他对于偿还借款很守信用，大大提高了他在美国的信誉。

"世界公司"不仅是中国对美的偿债机构，而且是上海银行在美的办事处。该公司负责人虽是美国人劳海，但中国方面负责人则是上海银行的董事夏鹏，公司里许多职员都是由上海银行调去的。抗日战争时期，上海银行的外汇买卖投资都是通过这个机构的。抗日战争以后，上海银行在纽约设立通讯处，实际上也是由"世界公司"人员兼办的。至此，陈光甫努力追求在外国立下根基的愿望实现了。

抗日战争发生以后，蒋介石政府统治区开始通货膨胀。1939年中、中、交、农四联总处改组成立，由蒋介石亲自掌握，同时加强限制商业银行。商业银行的力量日见下落。以1941年底在重庆的上海、金城等15家商业银行存款5796万余元计算，相当于抗战前200余万元，平均每家不过13.6万元左右。1942年2月底，重庆17家商业银行放款共计1437.7万余元，折合战前454万元，平均每家不过26.7万元。这比起1937年上海银行一家的存款18000万元，显然是不啻天壤。抗日战争时期后方商业银行的力量显然是削减很多，已经无法与四大家族的官僚资本银行相比拟了。

不过，陈光甫并不因为上海银行业务削减而失势。由于他被美国所重视，所以他在蒋介石政府里的地位反而比抗日战争前提高了。

1941年中英外汇平准基金500万英镑消耗殆尽以后，英国无力照顾，蒋介石不得不向美国求援。美国允借美金一亿元成立中美平准基金，提名要陈光甫出来主持。蒋介石当时很不高兴美国这样干涉他的用人权，但也没有办法不答应。同年4月，中美、中英外汇平准基金会成立，即由陈光甫出任主任委员。在这个平准基金会里，陈光甫所站立场，照他自己所说，决不是代表中国，而是"超然中立"，兼顾中、美、英三国的权益。但是，实际上他是特别尊重美国代表福克斯的意见，尽力维护在上海的美商利益，让他们用中国的廉价外汇抽走在上海的投资。

从平准会的内部组织看来，与其说是中国的一个外汇管理机关，还不如说是美国派驻中国的一个机构更为恰当。平准会里边洋味十足，绝大部分文件都是英文，对于重庆财政部的报告也使用英文。

陈光甫这种立场和作风深得美国财政部的赞赏。1941年美国总统罗斯福私人代表居里飞到重庆会见蒋介石时，即明白向蒋提出，陈光甫是中国优秀的金融家，希望蒋介石要多向他请教。这样，孔、宋对于陈光甫就不能不另眼相看了。

陈光甫在政治上的活动并无政治目的。他常说这是为了上海银行，实际上也是如此。在蒋管区如果没有政治上的靠山，想做生意不容易，更谈不上赚钱了。上海银行在西南一带本没有根基，中国旅行社的业务也不大，如果照战前那样搞放款是不会有多大盈利的。这时候，上海银行在重庆的放款主要是放给大业公司。这个公司是抗战前夕在汉口由上海银行成立的，主要是搞盐的运销，后来什么生意都做。所以上海银行在重庆的存放款虽远不如战前，但是盈利还是可观的。

应该说，上海银行的外汇资金绝大部分是在抗日战争时期获得的。抗日战争以前，它的存放业务虽大，但是利息支出负担也很重。放款又多呆滞，它无力积累外汇。在实行法币政策以后，通货开始膨胀，银行业务才渐渐活跃。"七七"事变以后，上海发生资金外流现象，提存风潮很烈，像上海银行有18000万元存款的银行，对于提存是感到压力很大的。放款一时收不回来，而存款要支付，哪还有余力积累外汇呢？据统计，从7月10日到8月12日（沪战前夕），中、中、交三行售出外汇750万英镑。上海银行提存达2500万元，占存款16％，形势相当严重。所以南京财政部与上海金融业研究限制提存办法。陈光甫当时是银行公会负责人，先期知道即将公布"安定金融办法"。为了便利资金逃避并便利有关大户提存，上海银行并没有把8月12日的日记账和库存轧好，这样，不仅得以把一部分资金调往香港，而且也给大户送了人情。但是，这时期上海银行的外汇还是不多的。后来在平准基金维持上海外汇时期，上海银行也积累了一些外汇，但限于头寸，为数还是不大的。

上海银行的外汇主要是在后方得到的。通过大业公司赚了不少钱。特别是"民国三十一年美金胜利公债"发行以后，每百元法币可买美金5元，初发行时还不为人所乐买，后来，陈以职务关系得悉这项公债的还本付息真有美金的保障，他即嘱上海银行和大业公司大批购进。不久，国民党停止发售，美金公债立即价增数倍。这样廉价美金的获得是平时所没有的。以后，上海银行和大业公司对于黄金存款和黑市外汇也购进不少。

有了外汇，陈光甫在美的活动就更加有了物质基础。他在重庆创立"新纪工程公司"，专门与在美的"世界公司"挂钩，业务是代国内工业调查美国的工业技术并代办订货投资。1944年，陈派中国旅行社社长赴美，与美国轮船公司、飞机公司等商洽签订战后代理客货运的合同。又派大业公司总经理去美，研究战后大业公司复员后订购纺织工业的设备。后来，大业在美买下了一个半旧的纱厂设备。同年10月，陈光甫去美参加"国际通商会议"，会后即留在美国研究上海银行在美资金的运用问题。1945年4月他与美国一些资本家组成了信托公司，中国方面发起人除陈外，还有李馥荪和张公权，资本1000万美元，由发起人认500万美元，上海银行认25%，计125万美元。据当时上海银行负责人说，这个外汇投资数约为全行外汇资金的1/6强。照此推算，1945年上海银行所拥有的外汇当在700万美元左右。这是战前任何商业银行所没有的外汇资产。

陈光甫在经济上与美国发生密切关联，就更加促进了他思想上倾向美国。上海银行的行训"抵制国际经济侵略"也改为"促进国际贸易"了。

陈光甫这时在思想上与美国人的想法一致。1944年9月16日，在重庆曾与我谈及他在15日与美国生产局局长纳尔逊（Nelson）谈话，谈到战后对中国投资事宜。纳尔逊认为中国太穷，无力还债，必须让美国人直接投资经营，一定时间后交还中国，此外无他法。陈谈至此，拿出他的日记给我看，并说："纳尔逊看法与我所观察的相似，不过纳氏说得更清楚一点而已。"他很有"英雄所见略同"的表情。

他在重庆中央设计局当经济委员会主任委员时，曾起草"战后初期经济建设计划"。他主张战后5年应该以5亿美元安定货币，以11亿美元兴建最低限度的国防工业和重工业，并不必分国营民营，要奖励人民投资做生意。此外并应与原来外商投资公司接洽恢复铁路、航运。本国人主要搞加工工业，以扩大出口。为了培育人才，要提出2000万美元作为留学生之用。他还私下说过，要想安定货币，改革币制，必须把中央银行独立于财政部之外，不许随意支军费、发钞票。具体做法，"只有请美国人来主持中国财政"！

抗日战争胜利以后，他所制定的上海银行经营方针是主张把资金投放在安全可靠的美国，而反对投放办工业，所以他坚持把大业公司所买的纱厂又转卖了。他叫中国旅行社把力量放在跟着"中国航空公司"跑的路线。他说："今后世界必日趋国际化。纽约为世界投资市场之中心。我行在美信誉渐次树立，代理国外银行在华收付事务可望增加。"他警告轻举妄动，他说："日本军阀即断送于轻举妄动。"抗日战争胜利后，上海银行的经营路线，已经不是投放民族工商业，而是把多余资金变成外汇投放到香港，在香港盖仓库，盖招待所，并计划在曼谷、西贡等地设立分行。

陈光甫对于日本帝国主义的侵略中国抱什么态度呢？从思想上他是反对日本帝国主义的。特别是1941年太平洋事变发生以后，日美发生战争，他的反日态度就更加坚定。但是，作为"不变随缘，随缘不变"的陈光甫，他对于日本人的侵入仍然尽可能求取妥协的。"八·一三"沪战发生以后，上海银行把总行迁到香港，在重庆设"总经理驻渝办事处"。太平洋事变后，又把总行迁回上海，重庆仍然是办事处。一直到1944年下半年，上海银行才在重庆成立总行。但上海方面组织并没有正式改变，形成两个总行的局面。除上海以外，天津、北平、青岛的上海银行分行，在沦陷时期也一直维持营业。

在整个抗日战争时期，上海银行对于上海的汇兑始终是未断的。初期是由香港周转，后来通过安徽屯溪进行。抗日战争胜利后，上海银行看到对于沿海汇兑的有利性，很快利用政治上的便利，空运现钞到天津、上海，首先开办由重庆汇至天津、上海的汇兑，从中获利不少，而且对于当时上海黄金的购进也有了物质基础。因为当时上海黄金价格比重庆要低几倍。

1946年，陈光甫从美国回到上海，不久即被委任为国民党政府的国府委员。1947年8月，他为了协助张公权（张为当时中央银行总裁），出任中央银行的外汇平衡基金委员会主任委员，实行机动外汇，实际业务由英国人罗杰士（Rogers）担任（罗是中央银行顾问）。这时候国民党已经不肯拿出外汇头寸来了，平衡会的实力有限，况且四大家族还在市场上与之为难。有一次，经查明中国农民银行在市场上大量购进美钞，陈光甫气得不得了，说是"自己人在拆台"，但是他又有什么办法呢？

他看到抗日战争后国民党的力量不够稳固，他曾想在东三省设行，经过他亲赴东北调查后就放弃了。等到平津解放以后，他把希望寄托在美国的援助上，对于国民党已失去了信念。1948年，除了加强配备香港分行的资力以外，并亲自去曼谷筹设分行；同时也拨出一部分美金外汇给天津分行，协助华北天津方面开展对外贸易，并给天津分行提供上海方面的市情。这其中包含着看看新政权对银行持什么政策的意思。

1949年全国解放以后，上海银行的领导实权随着陈光甫移到香港去了。据他的计算，1949年上海银行在解放前后由于实行银元薪工单位，各行增资以及业务清淡等耗用了美金699500元。他认为这并不可惜，只要机构能维持就好。他在香港致力于把香港分行与内地分开。这个筹划1951年实现了。上海银行香港分行在香港注册独立，改称"上海商业银行"。同时，上海银行的连枝机构大业公司、保丰保险公司、中国旅行社等都在香港扩大了组织。上海银行中有人这样形容陈光甫："上海银行又像30多年前从头做起了，过去是在上海租界里，现在则在香港了。"

以上是上海银行30余年来从小到大的发展过程，也是陈光甫由办银行而走上参与政治的过程。他说他在政治上混是有如"玩火"，时常心惊胆颤。但客观事实反映了他由单纯办银行、做生意到做官，也不是偶然的。这是有客观经济条件和经济规律在起着作用的。

（原载中国文史出版社《文史资料选辑》第23辑）

对杨桂和文提出的补充材料

唐寿民

（1）文中提到陈光甫由美留学毕业回国，因岳父是当时两江总督端方的幕僚，他得以出任江苏银行经理一节。按陈光甫的岳父景维行是在汉口经营茶叶出口贸易，他的父亲陈仲衡在镇江小闸口开设陈仲记字号，做进口火油生意。他由美国留学回来，正值两江总督端方创办南洋劝业会，他在劝业会任外事科科长，专司对外交涉事项。其时我在劝业会会计处任收支员，乃由此而相识，我们既属同乡。彼此俱在年少，接触频频，语言投契。维时清末朝政腐败，社会中倡言革命者大有人在，耳目所接，深表同情之感，我们亦尝私相计议应如何致力。迨至劝业会结束时，陈对我说，他将应苏抚程德全之召，前往苏州。当他临行前，又谈到如果革命发动，所需财政从何而来。研究之下，认为苏州方面之裕苏官钱局有发行权，加以扩大改组，可供利用。遂就旅舍草拟条陈，大意为拓展苏省财政，拟以裕苏官钱局改组为江苏兴业银行。由他亲向苏抚陈说，得到苏抚采纳，具折奏请施行。未久即见报载，清廷宫门抄程抚一折留中不发，至此一团高兴如冰炭消溶矣。接着陈来南京，对我力言不必消极，待有机会再说。辛亥武昌起义，苏省相继反正，苏抚程德全就任江苏都督，原任江苏藩司应德闳为财政司长，陈光甫为财政副司长。陈对于改组裕苏官钱局一事，是念念不忘，乃趁此时机，旧案重提，旋获通过，定名为江苏银行，额定资本100万元（资金由旧藩库项下拨出现金60万元和津浦铁路债券40万元），有发行权。总行设在苏州，应德闳为正监督，陈光甫为副监督，派我为司库。后来，总行移驻上海，陈光甫专任江苏银行总经理，我仍任司库。所有该行发行之钞券是按现金十足准备，仍将发行数字逐日开单，送发各大报纸公告，以昭信守。说明江苏银行自开始发行之日，就抱定不滥发宗旨，故所持态度十分谨严。迨程都督下野，苏人韩国钧任江苏省长，江苏银行归省署管辖，陈光甫亦辞去江苏银行总经理职务。但他顾虑到后来者倘滥用发行权，其为祸将不堪设想，为此他在辞职前缜密考虑作出决定，即由江苏银行自动呈请，取消了发行权，随将发行在外流通之钞券悉予收回。

（2）文中提到1934年汇丰银行要拍卖申新纱厂的时候，陈光甫对于促使南京国民党财政部出来设法挽救是尽了一定力量的一节。按汇丰银行当日曾承做申新七厂的厂基抵押放款一笔，数为100万两，它在押款将到期时，预先通知该厂如期偿还，不再转期，而同时申新纱厂对中国银行、上海银行等，亦欠有巨数押款，到期如不能赎取，该两行即有执行处分押品之议。厂主荣宗敬在这样挤逼之下，措手不及，乃就商于我，诉说实况，请求交通银行予以协助（时寿民任交行总经理）。我为维持实业起见，查明该厂内容不虚，只是资金周转不灵，发生困难。遂即与该厂洽定，关于该厂所欠各行押款，交行皆可接做，但交行为了顾全同业的关系，不愿从人家手中夺取交易，倘原承做押款行无意继续经营，则交行自可接做。待这一消息传出，申新的债务问题就迎刃而解，至若拍卖纱厂一说，亦即消释于无形矣。

（3）文中提到上海银行因汉口大水，押款食盐受淹，引起大提存风潮一节。据我回忆，当上海银行提存风潮来临时，陈光甫在某日清晨亲来找我（时寿民任中央银行业务局总经理），面述上海银行提存危急，不可终日，要求我壮壮他的胆量。我听了他的话后，感到事态严重，为了不使这一风潮扩大，遂即当机立断，允由央行尽量支援，请他回行坐镇。未几风潮平息，宋子文由宁来沪，查询这一事件，并诘问我何以事先不向他请示，又何以不提出理事会共同商决。我即回答你是财政部部长，又是中央银行总裁，负有全国金融重任，此次上海银行发生提存风潮，来势猛烈，急如星火，故不及请示办理；至未提出理事会者，深恐事未办而消息透露，即难以善其后，为迅赴事机，故干冒不韪，我这样做法正是不负使命。

（4）文中提到陈光甫所顾虑的金融兼并果然发生了。1935年3月，国民党以一纸金融公债的预约券拨充中、交两行官股，就这样不花一文钱，四大家族就把中、交两行夺到手里，宋子文当了中国银行董事长，交通银行董事长胡笔江早已投入宋子文门下，因此未动，只把上海银行国外部经理唐寿民调到交行当总经理一节。查本人当交行总经理是1932年，我脱离上海银行是在1927年。我初进上海银行是在1918年，在该行服务10年，先后担任过总行副经理、汉口分行经理。该行国外部成立定名为国外汇兑部，由副经理杨敦甫主管，我从未做过国外汇兑部经理。

上海银行的主要业务

高禾生[*]

本文作者作为上海银行的中层干部，对该银具体的管理、运营等方面，深有了解。该文比较详细地描述了这些情况，利于我们了解上海银行在当时的先进性。

陈光甫是镇江籍银行家的佼佼者，他自美国留学归来，竭力学习外国银行的经验，想在我国创出一条新路，以改进银行事业作为己任。1911年任江苏银行经理，江苏银行是一个腐败的官办机构，在内部管理方面，也极混乱，他坚决主张：金融与财政分开，只有一个独立的银行，才能保持业务的正常和对外的信用。两年多，他的正确主张不为官僚们所重视，准以推行改革，因而毅然辞职，全力筹办"上海商业储蓄银行"以另谋发展。有关他的创业精神及其一生奋斗的经过，兹介绍如下。

---

[*] 高禾生：曾在上海很行南京分行任职。

上海银行的兴起

上海商业储蓄银行简称上海银行，于1915年创办。创办时在上海宁波路仅租了一间小门面开业，报到资本虽有10万元，但实收只有8万元；职员共有七人。作为一个民族资本家来说，陈光甫发展银行是经历了一段艰辛过程的，而他之所以能够制胜，则与他的勤奋分不开。创业伊始，亲自跑街、拉存款、搞放款，还亲自培训行员，相当辛苦。在陈光甫指导经营下，营业顺利，到了次年（1916年），资本增到30万元。到了1921年，资本增到250万元。1931年，资本增到500万元，公债金750万元，各项存款已超过1亿元。到1937年，全国分支行110多处，行员2000余人。当时董事长是庄得之，总经理陈光甫。南京管辖行经理李桐村，南京分行经理吕苍岩，镇江支行经理蔡云荪，其他分支行的经理人选，不一一详细介绍了。

行员的录用与训练

上海银行管理制度，没有官僚习气，人事制度比较健全，不随便辞退行员，即使对于由人情关系推荐而来的行员也一视同仁，没有格外照顾。每年年终考核行员工作成绩，如有特殊贡献者，遇缺即升。故，上海银行员工的办事效率，是比较高的。

上海银行在新创设分支行时，除了调进部分中坚力量外，还聘请熟悉当地情况并有一定声望的人士，担任重要职务。如当时在北京开展业务，就聘请与学界有联系的人，担任经理；在重庆开展业务，就聘请当地聚兴诚银行里的人出任经理。在人事方面，上海银行录用人员，是从推荐转到考试。初期银行外勤人员（营业员），多为熟悉情况的钱庄出身的人，他们从事外勤工作，最为理想。

1930年行务发展，录用人员以考试为主。更吸收一部分高中毕业生，入上海银行训练班。这种训练班共办了八期，每期二年至三年，结业后任正式行员。一共吸收了学员约500名，占银行职员总数之半。训练班半工半读，上午及晚上学习，下午参加工作，由银行熟悉业务的人担任教员。解放后任上海银行总经理资耀华，系日本庆应大学毕业（现任全国政协委员），即为训练班教员之一。学员结业后，分派在各地分支机构，作为业务骨干力量，后来大部分担任分支行会计负责人，有的逐步升任襄理、副理，个别任经理。训练班学员成为银行扩展业务的主要力量。

上海银行管理制度

上海银行各分支行经理、副经理和襄理都要负担一部分具体工作。其下设会计负责人，和出纳、文书、营业、庶务等行政人员。会计负责人统辖全行行政业务，一切员工，均须接受其分配之工作。由于机构简单，办事效率高，如以镇江支行为例，则行员二三十人即抵其他银行两倍人员的效率。在财务方面，总行抓得很紧，每半年要做财务预算表，收入多少，支出多少，与半年决算相一对照，如果出入过大，而又无适当理由者，必遭总行责问。特别是开支项目，一经核定，绝对不准超支；如有特殊用途，必须先期报总行追加。

每天重要科目（如固定资产、放款、暂存、暂付款、开支等），均须逐笔于次日抄报总行，总行认真审核，有超越或不符规定的，立即函查，分行接到查询书后，应立即答复。

每月月杪，分支行经理必须填写"经理月报"寄呈总经理。内容大致为所在行业务情况、存放款升降原因及市场变化等。

所在行营业员，每日必须填写"外勤记录"，内容为对外往来户接洽情形、市场动态及上下午联系何事，填报本行经理。

每周分支行均须利用下班后时间，开业务讨论会一次。讨论内容为所在行中一周内的情况，如何简化对外手续及对开展业务进行研究等。凡所在行的行务会议记录，每期必须分寄总行及各地分支行，作为业务上的参考。

上海银行检查力度

总行检查处，是代表总经理检查任务的执行机构，检查各分支行是否执行一切规章制度，检查的具体内容共有一百多项，主要包括经营方面的问题、放款的可靠性、与同业合作的情况及服务态度等，甚至行员签到制度的执行情况，金库和账库的钥匙是否按制度由两人分管，拆阅信件和电报是否由经理、副经理和襄理专人负责等，也要一一检查。

检查时间不定，每年一次或二次，也可能几年不检查。检查员完全采取突击方式，事先分行经理也不知道。他们每到一处，先找旅馆住下，然后估计分行将近下班，结束账务的时候，突然而来，检查金库现金，及各项账册。当天来不及检查者，一一封存，次日继续检查。检查不是仅仅听取汇报，而是采取听、看、问、查的方法。如对于存款，要逐笔核对账单，顾客存折则柜面核对；对放款，除了对账以外，还要分户走访。

检查结果，由总行来信逐项指出，限期纠正缺点。至于经理、副经理和襄理作风不正、贪污舞弊等情况，检查员也通过与普通行员接触，调查了解，予以揭发；否则检查员即是失职。遇到这类情况，总行对被检举者的处理，一般是训斥、调离或开除。而对一般行员，则最严厉，如有一职员贪污零用账款30元，被查出立即开除；检查员仅须向总行检查处和人事处报告备案便了。但总地看来，这种严格检查制度，对于维护纪律，还是能起到一定作用的。

存款业务

陈光甫指导上海银行收受存款，不寄希望于官僚大户，而认为一般市民则是最稳定的存款户。他说："人争近利，我图远功。人嫌细微，我宁繁琐。"谆谆告诫行员，必须便利顾客，争取好感。使有口皆碑，人人称道而后已。上海银行除吸收一般性存款外，又创办了"一元开户"各种储蓄存款。金额不论大小，一律热忱接待，很快受到城市储蓄户的欢迎。在首创"一元开户"时，曾引起同业的讥笑，认为有失银行身份。但经过若干年后，事实证明，这种业务，确实是吸收社会游资的好办法。于是，各银行起而仿效，甚至连官僚资本的中国银行，也提倡这种业务了。上海银行创办"一元开户"各种储蓄外，还有婴儿储蓄，即婴儿出生时投入储蓄，至长成时若干年取付（等于长期定期储蓄）。还颁行现金礼券储蓄，分一、二、五元等；还有随时填数空白礼券，数目不拘，如送亲友婚丧大事，有红、素色两种，以此券赠送，备受收者欢迎，取付时连礼券利息一并支付。

活期储蓄同城各行可以收付，如款存入甲行，同城乙、丙行可以取款，但开户时须多留些印鉴，以便代付行核对支付。实行后储户甚为称便。总之以便利顾客为第一，故各项储蓄存款，蒸蒸日上。

放款业务

上海银行放款方面，强调以抵押放款为主，信用放款为辅。一般放款都是短期放款，不超过三个月。信用放款，事先要将放款对象的资力，经营能力，主要负责人（东家）的财力、声望等逐户填表，报请总行审批，而贷款的金额必须在总行核定的金额以内。

总行集中各地的资金后，用来经营大量放款（如对上海申新各厂的放款）和购买公债库券；抗战胜利后，则以套购外汇为主。房地产交易虽高，但占资金较大，而且需用时又不易脱手，故除本行自用房地产外，一律不做。由此可见该行经营的作风是以"稳健"为主。因放款以抵押为主，信用放款为辅，所以其存款准备金的比例，较一般商业银行为高，而不易周转资金则较少。如1931年秋汉口大水，上海银行仓库损失巨大，社会上掀起对上海银行不信任的风潮，群起提存，因有一定较足之准备金，且有中国银行的支持，遂得以平安度过。而每次提存风潮平息以后，上海银行的信誉不仅没有影响，反而增加。

为社会服务

陈光甫说："上海银行各地分支行除应做好银行业务外，还要做些社会服务事业，使社会上群众对银行发生好感，则各种业务，自然会突飞猛进。"服务事项大致如下。

1. 每届学校开学之初，为当地公私立大、中、小学代收学杂费。如系大学，由于收费较多，则派行员到学校代收，甚受学生与学校的欢迎。

2. 据我所知上海银行南京分行每月为电灯厂代收电灯费，如居民与上海银行有活期储蓄存户者，只要出具委托书，可以在账户存款中代付，次日将代付电费收据寄予用户，所收电灯费一律转入电灯厂账户中。至于为用户代缴自来水费，与上述相同。

3. 代客收取房租。

4. 租赁保管箱，行内另设有保管库，专门办理此事。

5. 附设行内的中国旅行社售当日或隔日火车票（详情见后）及发行旅行支票。

中国旅行社

陈光甫说："在英国等各银行皆有旅行部，即较大的百货商店亦有旅行部之组织。在我国仅本行创设中国旅行社。"昔日在上海由帝国主义分设的通济隆和远通银行，均有旅行部。自上海银行创立中国旅行社后，挽回权利不少。就便利旅行者而言，在社会上也有一定好评。虽旅行社利润不高，而提高声誉，间接影响上海银行的所得利益，则不胜枚举了。

1923年中国旅行社在上海创立。初创时，即与铁路局订立代售车票等合同。继而扩展到全国重要城市（包括港澳）均设有分社。分社经理往往由分行经理兼任，所以中国旅行社相当于该行附属机构。其主要业务，大致如下。

1. 代售铁路火车票（当日或隔日）。

2. 代售轮船票、飞机票。

3. 代办国内外运输、报关、存仓、保险等。

4. 代办外贸货物进出口运输业务。

5. 为上海旅行社代办"旅行支票"，支票分十元、二十元、五十元、一百元四种。凡是在国内上海旅行社分支机构及中国旅行社所在地均可支付现款。领取支票时，持票人在上角签章，取款时必须临时在下角签章，核对后方可取款。

6. 创办高级招待所，如西安有两京招待所，南昌有洪都招待所，南京有首都饭店。

7. 发行《旅行杂志》，系月刊性质。介绍国内外游览胜地及各地风光。

8. 倡办旅游事业：如在上海办苏州一日游、无锡二日游、杭州七日游。在南京办宜兴、栖霞山、滁县一日游等。以上是国内中国旅行社业务简介，中国旅行社镇江分社大约在1927年成立，当时设在东坞街长康钱庄内。后来上海银行镇江支行在江边二马路成立，即迁于行内。抗战胜利后，随上海银行支行一并复业，到1945年左右，该社在我市迎氏路设立售票处。此处为江边码头与铁路车站之间的通道，往来旅客较多，每日售出车票数目甚巨。

宝丰保险公司与大业公司

上海银行附属机构，除了中国旅行社外，在1918年创办了宝丰保险公司。保险事业与银行事业是分不开的。宝丰保险公司总公司设在上海，该公司的各分支机构，均附设于当地上海银行的分支行内。各地上海银行仓库和中国旅行社代办水陆运输及外贸出口，这类保险是不可少的。其他城市房屋、货物保险，则由上海银行外勤人员代为招揽，故保险业务随银行业务的扩展，也逐步增高。后来另办中国第一信用保险公司——系中国唯一的信用保险公司。

上海创办的大业公司，初期专运食盐至湖北等地出售。抗战期间，该公司内迁四川等地,改为营运当地所需要的各类商品及抗战时期所需要的物资。该公司的重要职员,均系上海银行避难前往内地的行员。该公司因得上海银行经济支持,所以也得到充分的发展。

其他情况

陈光甫巡视各行,除了对当地各分支行经理、副经理指导业务外,并常邀约普通行员举行聚餐会,餐毕,则与应约的行员随便交谈。如这一次某些行员未能得到邀请,而下次还能轮到。这是上下层取得联系的方法。在谈话中,如发现个别行员对业务有正确的建议,可以采纳,甚且给予提升。上海银行出版《海光月刊》,内容包括国内外经济趋势、海内外企业家成功史、著名工厂商店概况、本行行员情况、学术讨论,也鼓励行员文艺创作,以发展人才。上海银行竭力学习外国银行的经验,总行及部分分行,逐步推行操作机械化,例如记账、登存折、传递传票等均用机器办理。在业务、人事、财务的管理方面也都有一套办法。上海银行网罗了各种人才,如南京建康路银行大厦及镇江中山路银行双层楼房(在现在中山路人民银行新楼地址,旧楼已拆除)均系南京分行副经理程士范亲自绘图设计的。抗战胜利后,上海申新九厂拟在江苏设立分厂,当时厂址尚未选定,镇江与江阴方面均积极争取,事为陈光甫获悉,乃亲与上海申新九厂联系,决定在镇江筹办,并已购定丹徒镇江边土地数百亩(由姚其苏经办),以作厂址。当时曾由荣德生及其子荣毅仁前往勘察,笔者是陪同他们父子一道去的,而且向加拿大订了机器设备。后因解放战争迫近,建厂之举,遂告中辍。

据悉,陈光甫还是镇江私立京江中学(即镇江市一中前身)的校董之一。

(原载《镇江文史资料》第10辑)

有服务精神的银行家

袁熙鉴

作为民族金融家，陈光甫不仅具有爱国精神、服务精神，同时他也与美国财阀来往频繁，向往美国的金融形态，这造就了陈光甫的两面性。本文较清晰地描写了这一矛盾的特质。

一、陈光甫的简历

陈光甫，名辉德，江苏镇江人，1881年12月17日（清光绪七年十月二十六日）出生在一个小商人家庭里。父亲陈仲衡原在家乡开钱庄，后因经营情况不好，于1892年到汉口祥源报关行任职员。当时陈光甫12岁，随其父在这家报关行当学徒，工余学习英语。7年间他学了不少中国商业的基本知识，英语也有了相当基础。1899年，他18岁的时候，考入了邮局任职员。1902年，他又转入汉阳兵工厂，担任英文翻译。在这时，他结识了汉口日本正金银行买办景维行。后来，陈光甫和景维行的长女结了婚。

1903年，美国在圣路易斯举行国际博览会，清政府决定参加。陈光甫经其岳父景维行的介绍，与当时的两湖总督端方相识，受到端方的赏识，被派为湖北省参加美国圣路易斯博览会代表团的随员，在美国工作了8个月。会后，陈取得官费津贴在美国留学。自1904年起，先后进衣阿华州印第安诺的辛普森大学和俄亥俄州的美以美会大学学习。1906年入费城宾夕法尼亚大学沃顿则经商业学院，1910年获商学士学位回国。这时端方任两江总督，组织南洋劝业会，自任会长。陈光甫被委任为洋务文案，不久调两江总督署。后任江苏巡抚程德全的幕僚。

辛亥革命后，程德全任江苏都督，委陈光甫任财政司长。1911年12月陈被任为江苏银行经理。

江苏银行是江苏省官办的银行，它必然受政局的影响。陈光甫认为银行应当有相当的独立性，不应该成为政府机关的工具。他为了摆脱政治对银行的干扰，把江苏银行的经营方针作了重要的改革，这是他把在美国学到的有关金融管理的理论在中国所作的第一次实践。1913年，为反对袁世凯预备称帝的阴谋，肇和兵轮炮轰制造局。袁察知这项军事费用取之于江苏银行，即下令杀陈。当时总统府秘书长张一麐看见袁的手令后，对袁说，这是军人持枪威胁取得的，陈未参与其事，不妨留待查明处理。因此，陈得幸免一死。嗣后陈知此事，决心摆脱官办的江苏银行，联络与他志同道合的友好，征集了有限的资金，办起了上海商业储蓄银行。

陈光甫于1915年创建上海商业储蓄银行。资本定为10万元，实收8万元，即在上海宁波路一所陈旧的小门面房开了业。最初只有职员7人，庄得之任董事长，陈光甫任总经理，是当时上海一家最小的银行。

庄得之，江苏武进人，是清末大官僚盛宣怀的远亲，曾任奥商信义洋行买办。1912年任中国红十字会理事长。他在上海银行投资2万元，是最大的股东。庄当选为董事长后，拉拢盛家存入上海银行数万元。陈光甫又拉拢中国银行张公权和浙江实业银行李馥荪以存款相助，业务得以逐渐发展。

上海银行开业之初，适值第一次世界大战爆发的第二年，西方帝国主义各国互相残杀，暂时放松了对殖民地、半殖民地国家的侵略和压榨。这使我国民族工商业有了一个喘息的机会，我国民族资本银行业亦相应地有了较大的发展。陈光甫乘这一有利时机，把他在邮局的结盟兄弟杨敦甫、杨介眉拉入银行，倚为左右手，依照美国办银行的方式，锐意经营。他以"服务社会"和"辅助工商实业，抵制国际经济侵略"为号召，以手续简捷、服务周到为手段，以中小企业和社会广大群众为对象，打破了当时中国银行业许多传统陋习和官僚作风，博得了民族工商业者和社会人士的热情支持，因而业务蒸蒸日上。资本在开办时为10万元，1916年增至30万元，1921年增至250万元，1931年又增至500万元。至1937年，公积金与盈余滚存达1004万元。1937年6月底，存款总额接近2亿元（折合黄金171万两），约占全国私营银行存款总额的1/10。放款总额达1.4亿元（折合黄金124万两），其中工业放款占1/3。分支行处最多时达110余处，遍及全国各主要大中城市，职员发展至2000余人。经过22年的努力，这时上海银行已由一个最小的银行一跃而成为一个大型银行，在民族资本银行中处于遥遥领先地位。上海银行还经营外汇，在国外各大主要城市均有代理银行，是中国经营外汇业务的主要银行之一，在国外颇著信誉。

"七七"抗战爆发后，陈光甫将总行管理机构迁往香港。后来华北及沿海各省相继沦陷，许多分支机构被迫停业，留存的分支行也把业务压缩至最低限度。1941年日本偷袭珍珠港后，连在上海租界中苟延残喘的总行和在天津租界里的天津分行也沦于日伪统治之下。更由于货币贬值，日伪压榨，沦陷区各行业务非常竭蹶，只能维持艰难的局面。

1937年，陈光甫在重庆设立总经理驻渝办事处，扩展内地业务，在西南、西北等大后方地区发展了不少分支机构。当时国民党政府的货币急剧贬值，银行的正常业务已无法进行，而转入囤积居奇、投机倒把活动。由于银行经常保持一定数量的存款，以其用于放款可得高利，用于商业投机可获厚利，银行高级职员近水楼台，乘机自肥，追权逐利已成风气。因此组织日趋涣散，私人利益的矛盾日渐突出，所谓"服务社会"已变成了空话。

1945年抗日战争胜利后，陈光甫回到上海，担任平准基金委员会主任委员和其他有关经济方面的重要职务，无暇兼顾上海银行日常业务，乃向董事会推举朱如堂为董事长，伍克家为总经理。朱、伍虽有意整顿银行纪律和风气，但一筹莫展，无能为力。

解放战争中，陈光甫看到国民党政府大势已去，乃将上海银行大量资金转移国外。1949年上海解放前夕，陈借口赴曼谷参加联合国远东经济会议，出国未归。

全国解放以后，上海银行也获得新生。总经理伍克家因病辞职，由资耀华继任。资耀华早年留学日本，原任上海总行调查部经理，后任天津管辖行经理。他为了更好地接受中国共产党和人民政府的领导，在北京设总管理处，并于1951年实行全行公私合营。原香港分行经理王昌林来京参加总行会议后，返回香港，周恩来总理写给陈光甫一封亲笔信，交王带去，劝他认清形势，归回祖国，为社会主义建设事业贡献力量。但陈无意回国，以后香港分行更名为上海商业银行，向香港政府注册，脱离国内关系而独立经营。1954年陈光甫在台北设立上海商业储蓄银行总行，并无营业机构。到了1965年，才在台北开始营业。

陈光甫于其原配景夫人去世后，即以与其同居多年的朱女士为继室。1976年7月1日，陈因病死于台北，终年95岁。

二、陈光甫办银行的指导思想

陈光甫早年在汉口报关行学徒的时候，就深刻地体会到国际资本对中国的侵略扼杀了中国民族工商业的发展，外货之倾销使中国农村经济破产，因此有扶持中国工商业发展的愿望。当上海银行在1915年创办的时候，适值第一次世界大战，西方帝国主义放松了对中国的经济侵略，中国民族工商业有了发展的可能。陈光甫适时地提出了"服务社会""辅助工商实业，抵制国际经济侵略"的口号，作为上海银行的办行方针和全体职工必须遵守的行训。他把这一口号印在记账凭单和对外单据上面，还印成单页，置于每个职员的玻璃板下。他在讲话中，也时常发挥这一思想。这在当时官僚习气很深的银行界里，的确使人耳目一新。

那时外汇业务完全为外国银行所垄断，不但利权外溢，而且对我国的外贸事业极为不利。为了打破这种垄断局面，挽回权益，陈光甫决心开展外汇业务。他首先于1918年在上海银行总行创办了外汇部，重金聘请一个德国专家为顾问，又多次选派职员到英美各国学习和考察外汇业务，并与各国重要通商口岸的银行订立互相代理业务合约或协议。经过艰苦经营，业务有了较快的发展，国内沿海城市及内地的各主要分支机构也相继开展了外汇业务。由于业务的扩展，上海总行的外汇部于1931年改组为国外部，除经营进出口押汇、吸收侨汇、发行旅行汇信等业务外，还办理外币存款、放款业务。1933年在香港设立分行，外汇业务又有了进一步的开展。

第一次世界大战结束后，帝国主义又加强了在华的掠夺，中国民族工商业再次受到打击和摧残。陈光甫凭借与英美金融界的广泛联系，极力拉拢英美帝国主义在华厂商和洋行的存款业务，尽量为外商提供方便。他指示全国上海银行的主要分支机构均代收美孚、德士古石油公司和英美烟草公司（后改颐中烟草公司）的贷款，用各公司自己制定的"交款单"交款，以方便这些公司和洋行的结算、记账、提货等手续。根据约定，各分支行代收的款项，积有一定成数，即自动汇给其总公司，免收汇费，这就大大地便利了洋商，提高了他们对民族工商业的竞争能力。为了拉拢美国石油公司的业务，他还以高薪聘请德士古石油公司的买办担任银行的高级职员，专司其事。这些措施与他原来标榜的"抵制国际经济侵略"早已大相径庭，于是他就把这一口号改为"促进国际贸易"。

陈光甫经营上海银行的方针是："人争近利，我图远功；人嫌细微，我宁繁琐。"在存放款业务上争取多向中小厂商开展。为了保证放款安全，尽量扩充押款、押汇，并大力经营打包和仓库业务，为承做押款、押汇提供有利条件。为了吸收闲散资金，提倡储蓄存款，一元即可开户，这是陈的首创。开办之初，同业对此引为笑谈。一次，一顾客以100元开100户，经办人员请示主管后，予以照办。消息传开，反而招徕了许多真正热心储蓄的储户。陈还开创了多种多样的储蓄，有活期、定期、零存整取、整存零取、教育储蓄等，还发行礼券储金。这不但促进节约储蓄的风尚，也为银行积累了大量稳定可靠的资金。他的成功，使原来不屑于接受小额存款的银行都起而仿效，甚至一些大银行也竞相提倡这种业务了。

上海银行还努力发展国内汇兑业务，创办票汇、信汇、电汇、电话汇款，办理小额家用汇款（一般免费）。即使收款人所在地该行没有分支机构，也要设法通过就近分支机构将款转去。在30年代，该行的国内汇款总额为全国银行之冠，这是一笔可供银行周转的巨大无息资金。在经济衰退、资金呆滞时期，陈光甫首创农业贷款，向农村寻求出路。他说："此种贷款不特时短，具有流动性，数量零星，甚为稳妥，而且对繁荣农村、辅助农业经济之发展有很重要意义。"1931年至1937年，上海银行与华洋义赈会和南京金陵大学合作，举办农业贷款。1934年上海银行总行成立了农业部，由著名农业专家邹秉文任经理。1935年农贷区分布于10个省的73个县，有906个办事机构，有借贷关系的农民近20万人，农业贷款达608万元，年终余额332万元。贷款对象以自耕农为主，每亩地贷款8～10元，利率月息8厘，较一般贷款利率为低。还在山东临淄产烟区投资创建了新式烤烟厂，用科学方法评定烟叶的等级，以抵制外商烟草公司收购烟叶时通过压级、压价等办法盘剥农民。

陈光甫十分重视服务态度。他根据国外银行的服务精神，提出"顾客永远是正确的""顾客是衣食父母"，号召全体职员要仪容整洁、态度和蔼，服务周到、提高工作效率、缩短顾客等候时间等。他对于营业室的设计、窗口的设置、工作程序的改进，以及采用机器记账、登折等，无不从方便顾客着想，周密考虑，精心安排。他提倡经副襄理不坐经理室，而在营业室办公，与顾客密切联系，多交谈，多访问，多听取意见。上海徐汇分行建行时，把经理的座位设在柜台外面，围以一圈座位，呈马蹄形。经理办公桌上置一标牌，和其他职员一样，上面写明职务和姓名。顾客可以随便找经理谈话或接洽业务。经理可以借机宣传银行的业务，给顾客以业务指导，征询顾客对银行的意见要求等，使顾客倍感亲切，而愿与之往来。上海淮海路分行办过"夜金库"，商店可将夜间营业收入的贷款封包投入，银行次晨入账，以解决商店夜间保存大量现款问题，用者称便。

陈光甫特别注意艰苦创业精神。他经常告诫各主管人员要艰苦朴素，勤俭办行。尤其对于营业用房屋力求简朴实用，避免豪华。陈光甫曾谈到一次他到美国的一家银行办事，看到银行大楼矗立，金碧辉煌，耀眼夺目，有点自惭形秽，望而生畏。他说："我行往来多系中小层小户，如果银行搞得太阔气，小额储户就可能不敢上门了。"30年代初期，总行大厦竣工前，上海银行虽早已跻入大银行的行列，但其营业用房仍是原来开业时用的简陋房屋，经过屡次扩充而勉强应用。总行大厦的兴建，也特别注意外观朴素，两层以上均用清水红砖墙面，这在当时的银行大厦中是少见的。其分支机构亦均本此原则，自建房一概崇尚朴素实用，而多数分支机构则系租用旧房加以改造而已。

三、研究经营管理、建立规章制度

上海银行的业务管理和规章制度，是在陈光甫的主持下组织各方面的专家研究制定的，它随着银行的发展而逐步充实完备。这些制度的建立，对于上海银行业务的迅速发展起过重要作用。上海银行的管理体制采用总行制，总经理为全行的最高领导。总行既是管理部门，又有庞大的营业部门，互相结合，指导全行的业务。这样可以精简机构、压缩层次，使管理部门能及时掌握第一手材料，研究问题，指导全行，避免闭门造车，不切实际，同时能收到指挥灵活、行动敏捷，提高工作效率的实效。

上海银行的管理，主要以人事管理、业务管理、会计制度、调查研究为四大支柱，其中特别注重人事管理。

（一）人事管理

陈光甫在建行之初即提出"银行是我，我是银行"的口号，使职工忠于银行、忠于职守。为此目的，陈实行"扣储特储"办法，即扣除职员工资的1/10，另由银行赠送同额款项，合在一起作为"行员特储"（按照规定，该项特储须满10年方能提取），使职工期待将来可得巨款而安心工作。在银行增资时，动员职工认购股票，并给以借款资助，从而使行员成为股东，实现"劳资合作"，借以调和阶级矛盾。

订定行员待遇规则，将行员分为职员、办事员、助员、试用助员四级，各级又分三等三级，按序提升。每年年终举行全面考核，据以提级加薪，使职工抱有希望，安心工作。并定奖惩制度，严格执行，使职工切实遵守纪律，执行银行的各种规定。

用人一般以"任人唯贤"为原则，通过考核，量材录用，虽亦有照顾私人关系处，但无真才实学，仍不予重用。对于有专长的人才，则破格录用或提拔。开办训练班，理论学习与工作实践相结合，把一些有才干的职员培训成为银行的骨干力量。另外选择优秀人才，出国考察深造，延聘专家主管有关业务。陈光甫每星期四还邀集一部分职员聚餐，参加人员由他亲自圈定，席间自由交谈，互相了解，借以发现人才、选拔人才。

重视职员的思想教育，设立图书馆，购置大量书刊，便利职工业余学习。创办《海光月刊》，宣传银行的宗旨，号召职员投稿，交流经验，互相切磋。抗日战争前，著名作家老舍在山东大学任教时写了一篇短文，题为"取款"，对银行的官僚作风做了辛辣的讽刺。总行很快就发出通知，全文翻印，发动全行学习讨论，引以为戒。抗战胜利后，陈光甫又在上海办了一处"海光西方思想图书馆"，聘请莎士比亚专家林同济教授主持，由国外进口大批图书，除供银行职员阅读外，还对外开放。并时常请国内外专家学者来馆讲学，或为银行高级职员作专题讲演。

国民党政府统治时期，通货不断膨胀，为了照顾职工生活，上海银行采用自编生活指数核发津贴，并增加福利待遇，如补助职工子女教育费，报销本人及家属医药费，设"行医室"免费应诊等，还定期发放一部分实物，照发年终奖金，实行退休制度等。

为了做好营业前的准备工作，规定职工上午9时上班，8点3刻到行签到，逾时作迟到论，虽总副经理及各部主管亦无例外。并设专人监收签到簿，按日按人分别登记卡片。一度实行全勤奖，凡全年不迟到请假者，年终加发一月工资。

（二）业务管理

在总经理领导下，决定业务的方针政策，并根据金融经济的发展趋势以及临时发生的变化，加以调整，作出应变措施。

编造全行年度业务收支预算以及各项费用预算；审批各分支行预算并监督执行情况。如遇各项费用的实际支出超出预算对，须申请追加。

遇有重大事项，如增设或撤销机构，以及大数放款，特别是信用放款，必须事先请核，待批准后方能办理。审核分支机构按规定报送的日报、月报，发现问题，解决问题，加强总行与分行的联系。

组织有经验的检查员，分赴各分支行进行巡回检查，内容力求详细、周密、彻底，并按规定作出检查报告，经集体研究后，将查出的问题以及存在的缺点，通知被查行纠正。

（三）会计制度

编制会计规程及办事细则，作为全行处理账务之依据。研究如何简化手续、提高工作效率。特别注意手续过程中的牵制作用和监督作用。要求每日平衡账目，核实库存现金。总结经验教训，对工作中的缺点和漏洞，及时补救。发现不符合规程情事，立予制止纠正。

（四）调查研究

研究国内外经济动态，金融情况，调查国内外重要商品供求增减，行情涨跌；预测市场变化；定期编印《通讯》，提供业务部门参考；收集统计资料，编写专题研究报告。

四、创办附属企业，向垄断资本道路发展

随着上海银行业务的发展，为了避免利权外溢，陈光甫陆续创办了不少附属企业。如旅行社、招待所、仓库、打包厂、保险公司、贸易公司等。提出"旅行社是先锋队、银行是主力军、仓库是辎重队"的口号，要求各企业间通力合作、互为依存、互为作用。

中国旅行社是陈光甫在中国首创的一个旅行服务企业。1923年在上海银行总行设立了旅行部。1927年由上海银行投资5万元，成立了中国旅行社，后增资至50万元。该社在国内的分支机构最多时达100余处，在东南亚、印度、菲律宾、香港等地都曾建立机构。与英国的"通济隆"、美国的"运通"、日本的"国际观光局"、苏联的"国营旅行社"等订立互相代理业务合约。该社在开办后的六七年中，每年赔累甚巨，均由银行在盈利中拨付，因而股东中啧有烦言，要求停办。陈力排众议，坚持办下去。他说："所谓盈亏，仅系表面数字，实则旅行社之盈余，有倍蓰于上海银行者。上海银行之盈余，可操筹而数计，旅行社则不然。盖天地间事物确重于金钱者，好感是也。能得一人之好感，远胜于得一人之金钱。今旅行社博得社会人士无量数之好感，其盈余为如何耶？"他还说："此种服务的宣传力很大，人知有旅行社，即知有上海银行。"经过十多年的艰苦努力，中国旅行社不仅为上海银行披荆斩棘，广开门路，它本身的业务也获得了巨大的发展，成为旧中国最大的旅行服务企业。

陈光甫并与英商太古洋行合办宝丰保险公司，自办大华保险公司，承保水火险业务，为银行抵押贷款及进出口押汇服务。还创办了中国第一信用保

险公司，专门办理商业信贷及其他信用担保的保险，这是中国的第一家，也许是唯一的一家信用保险公司。

抗日战争期间，在国民党统治区内，由于货币急剧贬值，他创立了大业贸易公司，大搞商业投机；又创办了上川实业公司，经营电机、电器的生产和经营畜牧场等业务。

五、陈光甫与国民党的关系

早在1927年蒋介石发动反革命政变时，陈光甫即与江浙资产阶级一起对蒋给予财政上的支持。他与上海大买办虞洽卿等筹组"江苏和上海财政委员会"，陈任主任委员，为蒋筹措政变经费300万元。民族资产阶级为了维护既得利益，发起摊购"江海关二五附税库券"，以换取蒋介石政权对他们投资的北洋政府公债的承认。陈任募集主任委员，募得1800万元，其中仅银钱业即占1000万元。以后上海金融业支持国民党政府的经费与日俱增，仅上海银行一家即达420万元之巨。1929年，陈受国民党的委托，以资方代表身份出席国际劳工大会，后又出席万国商会。1933年出任全国经济委员会棉业统制委员会主任委员。1934年日本侵略者强迫国民党政府恢复"九一八"事变中断的北宁铁路平沈段通车，以便进一步侵略华北。蒋介石既不敢拒绝，又不敢公开接受，乃通过当时的华北政务委员会委员长黄郛与陈光甫秘密商定，由中国旅行社出面与日本"国际观光局"合组东方旅行社，承办通车事宜。此事陈帮了国民党政府的大忙，受到爱国人士的责难。1936年陈光甫为了给国民党政府发行"法币"筹措外汇基金，率中国币制代表团赴美签订美国收购白银750万盎司的协定。这不仅得到国民党的赏识，也受到美国大资产阶级的赞许。抗日战争中，陈代表国民党政府与美国签订桐油货款2500万美元的协定，又签订以云南锡偿还2000万美元贷款的协定。之后，他担任了国民党财政部的外贸委员会主席，兼任国民党政府办的复兴和富华两个贸易公司的经理。1940年为了维持"法币"的汇价，用英国和美国的借款成立了中美英平准基金委员会，陈任主席。1945年日本投降后，陈主持外汇平准基金委员会工作。

在创办上海银行之初，陈光甫的政治态度是"敬远官僚、亲交商人"，采取中间立场。以后，陈光甫的态度有了很大改变，这出于两方面的原因。一方面，随着革命力量的发展，他唯恐革命损害他的事业，产生依靠政治力量以自保的思想，积极为蒋介石筹资；另一方面，1935年，国民党又采取突然袭击的办法强制实行中国、交通银行国有化，同时把中国实业、中国通商和四明银行，纳入其金融系统，逐渐形成了官僚垄断资本集团，民族资本受到严重威胁，上海银行随时有被吃掉的危险。陈光甫对国民党的这种兼并政策既害怕又不满，但又无可奈何。最后他权衡利害，不得不向官僚资产阶级投靠，送股票给孔祥熙，请他担任银行董事，借以自保。

以后国民党的四行（中央、中国、交通、农民银行）二局（中央信托局、邮政储金汇业局）一库（中央合作金库）相互联合，完成了对中国金融的垄断。陈惊呼国民党"对于银行由不干涉状态进入实行统制主义"，产生了依靠美国力量以自保的想法。这时，他对国民党的希望完全破灭，发出了绝望的悲鸣，他说，"不得不另辟新途径，以谋发展"；又说"打通欧美银行与本行进一步的关系，是我行新生命的寄托"。

解放战争期间，蒋介石数次请陈光甫赴美乞求借款，他怕舆论的谴责，未敢应允。同时，蒋介石又曾多次请他担任国民党政府的财政部部长，他均辞而未就。

六、陈光甫与美国的关系

陈光甫是美国培养出来的知识分子，因此他崇美、亲美的思想十分浓厚。上海银行和中国旅行社都是按照美国经营方式创办的。他屡次代表国民党政府赴美谈判借款，并出色地保全了还款信誉，受到美国的称赞，尤其受到当时美国财政部部长摩根韬的支持和信任，认为他是可以为中美利益服务的不可多得的人才。1938年7月间，日军大举向中国腹地进攻，抗日战争处于艰难的时刻，美国财政部部长摩根韬告知国民党政府说，他虽不能作出任何许诺，如派陈光甫来华盛顿了解一下取得美援的可能性，对中国可能有好处。从这点可以看出摩根韬对陈的信任。以后陈光甫担任由英美借款成立的中美英平准基金委员会主席，就是由于摩根韬的提名和支持而通过的。

1945年，抗日战争胜利后，陈光甫代表国民党政府赴美参加国际通商会议，任首席代表。他在会上发言要求欧美各国"对战后中国的农业改革和工业化进行投资，使中国农、矿及手工产品得以自由进入世界市场，以便中国有力量从国外进口商品和设备，偿还所负的债务"，并说这"裨益于世界之繁荣与和平"。陈回国后，利用各种场合，将此思想大肆宣传，并组织人员研究美国对中国的投资问题，希图引进美国的技术和资本，以帮助我国的农业改革和实现工业化。为此目的，上海银行在美国成立了纽约通讯处，研究美国投资和培养人才问题；与浙江实业银行共同投资成立中国投资公司，联络美国银行，研究引进资金问题；与美商合办华懋保险公司及中国工厂拓展公司。以上企业均于1945年至1947年间在美国注册成立。这样，上海银行就与美国发生了更密切的经济关系。陈光甫打算更加紧密地向美国投靠，以便对抗国民党官僚垄断集团对上海银行的觊觎，因而在政治上也就更加靠拢了美国。不久全国解放，陈光甫依靠美国力量来发展中国经济的幻想，便完全破灭了。

（原载中国文史出版社《文史资料选辑》第88辑）

民族资本银行的佼佼者

童昌基

本文从管理和经营方面，分析了上海银行能够拔得民族金融业头筹的内因。虽然这些规章制度有时囿于旧社会的局限而无法起作用或不近人情，但总体来说是比较先进的制度。

一、经营业务

上海商业储蓄银行（简称上海银行）是旧社会名声较大的一家商业银行。它的附属机构有中国旅行社、宝丰保险公司、银行学校等。它以会做生意、手续便捷、服务周到而闻名于金融界。

上海银行是1915年在上海创立的一家民族资本银行，开始时资本仅10万元，因经营得利，逐渐增加资本到500万元，公积金750万元，收受的存款达1亿元以上（1930年），成为商业银行中之佼佼者。

由于业务发展，该行在全国大中城市和农副产品集散地的小城镇，先后筹设了分支机构。至抗日战争前夕，全国共设立分支机构约200处，成为国内银行中设立机构较多的银行之一，仅次于中国、交通两行。其青岛分行，于1928—1929年筹设，最初的几任经理有蔡墨屏、黄恂伯等人；抗战前后任经理的是王昌林，最后一任经理黄元吉，他是1947年末由长沙调来青岛的。

该行开业之初，处在第一次世界大战期间，西方帝国主义各国陷于互相残杀，稍微放松了对东方殖民地、半殖民地国家的侵略和压榨，我国民族工商业有了一个相对发展的时机，民族资本银行亦随之有所发展。1925年"五卅"运动，激发了全国人民的反帝、爱国高潮，中国人存放在外国银行之钱款，大量转移到国内银行，上海银行的存款亦大量增加。

但是，欧战结束，帝国主义又加重了对东方的掠夺，中国民族工商业依然得不到更大的发展。而中国的民族资本银行，本来是一个畸形儿，银行虽多，扩展业务的地盘有限。上海银行总经理陈光甫，凭借其几度赴美考察业务之机会，与美、英等国金融寡头有一定的联系，极力吸收英、美帝国主义在华大企业之存款，如美孚、德士古石油公司，英美烟草公司（后改称颐中烟草公司），怡和、太古、卜内门洋行，以及外国在华教会之资金，并竭力为其"服务"。吸收外国在华企业存款，是该行业务的重要方面。在争取这类存款时，服务得非常周到，如对英美烟草公司，其在各地的经销商，可以用该公司在当地的总经销商制的交款单，直接将货款送交该行，该行收款后，以其中一联收入当地该公司账户，一联通知总公司，另一联发给经销商向总经销处提货。约定，每到当地公司账户上存有一定的数额（如5万元或10万元）时，即由银行主动汇给其上海总公司，汇费免收。这就使英美烟草公司不必在各地都设分公司。该行同时又对经销商予以贷款支持，使经销商可以数倍于自己的资本，经销外国商品。又如，美孚、德士古公司要求将其开出的向该行付款后的支票，于每月底退回各该公司，以供核对。这种业务连英、美在华的银行也不愿意干，因为支票是存户提款的原始凭证，不应该退回给存户，这个道理是很明白的。但是，上海银行却一口承允了。当时德士古不仅一切开支都用支票支付，而且每个职工工资也以支票支付，所以其开出的支票多得惊人，使得该行职工们普遍不满，屡次提出异议，但陈光甫却始终坚持迁就"外商大户"。这样，外国在华银行不屑做的生意，国内银行不敢做的业务，上海银行都承揽下来了。

此外，上海银行还大力开展储蓄业务。一般银行人都注意吸收金额较大的存款，这类存款多数来自官僚、买办、地主、资产阶级以及大城市的房产主和各种食利者。上海银行除了吸收这类存款（多数是定期存款）外，又创办了"一元开户"的小额储蓄存款，不论存额大小，一律热诚接待，很快受到了城市中下层人民的欢迎。这种储蓄存款，吸收城市中下阶层的劳动收入积累或闲置款，积少成多，流动性不大。存户主要是一般公职人员、职员、教师、自由职业者、家庭主妇，以及一部分个体经营者等。如已故作家老舍先生，在原山东大学任教期间，即为上海银行青岛分行的一个热心储户。该行首创"一元开户"的储蓄业务时，曾引起同业的讥笑，认为有失银行的身份。但经过若干年后，事实证明这种业务确实是吸收社会游资的好办法，于是各银行都起而仿效，甚至连中国银行也提倡这种业务了。上海银行为了接近"大众"，命令各分支机构的大门要开得较一般银行小，其上海总行之大厦，也把几米宽的大门封闭了，出入改走边门。青岛分行在建造行址（中山路68号）时，其门面也只有一米多宽，外观如一家普通商号似的，为青岛各银行大门中的最"小派"者。当时，银行界一般都喜建高楼大厦，使中下层人民望而生畏，甚至不敢进银行的大门。上海银行这一做法，相对地解除了人们心理顾虑。后来的新华银行（1950年来青岛设分行）也采用了这一办法。

中国旅行社是上海银行的副业之一，独立核算，自成系统，但办事人员则经常与该行交流，分社经理往往由分行经理兼任，两者属于母子企业的关系。中国旅行社在国内各主要城市（包括港澳）设有分社。其主要业务是代办报关、运输、存仓、保险等国内外代理运输业务，特别是外贸进出口货物运输业务，并代客订购火车、轮船、飞机票。另外，各地旅行社大多设有招待所（旅馆）接待旅客。由于这些业务与工商业者以及中上阶层的人物多有联系，成为上海银行增设机构的先行者，很多地方均先设旅行社，待熟悉当地主要行业情况后，再筹设银行机构。旅行社代办进出口货物之运输业务，结合上海银行之外汇业务进行；保险业务由上海银行和英商太古公司合营的宝丰保险公司办理；堆存货物之仓库，由该行所设仓库承办。旅行社所需流动资金，由上海银行贷款支持。两者彼此关照，利权不外溢，各自扩大业务。中国旅行社还在有条件的地方兴办旅游事业。如在上海办苏州一日游、无锡二日游、杭州七日游，在青岛办崂山一日游等。特别值得介绍的，如组织到德国观光世界运动会、华北五省旅行团、赴日本观樱旅行团等。另外，办理到码头、机场接送旅客的业务。通过这些业务广泛地联系社会各阶层，为上海银行拉到许多顾客。该社的地址一般与上海银行设在同一栋楼上，如青岛中国旅行社即与上海银行青岛分行在同一建筑内；上海银行的大门旁边，开两个小门，左边小门是旅行社的办公室（亦即上海银行办公室的一侧），右边小门是中国旅行社招待所的入口处，楼上三层，均为招待所的客房。

二、经营作风

上海银行极力学习外国银行的经验，想在同业中闯出一条新路，除了在总行及较大分行逐步推行机械化，例如记账、登记存折、传递票据等均用机器外，在业务、人事、财务的管理方面也都有一套办法。

该行的分支机构所吸收之存款，归总行统一调节运用。在消费城市的分支机构，其主要任务是吸收存款，适当做些放款，而将大部分资金集中在总行统一运用，总行给分支机构以一定的存息。在工业较集中的城市和农副产品集散地的分支机构，则视情况由总行给予一定数量的资金，多做放款业务，总行向其索取稍高的欠息。青岛分行担负吸收存款的任务。

放款方面，强调以抵押放款为主，信用放款为次；而且以短期放款为主，一般不超过三个月。信用放款，都要事先将放款对象的资力、经营能力、主要负责人（东家）的财力、声望等逐户填表，报告总行，经审查批准后，始得贷予经总行核定的金额以内的放款。

总行集中各地的资金后，用来经营大额放款（如对上海申新各厂的放款）和购买公债库券，抗战胜利后则以套购外汇为主。房地产交易利润虽高，但占用资金较大，而且需用时又不易脱手，故该行除自用房地产外，一般不做。由此可见，该行的经营作风是以"稳健"为主。吸收存款主要是经常有存有欠或有存无欠的存户，存期较长的定期存款户，以及小而分散的零星户；放款则以押款（包括押汇）为主，信用放款比重较小，所以其存款准备金的比例较一般商业银行为高，而不易周转的资金则较少。上海银行亦曾发生过几次提存风潮，如1931年秋汉口大水，该行仓库损失巨大，社会上掀起了一股对该行不信任风，群起提存，该行一因有较充足之准备金；二因有中国银行的支持，得以平安渡过。而每次提存风潮平息以后，该行的信誉不仅没受影响，反而得到提高。

在人事方面，该行录用人员准备逐渐从推荐转到考试。如对各大口岸之经理，必须是在外国留学过的职员，结合推荐录用，当然，其中亦有人事关系，如原青岛分行经理王昌林是美国留学生，同时亦是总经理陈光甫的内侄婿，一度任中国旅行社青岛分社襄理的庄年谷，是董事长庄得之的侄子，等等。又如，各地分行的营业员（跑街），是以熟悉当地情况的、钱庄出身的人员为最理想，但也可由分行经理向总行推荐录用。1930年，该行录用人员改为以考试为主，吸收一部分大中学校毕业生，在该行举办的银行学校训练班加以培训，实际上是吸收练习生。从1930年起，银行学校办了2期，训练班办了8期，每期

2—3年，结业后正式任为行员，一共吸收了学员约500名，占该行职员总数之半。训练班半工半读，早晨及晚上学习，下午参加工作，由该行熟悉业务的人担任教员；解放后任该行总经理的资耀华（日本庆应大学毕业，现任全国政协委员），即为训练班教员之一。学员结业后，分派在各地分支机构，作为业务骨干力量，后来大部分担任分支行的会计负责人，有的逐步升任襄理、副经理，个别的任经理。青岛分行共有职员20余人，其中训练班学员有八九人之多，约占1/3以上。训练班学员成为该行扩展业务的主要力量。

再举一例，原上海银行青岛分行职员杨某（1955年调北京，现在社会科学院历史研究所工作），系西南联大毕业生，抗战胜利后到上海谋职，苦无门路，偶闻友人谈及上海银行招聘人才，遂抱着半信半疑的态度写信报名应聘，两天之后接该行复信，欢迎他到行应试，次日去参加考试，5天之后接到录取通知，分派到青岛分行任文牍之职。

该行学习外国银行经验，不辟经理室。副经理、襄理与普通行员一样，均坐在大办公室，都要负担一部分具体工作。其下设会计负责人和出纳、文书、庶务等行政管理人员。会计负责人统辖全行行政业务，不论何人，均须接受其分配之工作。由于机构简单，办事效率较高。以青岛分行为例，人员二十几人，业务量与青岛中国银行不相上下，而中国银行则有六七十人（当然，中国银行的收付数字要大些）。

在财务方面，总行抓得很紧，每半年要做财务预算表，收入多少，支出多少，与半年决算相对照，如果出入太大，而又无适当理由者，必遭总行责问。特别是开支项目，一经核定，绝对不准超支，如有特殊用途，必须先期报总行追加。

每天的重要科目（如固定资产、放款、暂存暂付款、开支等），均须逐笔于次日抄报总行，总行认真审核，有超越或不符规定的，立即函查，分行接到查询书后，应立即答复。

值得一提的是上海银行有一套严格的检查制度。检查员是总行检查处的办事人员，他代表总经理，是有"上方宝剑"的"钦差大臣"，被派赴各地检查总行各项规章制度的执行情况。检查时间不定，每年一次或两次，也可能几年不检查。检查完全采取突击方式，事先分行经理也不知道。他们每到一地，先找旅馆住下，然后在分行已经下班，准备清理账务的时候，突然来到，检查金库及各项账册。当天不及检查者，一一封存，次日继续检查。检查不是听取汇报，而是采用听、看、问、查的方法。如对于存款，要逐笔核对账单，对存折则柜面核对。对放款，除了对账以外，还要分户走访。检查的内容共有一百多项，主要包括经营方面的问题、放款的可靠性、与同业合作的情况、服务态度等，甚至行员签到制度的执行情况，金库、账库钥匙是否按制度由两人分管，拆阅信件和电报是否由经理、副经理、襄理专人负责等，也要一一检查。检查结果，由总行来信逐项指出，限期纠正。至于经理、副经理、襄理有作风不正或贪污舞弊等情况，检查员也通过与普通行员的接触，调查了解，予以揭发，否则，检查员即是失职。遇到这类情况，总行对被检举者的处理，一般是训斥、调离或开除。而对一般行员则更严厉，如有一职员贪污零用账款30元，被查出后立即开除，检查员仅需向总行检查处和人事处报告备案便可。虽然在旧社会免不了有人情，若碰到后台硬的，你便奈何他不得。但总地看来，严格的检查制度，对于维护纪律，还是能起到一定作用的。

三、经营方式

资本主义的银行，一般是打着"扶助工商，服务社会"的幌子，实际上是从工人创造的剩余价值中分享利润，同时还得到存款户的称颂和放款户的感激。这是"本轻利重""名利双收"的买卖，无怪乎资本家投资开设银行，成为旧社会畸形发展的行业之一。翻阅上海银行的历史，即可窥见该行业之大概。

上海银行的存款利率，活期存款户（包括支票户）是年息2厘，即每100元一年利息2元。活期储蓄年息4厘。定期存款，一年期的6—7厘，2—5年期的7—9厘，10年期的年息1分。

放款利率，抵押放款（包括押汇）是月息9厘至1.35分，即每1000元每30天9元至13.50元，合年息1.08—1.62分。信用放款（包括存款透支）是月息1.05—1.5分，银根紧时高至1.8分，等于年息2.16分。

不但如此，活期存款、活期储蓄规定每半年结息一次，中途销户者，不给利息。定期存款利息到期支付，而透支利息则每月结算一次。放款期限一般是3个月，到时结算利息，即便允许转期，也是先付清欠息。这就是说，银行付出的存息是单利，而收进的欠息却等于"利上滚利"的复利。

定期存款，规定不到期不得提取，如客户在到期前有急用，可以以存单向该行抵押借款，其总数不得超过原存款额的九成，欠息按原来的存息加1厘计算。1931年发生提存风潮时，该行为了保持信誉，特准对定期存户不到期者敞开付款，不计给利息。不少存户以存了七八年的存单向该行提款，均不得享受利息，该行实际上占了很大的便宜。卢沟桥事变后，青岛很多存款户、储蓄户纷纷逃往南方避难，把定期存款、储蓄存款提走，分行那年也少付了很大数目的利息。

国内汇兑的利润也不小。汇费一般是每千元1—5元。假如甲、乙两地汇出、汇入款大体相等，即每千元汇款等于收入汇费2—10元，即月息2厘至1分，而完成一次汇兑，不需垫款，日期又短，是无本生意。

至于国外汇兑收入，则因外汇买卖差价以及手续费繁多，数字更大。此外还有仓库仓租收入、代理保险佣金收入、信托业务收入，等等。

所以，按存款总额计算，其毛利率至少有年息5厘，净利率至少有年息3厘（已去掉存款准备金的不生利因素）。上海银行抗战前的存款以1亿元计算，即可有毛利每年至少500万元，净利至少300万元。然而，该行抗战前的决算利润每年均不超过100万元。这是该行当局故意抑低不动产估价，多提折旧费，抑低有价证券和结存外汇的决算牌价，把每年利润固定在一定范围内，使小股东（大都是行员）不能多得股息，使职工不能多分"奖金"，而准备金则越来越多，到一定时间便以财产升值作为增股之股金，使大股东获得更大好处。

抗战开始后，币值下降，物价飞涨，上海银行总行部分迁重庆，该行与章乃器合作，成立了一个上川实业公司，后改为上川企业公司，由章独立经营；而在上海的总行，则大量套购外汇，沪、渝两地都大发其财。因为将货币变成了实物或外汇，不受贬值的影响，大大提高了该行偿还存款的能力，无形中从存户身上捞到了一笔很大的财产。

该行对职工的管理和盘剥也有一套办法。银行学校学生和训练班学员，进行第一年月薪是20元，第二年是24元，第三年是28元，第四年起正式任为助员，每月50元，以后按规定当年如无过错，每年加薪5元，但该行往往借口政局不定或年成不好，停止加薪，常要三四年才加薪一次。薪水中需扣除储蓄一成，饭费10元，例如，20元的实得8元，50元的实得35元，依此类推，结果，薪水越少者越吃亏。

该行上午9时上班，中午不休息（轮流吃饭），下午4时对外下班。内部结束时间，要看轧账顺利与否，一般6时左右可以结束。但如轧账不平，则往往延至9时，甚至午夜才下班，所以强调职工一定要在行里吃饭。

被扣除之一成薪水，规定参加储蓄，另外由该行再送一成，共为二成，储蓄定期10年。名为储蓄，实际是"保证金"，你如果中途舞弊，银行就可以从此款中扣还。该行吸收行员最多的年份是1930年至1936年，这些行员的储蓄都在抗战期间满期，那时币值下降，行员吃亏很大，然而，该行却早已将这笔存款套购了外汇。

职工入行，除了推荐、聘请的经理外，都要找保人。那时找保人是一件不容易的事，万一找不到，或者找到了而保人破产或死亡，一时又找不到新保人，那么可以到中国第一信用保险公司去投保，保费每保5000元（低级职员需具备之保证人身价）。很多人因为既找不到保人，又付不起每年100元的保险费，考试成绩虽好，也得不到该行录用。

对职员还有很多规定，例如：早上9时上班，而行员必须于8时3刻前到行，8时3刻后到行者，以旷职半天计，9时以后到者，以旷职一天计，但仍应照常工作，不得借口不上班。又如：严禁"得罪"顾客，有与顾客吵架者，不问是非曲直一律开除。再如：有两位女职员午饭后在休息室织毛衣，给经理撞见了，立即开除。青岛分行经理王昌林立有一条规矩，青年男女职工不准谈恋爱，有一女职员曾因此而被开除，直到解放后才考入青岛中国银行。

四、政治上的演变

如前所述，上海银行开办时，仅有资本10万元，其中最大的股东是庄得之（任董事长），其次是陈光甫（任总经理）。彼时的上海银行，的确可称为一家民族资本银行。其后，陈光甫经营得当，上海银行发展之快，是连陈光甫自己也梦想不到的。业务的发展，使陈光甫的地位在金融界中亦日高，所谓"南三行"（即上海、浙江实业、浙江兴业三行）成为江浙财阀的一部分。为了更大地扩展业务，除了上面所说的依靠"洋商大户"，还需要政治力量的保护。陈光甫早就与孔祥熙、宋子文有关系，其中与孔的关系深，而与宋则有矛盾。据说，宋当年想吃掉申新纱厂，唆使一些银行出面接收，而申新最大的债权人是上海银行，由于上海银行的激烈反对，因而宋的预谋没有得逞。①蒋介石"四·一二"叛变革命，陈光甫等上海的银行公会"巨头"们就发动同业予以财政上的支持。在蒋介石10年"围剿"红军期间，金融界又极力为蒋推销"公债""库券"，支持他进行反共的战争。1936年中国政府与美国政府签订的"白银协定"，即是由陈光甫代表国民党政府出面签订的。陈常自诩不入"官场"，事实证明是不可能的。抗战胜利后，庄得之已去世，陈自任董事长，由伍克家为总经理。伍是陈光旧的亲信"学生"，一切均唯陈之命是听，实际上主持该行大事者仍为陈光甫。1947年春夏之交，陈曾来青岛，名为休假，实际是在绞尽脑汁，想设计一套经济改革方案，以挽救当时濒于崩溃的经济局面，结果当然未有成效。那时，陈还曾飞往北京与胡适密谈。

在蒋家王朝覆灭前夕，蒋介石曾组织"国务会议"，企图改头换面，作垂死挣扎。"国务会议"成员名单在报纸上公布时，赫然有"陈辉德"（光甫）在内，当时曾激起该行职工的很大义愤。伍克家后因病辞职，上海银行总经理由天津分行经理资耀华接任，此时天津已解放了。

陈光甫于解放前出国，陈的亲信朱汝堂（副董事长）、徐谢康（国外部经理）等则去香港。现在，陈光甫、徐谢康均已逝世。

（原载中国文史出版社《文史资料选辑》第80辑）

①　根据潘泰封提出意见订正。

第 二 章

引领时代：全新经营理念铸就成功

陈光甫的成功道路

资耀华　口述　江　鸿　整理

本文与该作者前文不同，回忆了更多有关陈光甫个人的细节，包括他的性格，思想，立场倾向等，这些是他作为银行家而成功的基础。他在个人成功之上，也确实做了不少利国利民的实事。

我长期在上海银行供职，同陈光甫相处很久，交谊很厚。但仍很难把他的一生经历简略地说一个全貌。这里只就我感受较深的几点谈一下。

一、知人善用，不拘一格

中外历史上能够成大事的人都有一个特点，就是"选贤与能""用人唯贤"，善于用人。事情是要人做的，陈光甫很知道会用人的重要性，所以他在用人方面是很下功夫的。

上海银行的一般职员都是通过考试，择优录用；对于具有能力、做出成绩的职员，不拘一格，提升到重要的岗位；有些襄理、副理等都是从一般职员中破格提升的。他发现外面有适当人才，总是千方百计，设法罗致到他的事业中来。

我同陈光甫本来不相识，我进上海银行也是偶然的机会。我在1926年从日本学习回国，先在中国大学、北京大学等校教书，后在北京一个小银行叫中华汇业银行里担任工作，当时吴羹梅曾和我同事。我并不喜欢这个银行，很想换一个工作。我在业余时间，经常在北京银行公会办的、由唐有壬主编的《银行月刊》上发表一些文章。唐有壬在中国银行任职，张公权是中国银行的总经理。上海也有一个同样的刊物，叫《银行周报》，是上海银行公会办的，由戴霭庐主编，后改为李权时。我在《银行月刊》上所写的文章无非是人事管理、信用调查等问题，是引用一些日本银行的材料，文章发表后引起了陈光甫的注意。他找别人询问"资耀华是怎样的人"。不久唐有壬调到汉口，担任湖北省银行经理，陈光甫见到唐时，即问了我的情况，并要求唐打电报给我，要我到上海同他谈谈。他问了我一些关于信用调查等问题，我们谈得相当投机。他邀我到上海银行任职，帮他建立调查部，我本来不喜欢北京的工作，也就欣然同意了，从此在上海银行工作了几十年。

二、重视职工，调动积极性

陈光甫对于遴选职工是非常严格的，不论任何亲戚故友的介绍，如果其才不能胜任，他是一概不用的。上海银行的职工待遇比其他银行要高些，除工资外，各种福利待遇，也比其他银行优厚。他还有一个在当时是少见的笼络职工的办法，就是所有职工都是上海银行的股东，对于高级职员，他用分送、优待等方法使大家都有上海银行的股权。就是对低层的职工，如"茶房"（工人）等，他也给他们一些股票。除了年终酬劳外，还用无息贷款的办法帮助他们购买股票。当时的口号是"银行是我，我是银行"，使银行的兴衰与每一个职工都休戚相关。这种办法在资本主义国家是常见的，现在日本有些企业就用这种办法使职工为企业终生服务。但在当时的中国还是新鲜事物。这对发挥职工的工作积极性，促进业务的发展，在当时确曾起到一定的作用。

三、深思远虑，不断创新

陈光甫对事情看得很深，看得很远。有些事情在别人看来是多余的，但他却认为很重要，总是全力以赴。例如，银行的调查部是上海银行较早举办的；又如农业贷款，也是上海银行开风气之先的。

我参加上海银行，一开始就担任调查部经理，办法基本上仍是抄袭日本的一套。调查项目分信用调查和经济调查两大类。信用调查主要是调查客户的情况，我们分户列卡，档案材料逐渐积累到几十个箱子。对于调查的对象，不仅要知道其财产情况，而且还要了解对象的品质、家庭和社会关系以及经营作风等。因为这对于他所经营的企业成败是都有关系的。例如，天津有一个叫奚东曙的大商人，是北京政府内阁总理段祺瑞的女婿，开办一家大贸易商行，由祈仍希担任总经理，他担任经理，生意做得很大，出手非常阔气，许多大银行都巴结他，给他大量贷款。但我们从掌握的材料中看出，这两个人经营作风不正，投机倒把，随时可能发生风险，所以在贷款上我们采取审慎的态度。后来他们经营失败商行倒闭，贷款给他们的银行吃了巨额倒账，而上海银行损失甚少。类似这种情况很多，其他一些银行也逐渐了解到信用调查的重要。

我们经济调查的对象范围很广，实质上是一个经济研究所。我们调查、分析国家的经济政策、市场变化、外汇涨落、进出口业务盛衰，以及米、棉、煤等重要商品的产销情况。这些工作似乎与银行业务很少直接联系，但陈光甫认为，我们必须对许多方面做到心中有数，才能确定银行业务的方针。事实上正是这样，由于我们掌握了这些材料，在业务上能够主动，银行得到很多好处。

农业贷款也是上海银行较早举办的。过去资金集中都市，农村是商业高利贷资本的市场。陈光甫看到都市游资膨胀，农村却缺乏资金，无从改进生产，所以成立了农贷部，聘请农业专家邹秉文以副总经理名义来主持其事。不久，浙江兴业银行等也先后开办农贷业务，南京政府还成立了中国农业银行，各省、市也都设立了农业专业金融机构。

四、了解现实，掌握信息

陈光甫重视调查研究，不仅限于成立调查部这一件事，可以说，他每做一件事情，都从调查研究入手，掌握了客观具体材料，谋定而后动。

例如，我们为发展业务，增设分支行办事处，就经过各方面的分析研究，而后定下来的。我在调查部担任这个任务，除了由一些"跑街"出外调查外，我曾几次三番地亲自跑遍整个上海市，到各个地点分析这一带工厂、商店、居民的情况，然后决定是设分行、支行还是办事处，力求与这一带地区的经济情况相适应。对于分支行、办事处主任的人选，也是经过一番考虑的。有的人能够应付这一地区的往来户，而不适于与别一地点的往来户打交道。例如，在杨树浦、十六铺等工商业地区与静安寺等高等住宅区的往来客户是不同的，我们就要分别遴选适当的人和客户打交道。一般文质彬彬的知识分子经理是很少能和劳动人民客户交朋友的；反之，如果是一个文化不高的经理也不大可能和大学教授等客户搞得很热络。知名会计师奚玉书曾担任过上海银行分行经理，专门和知识界人士往来。

我们对于存款和放款，也都是建立在调查研究的基础上的。调查部平日做的一些调查，在当时看起来似乎是纯粹的学术研究，并无用处。其实不然，例如对上海一些巨商，如荣家、刘家、郭家等，尽管当时没有往来，我们在暗中也收集材料，进行研究。我们知道他们实力多少、当年盈亏，经营管理的做法以及负责人的性格等，这样，有机会时我们可以多吸收存款，在放款时我们就有了把握。

上海银行在几个有名大学都设立了办事处，目的是加强与知识界来往。尽管当时的业务不多，但这些学生毕业后将来走上工作岗位，不少的人可能会成为大企业的负责人。我们很早与他们有了联系，以后就容易开展业务了。

五、不择巨细，汇成洪流

上海银行是由小到大逐步发展的，很快成为有名的私营银行，受到社会的重视。我们自然尽力寻求对大工厂、大企业的存放款业务。但是陈光甫知道不弃涓滴细流能汇成大川的道理，对于小额业务也是非常重视的。一元就可开户，就是我们首创的。在小商业区，中下层居民点，别的银行是看不上眼的，陈光甫却认为这是我们最广泛的客户基础，在这些地区设办事处、支行甚至分行，虽然有时业务清淡，但陈光甫认为这样做有发展前途，力主坚持下去，后来事实证明是对的。对于一些小工厂、小商店，只要他认为负责人为人正派、业务对路、有发展前途，上海银行是乐于放款支持的。

陈光甫在各大学设立办事处，主要目的不是吸收存款，因为大学师生不会有很多余钱。他的目的是希望这些人知道上海银行，与我们往来，建立多方面的关系，以便于将来开展业务。当时银行放款的对象都是工厂商店，除非有足够价值的抵押品，否则很少对个人放款。陈光甫却指示各大学办事处可以对学校师生作个人贷款。他认为这种贷款数字虽不大，却可以和一些知识界人士保持关系。知识界人士是爱面子的，不会轻易不还款，如果到期不还，那一定有实际困难，银行吃一些倒账，也是无所谓的。何况事前对放款对象一般都有所了解，并不是随随便便对什么人都放款的，所以实际上倒账也并不太多，但收到的效益非常好。

上海银行开始一段时期只有数十万存款，通过吸收巨额存款和小额存款并采取各种措施后，存款额迅速上升到数百万元以至千万元。

六、抗拒强权，为国争光

上海银行创办的中国旅行社是我国第一家旅行社，陈光甫创办旅行社的动机，开始时还不是作为一种业务，而是对抗洋人，为国争光。

旧中国的旅行社都是美国、英国、日本等帝国主义的洋商所办，中国人要出国，办理旅游手续都要经过他们之手。洋商不仅收费高昂，而且态度傲慢，根本看不起中国人。陈光甫时常出国，时常受气。有一次洋商办事人的傲慢无礼，使他实在忍受不住了，同对方争执了几句，对方冷笑着说："你不满意，你们中国人为什么不自己办一个呢？"对陈光甫非常蔑视。陈一怒之下，决心创办中国旅行社。

中国旅行社走过曲折的道路。开办时只是银行内的一个旅行部，后来单独成立旅行社，规模不大，营业不多，连年亏本。有些董事就认为银行办旅行社是不务正业，不会有前途，应尽早结束。但陈光甫态度坚定，他认为，办一件事业不能只看一时的成败，同时也不能只看到本身的作用。他坚信中国旅行社是有前途的，目前虽亏了些本，是有形的，还要看到"无形的收入"，所谓"无形的收入"就是旅行社为成百成千的人服务，其中能够出国的人都是在社会上有地位的，旅行社不仅为银行做了广告，使大家知道这是上海银行办的事业，在大家心目中有了上海银行的印象。那些能出国的人，将因旅行社而与银行发生关系，将来可能成为银行重要的客户。而且，陈光甫还认为，旅行社亏本只是由于初期没有经验，改进经营管理，增加服务项目，这种"有形的亏损"也是可以变为"有形的盈余"的。后来旅行社的发展证明了他是很有眼力的。

中国旅行社的业务项目很多，如代买火车票、飞机票、轮船票，代办出国护照、运输行李等，事情是非常烦琐的。代办手续费很少，有的还是义务服务。例如，代买火车票，头等、二等票有2%的回扣，三等票是没有回扣的，完全尽义务。由于工作人员认真负责，工作逐步熟练，办事效率不断提高，旅行社不久打开了局面，而且转亏为盈。相反，外商办的旅行社，办事人也都是中国人，他们只是为工资服务，没有积极性；洋商旅行社不但收费高，对华人雇员又很刻薄。中国旅行社很快把他们的业务夺了过来，洋商所办的旅行社神气一时，很快就成为秋风中的落叶。

陈光甫的事业心是没有止境的。他看到旅行社得到了初步成功，就计划下一步的发展规划，即由旅行社在各地建立旅馆、招待所，使旅行事业成龙配套。经过调查，根据各地旅游者的不同阶层和人数众寡，分别建立旅馆和招待所。较大的城市一般建立旅馆、饭店，在小县城则设立招待所。例如，西安饭店、昆明酒店、首都饭店、洪都饭店等在当时都是第一流的旅馆。陈光甫要求各旅馆、招待所要服务周到，清洁卫生，收费合理，使旅客都能感到满意。这样，旅客的车旅、饮食、住宿都不必自己操心，由旅行社包办了。这些旅馆、招待所在抗战时期发挥了非常重要的作用。

再如上海银行经营外汇，也是陈光甫打破外国银行的一统天下、为国争光的又一事例。中国银行首先开办外汇业务，上海银行跟着开办，是私营银行办外汇第一家。外汇业务非常繁杂，起先我们没有懂行的人，曾用高薪聘来一位德国人做顾问，成立外汇部和出口部。不久我们自己就掌握了业务知识，由于人事熟悉、服务周到，外商银行的一些外汇业务也被我们争取过来。我们不仅做国内商人的进出口业务，办理信用证、打包放款和银行担保，后来美孚、亚细亚等外商大公司也相信上海银行开出的信用证，把外汇业务转到我们手里了。

陈光甫的一生做了不少对我国国民经济有益的事业，很难用几句话来概括他一生奋斗的成功之道。总地说来，他的事业心很强，勇气很足，深谋远虑，善于用人。他一生为事业尽瘁，很少作私人打算。我多年在上海银行工作，受到很多教益。例如，上海银行对职工的生活待遇比一般银行优厚，但要求也很严格，职工的纪律性都很强。例如，职工迟到5分钟就作为旷工半天，10分钟就作为旷工一天，工资照扣。我们都养成了每日上下班早到迟退的习惯。我现在虽80多岁，但仍能每日8时前到办公室，从不迟到，这种习惯就是在过去养成的。

（原载中国文史出版社《工商经济史料丛刊》第二辑）

有创新精神的金融企业家

陈光甫在金融领域有着数一数二的创新精神，这使他成了我国民族金融业代表人物之一，同时在政治上又保持若即若离的态度，这又使他失去了认识和了解新中国的机会，不能不说是个遗憾。

我国金融业与民族工商业的发展十分密切，实际上两者是相互促进的。陈光甫作为我国民族金融业的代表人物之一，他的想法和做法具有一定的代表性。

一、一个新兴的金融企业家

辛亥革命以后，特别是第一次世界大战期间，我国民族资本主义商业得到较大的发展，金融业的银行、钱庄也相应地纷纷成立。从1914年到1921年，在上海新设的银行、钱庄有26家，全国有94家（只有少数的几家是以前成立的）。在这些新成立的银行中，要算陈光甫创办的上海商业储蓄银行资力最小。当时的"北四行"（金城、盐业、大陆、中南）股本雄厚，股东有不少是当时北洋军政头面人物。前清遗老和北洋军政头目的钱财很大一部分转化为金融资本，他们与中国、交通两行的关系尤深。浙江实业银行的股东也是当地的豪绅大户。这些银行虽然不是官办，但都有其政治背景和潜在势力。真正招股创办，完全按照竞争法则从小到大办起来的银行，陈光甫主持的上海商业储蓄银行是较早的一个。

陈光甫从美国留学回来，就在江苏银行任经理。如果他满足于当官发财，就可以在江苏银行混下去，但他对官场习气很不以为然。他所向往的是用资本主义方式来发展民族经济。江苏银行是官办的，他的一套办法在那里行不通。于是他辞职不干，凭借他岳父家的关系和投资，以及他家与钱庄的关系，凑了7万元，在上海宁波路租了一个门面很小的房间，创办了上海商业储蓄银行。开始全行仅有7个人，这与当时其他几家商业银行相比，规模真是微不足道。后来他常说"上海银行是苦出身"，确是事实。

当时上海金融业是帝国主义银行的天下。外商银行利用的是钱庄，收受钱庄的庄票，也贷款给钱庄，钱庄凭借他们的庄票在市场上流通，操纵控制"洋厘"。又由于钱庄控制了整个票据交换，可以订定拆息，连银行也要在钱庄里存款。所以当时的商业银行是在外商银行和本国钱庄的夹缝中讨生活的。官办银行和资本雄厚的银行还比较好，必要时可以用"道契"（即上海租界上的地产官契）向外商银行抵押借款。可是像上海银行那样小的银行，资金少，存款又不多，想在外商银行开个往来账户都不容易，处境是很困难的。当时，陈光甫不把希望寄托于官府和大户，而是走"敬远官僚，亲交商人"的路；并创办各种小额储蓄存款，开办银圆存款；想方设法提高上海银行在社会上的声誉。他讲究服务态度，讲求办事效率，从小处做起，扎扎实实地干。这表现了陈光甫作为一个银行家的胆识，在当时一些资本家中还是比较少见的。

二、志与术

章士钊曾送给陈光甫一副对联，写的是"不变随缘，随缘不变"，这很能刻画陈的形象。要说陈是个圆滑、随遇而安、与世浮沉的人，那是不对的，实际上他是中国新兴资本家中一个有头脑、有理想的人。陈的主导思想是依靠自由竞争，在中国建立一个资本主义式的"企业王国"，他正是朝着这个方向走的。1915年创立上海银行，1918年开始办理国际汇兑，接着创办起了中国旅行社，与太古洋行合办宝丰保险公司，后来又办大业公司；抗日战争期间，在美国开办世界公司，在重庆办新纪工程公司，抗战胜利后在上海办起海光图书馆，等等。他常说："人生在社会有一真正快乐之事，那就是树一目标，创一事业，达到目的地，并且成功。此种快乐是从艰险困苦中得来的，因而更为持久，更有纪念价值。"他以7万元资本创办上海银行，后来发展到1000万元资本，1.8亿元存款，在国内主要城市都设有分支机构，成为"南三行"之一员，他本人也成为上海金融界的头面人物，在国际上享有名声。

陈光甫是反封建的。他对于封建割据的军阀颇有反感，因为封建势力是超经济的剥削，不利于自由竞争，不利于资本主义的发展。他说："内地对银行无认识，有'不令银行出钱，将令何人出钱'之想。法律与政治对银行皆不能保护。"又说："地方军政借款，多用威力强迫。本行甚至有被抢劫现款之事。蚌埠、徐州军队每以无钱发放伙食费为借口，召集商家开会，迫令银行承借，稍有推诿，即以'饥军行将哗变，无法制止'相要挟。"陈光甫希望全国统一，他同情北伐，反对北洋军阀政府。

陈光甫希望中国成为一个资本主义自由竞争的社会，有一个资产阶级政府，这个政府不干涉经济，让各行业有一个安定的环境，开展自由竞争。他常说："自由竞争，优胜劣败，乃天地之法则。政府横加干涉，则违反自然。罗斯福搞'新政'，是不得人心的，虽然他也是不得已而为之。"

陈光甫是怎样实现他的理想的呢？这主要关系到他所采取的奋斗方法，也就是他的处世之术。

陈是"随缘善变"的。他说："环境有时不能不变更，社会上受环境之支配发展，应付有时而穷。能改良应付之方法，则进展开通之景象不准达到。所谓穷则变，变则通。"在他创业初期，上海金融业是新兴力量留日派占优势，因此他依附留日的张公权、李铭等江浙资产阶级的新兴代表人物。1916年5月12日，北洋政府下令中国、交通两行所发行的钞票停止兑现，引起了停兑风潮。当时陈积极参与了中国银行上海分行抵制停兑的命令。他和张公权等人以及中行商股大股东等发起成立中国银行商股股东联合会，以维护中国银行商股利益的名义致电北洋政府，反对停兑。他们用公布中国银行资产负债表等方法，宣扬上海中国银行的信用；并取得外国银行的支持。因而上海中国银行并不像上海交通银行那样听从停兑命令，而是照常兑现，把停兑风潮应付了过去。这一成功使得中国银行的钞票信用大增，不仅在长江流域中下游照常流通，而且扩大流通到四川等地。从此陈光甫与张公权的关系就不同一般了。1931年上海银行发生提存风潮时，张公权曾通令各地中国银行支持上海银行，使得上海银行免于倒闭。陈经常把张称作"救命恩人"。后来上海银行壮大了，两人往来更密，当张在经济上有困难时，陈也给予帮助。1947年8月张公权出任中央银行总裁，陈出任中央银行的外汇平衡基金会主任委员，同时他们还筹备与英商合作，搞东北大豆出口的生意。

1927年北洋军阀政府声名狼藉、四分五裂的时候，江浙一带新兴的资产阶级和寓居租界里的大地主们拒绝了张宗昌的财政援助要求，却相中了蒋介石这个前上海证券交易所的经纪人。当时北伐就要成功，上海工人运动发展得很快，银行里也成立了工会组织，劳资纠纷不断发生。此时上海出现了"商业联合会"这个以金融业为骨干的行业联合组织。不久即由陈光甫出任"江苏兼上海财政委员会"主任委员，劝募"二五库券"1800万元，为蒋介石背叛革命提供经济力量。陈光甫曾说，这是对蒋的"押宝"，果然这一"宝"押成功了。

随着蒋介石势力的扩大，地方割据局面的缩小，支持过南京政府的上海银行也得到了发展，分支机构不断增多。1930年增资为250万元。1931年存款增加到10968万元，较1921年增加近9倍。

后来，陈光甫对我说："接近政治如玩火，过去对国民党政府押了一宝，险些引火烧身。"但这是在国民党政府倒台之后他的认识，而在这以前，他是想借蒋介石的势力以实现他的理想的。虽然在1935年3月"四大家族"掠夺中国、交通两行之后，他曾感到震惊，认为国民党"已自不干涉状态进而为统制主义"。但是同年11月国民党实行了"法币政策"之后，他没有对蒋介石"敬远"，却更加接近了。他与当时财政部部长孔祥熙过从甚密，并当上了中央银行常务理事。1936年5月陈光甫代表国民党政府赴美签订了"白银协定"；抗日战争爆发后，他又去美国接洽成功2500万美元循环使用的"桐油借款"；同时他还担任了国民党财政部贸易委员会主任委员；最后又当上了"国府委员"。他这样搞的目的是为了保住上海银行，因为他看到非利用南京政府的保护不可。这是半封建半殖民地中国不少资本家所走的道路。但陈光甫在国民党内是没有真正地位的，他虽然为蒋介石募集公债，得到蒋的信任，可是南京政府实行"法币政策"，把金融大权掌握在手的时候，陈的作用就不怎么重要了。陈知道只有攀住美国才能抬高自己的身价，当时英、美都想支配中国的经济。1931年美国曾派"凯末尔顾问团"到中国来为蒋介石策划币制改革，设计了《金本位币制条例草案》，想把中国货币纳入美元集团。只是因为"九一八"事变和世界市场金贵银贱等原因，这个计划才未能实现。1934年美国实行"白银法案"，世界银价上涨，使我国白银大量外流，发生了1935年的上海白银风潮。当时英国派出首席经济顾问李滋·罗斯到中国来，帮助南京政府实行"法币政策"，把法币与英镑相联系，把中国货币纳入英镑集团。美国乃用停购白银来对抗，由于法币是外汇本位制，美国不买白银，世界银价下跌，法币的外汇准备就没有着落，法币的价值就没法维持。在这种局势下，陈光甫在孔祥熙的推荐下，于1936年5月代表国民党政府赴美交涉出卖白银，最后签订了"白银协定"。在这次交涉过程中，陈光甫虽然有他的美国同学在美财政部里替他帮忙，但据他说也遭受过不少白眼。为了争取到一个比较好的卖价，他付出了很多精力，同时还向美国提供了我国的许多经济财政情况。正因为这样，1941年中美、中英外汇平准基金会成立时，美国提名陈光甫出来主持，蒋介石虽然很不高兴，但是也不能不听从美国的意思。至此，陈光甫已达到了他预期的目的。

陈在与国民党政府浮沉的同时，还广泛结交各界人士。他与上海金融界的头面人物如张公权、李铭、贝祖诒、徐新六等人的关系密切，与国民党内的军政要人如李宗仁、熊式辉、孔祥熙、孙科、戴笠等的关系也是很好的。上海青洪帮首领杜月笙、张啸林等人，他也与之来往。另外，他还结交一些当时文化教育界人士，如胡适、蒋梦麟、何廉等。至于他拉拢美国银行界的一些老板和美国驻华大使等人，则更有其长远目的。1944年他出席"国际通商会议"时，盛赞美国"有许多有理想的人"；1945年他联合美国一些资本家，集资1000万美元，成立一家信托公司，这是陈想插足国际金融的一个新起点。

陈光甫从对蒋介石的"押宝"，以及后来借外力以图存，反映出旧中国的资产阶级不但无法脱离官僚控制，而且也不得不依靠外国资本的支持。

三、为人和用人

作为一个民族资本家来说，陈光甫的发展是经历了一段艰辛过程的；他的成功，则与他的勤奋分不开。早期他创办上海银行时，亲自跑街，拉存款，搞放款，还亲自培训行员，相当辛苦。抗战时在重庆，他总是不停地工作，一早起来先清理文件信札，然后用早餐，阅读报纸，晚上还找人谈话。每星期至少有三个上午请人为他讲解中外历史哲学等。星期六下午去重庆汪山别墅，还要请人为他讲述国外书刊上的主要经济金融文章。这些书刊是由在纽约的"世界公司"为他专门搜集寄来的。星期天他也闲不住，至少有半天时间用来讨论国际金融问题。记得他当时对罗斯福运用凯恩斯学说实行的"新政"，很有兴趣研究，了解美国各派对"新政"的意见。他常说他是个闲不住的人，一闲就感到孤寂。他认为只有工作最有兴趣，悠闲并不可取。他生活比较节俭，有规律，很少吸烟喝酒，喜欢买旧书。这些习惯在旧社会的资本家中也是比较罕见的。

他待人和气，善于识人和用人。他与杨介眉、杨敦甫"桃园三结义"。在上海银行，赤胆忠心跟他一起干的骨干不少，这与他以身作则、把银行当作自己的终身事业是分不开的。他办银行几十年，但个人财产不多。他从中学里招考学生做练习生，由银行自己培训，量才使用，逐步提升，形成银行的中坚力量。在上海银行里，人事制度比较健全，有本领的人有升迁的机会。他对于亲戚故旧的子弟一视同仁，不给特殊照顾，而是按工作能力考核，所以上海银行的办事效率是比较高的。

除了中坚力量以外，要开展业务还必须吸收有一定经验的人才。如当时要在北京开展业务，就聘请与学界有联系的人担任经理，在重庆开展业务，就聘请当地聚兴诚银行里的人出任经理。他可以用高于他自己的薪金聘请副总经理。此外，他很早就注重经济研究和调查工作，在银行里设立调查处，从事市场研究和一些主要商品的产供销概况的调查；并且编选、出版一些专题调查报告。在行内出版《海光》月刊，用以沟通全行的业务活动和思想情况。后来又为中、高级职员编发《经济论述》，介绍国内经济金融情况的研究和国外金融业的一些措施和经验。另外，他也提倡行员的文体活动，并经常出题目征文，录取的给以奖励。这些都是旧中国金融业里比较进步的措施。

四、生意经

陈光甫的生意经，并不是他一个人创造的。他办银行的主导思想是：广泛吸收社会闲散资金，放款着重对物信用，避免对人信用。具体做法主要是：

（1）开办小额银元储蓄存款。在北洋政府时期，钱庄看不起小额储蓄，更不接受银元存款，存款都要折成银两。而陈光甫则在上海银行开办银元存款，不限金额多少，存款种类多种多样，适应各种需要。他认为大户存款最不稳定，而众多小存户的存款则是最稳定。他说："人争近利，我图远功；人嫌细微，我宁繁琐。"确实，他这种做法是有远见的，也是开办私营银行的正当道路。

（2）坚守银行信用。"银行靠信用而生存"，这是陈光甫经常说的，也是他几十年办银行的基本精神。银行要取得社会的信赖，就要恪守对顾客的信用，这是上海银行得以发展的很重要的一个原因。第一次世界大战以后，全国新成立的银行、钱庄不下几百家，陆续倒闭、淘汰的也不少。上海银行资本既不雄厚，也没有大靠山。它能够从小到大，不被淘汰，一个重要原因，就是他极力维护银行的信用。陈光甫支持张公权反对北洋政府停兑中、交两行钞票，为维护存款人的利益作了努力。他不随便做信用放款；并为存户保守秘密；还定期公布银行资产负债表等，都是为了取得社会的信赖。1927年汉口钞票停兑，上海银行汉口分行则对停兑前的存款概付现金。这一措施提高了上海银行在汉口的声誉。上海银行主要做货物押款，不像当时北方银行投资办工厂，也不搞公债证券投机交易，所以放款风险小，资金周转比较灵活。1931年上海银行提存风潮过后，它的信用经受住了考验，存款大增，声誉更隆。

（3）便利顾客，争取好感。陈光甫经常对职员讲"顾客是衣食父母"，强调服务态度和办事效率。行员对顾客不能争吵，否则要受罚。人事部门设有机动人员，哪里柜台上缺人，立刻派去顶班，绝不让顾客等候。以该行存款部为例，营业员一个人负责一部分存款户，既管收款，又管付款，他们对主要存款户每天都有存款余额表，存户支票一来，就知有无存款。对于支票上的签字或印鉴，要训练成一看就知真伪，不必验对所留模式，所以付款很快。这要求营业员平日留心，对主要存户的面孔要做到心中有数，而且要基本上掌握这些存户的支款规律。因此，上海银行在当时是以手续简便、收付敏捷著称的。

在广义争取社会好感上，陈光甫创办了中国旅行社，为顾客代购轮船、火车客票、预定舱位、照料行李，还发行"旅行支票"，编印《旅行杂志》和一些导游小册子。以后还开办一些旅社、饭店，这不仅增加一部分营业收入，而且可以博得社会好感，为银行做了许多其他银行所做不到的广告。所以他说："今旅行社博得社会人士无量数之好感，其盈余为何如耶？"像"旅行支票"，对于中外旅游者就是很方便的。旅游者可以免去携带现金的风险，对银行则可增加一笔无息的存款，实在是一举两利的措施。

应该说，陈光甫在旧中国民族资本主义的发展方面出过一些力，有过一些贡献。他有他的理想，也有他的一套办法。但由于他一心向往资本主义，对社会主义难以接受；虽然他对国民党政府不满，但还是想帮助它免于崩溃。1948年蒋介石实行金圆券，派蒋经国到上海坐镇时，陈当时认为银行要完了，惶惶不可终日。但当李宗仁任命他为和谈代表时，他不肯北上参加国共谈判，而在上海解放前夕悄然去了香港。这反映他对新中国的认识还是模糊不清的。

（原载中国文史出版社《文史资料选辑》第80辑）

上海银行独特的经营手段

张继凤

作为一家初始资本只有十万元的"小小银行"，陈光甫花费大量心血研究出一套独特的经营手段，才在传统钱庄和外国金融势力的夹缝中生存下来。不论其最终归宿如何，这份顽强的企业家精神，直到今天仍有意义。

一、一家"小小银行"的诞生

1915年6月3日，上海《申报》本埠新闻栏内有一则报道："昨日午后为本埠宁波路9号上海商业储蓄银行正式开幕之期，各界领袖前往参与盛典者，络绎不绝，由董事长庄得之先生、总经理陈光甫先生一一延入接待室，款以茶点。"

当时上海较大工商企业开张，照例大宴宾客。陈光甫创办上海商业储蓄银行（以下简称"上海银行"）开幕，也有人劝他发柬宴客，他说："倘我请客而客竟不来，则将如何？"故该行在开幕之日，未循例宴客，只"款以茶点"。上述报道寥寥数语，从一个侧面反映出陈光甫的作风。

上海银行开办时，办事人员只有7名，额定资本10万元。这和当时别的银行比起来，是微不足道的，还不及一家大钱庄。因此，有人称之为"小小银行"或"小上海银行"。

上海银行的发起人主要是庄得之和陈光甫。庄得之名篆，江苏武进人，盛宣怀的亲戚，做过前清小官吏，当过信义、礼和等洋行的买办，从1912年起担任中国红十字会理事长。陈光甫名辉德，江苏丹徒人，曾留学美国，回国后曾任南洋劝业会外事科长、江苏都督府财政司副司长、江苏银行总经理等职。上海银行最初的股东和股本都是由他们两人的关系拉拢和凑集起来的。当时集股不易，总共只有7名股东。开创立会议时，出席的股东只有庄得之、陈光甫、李馥荪（浙江地方实业银行沪行经理）、王晓赉（萧山通惠公纱厂上海办事处主任）4人，其余3人分别由李馥荪、王晓赉代表。会上选出7名董事，也就是这仅有的7名股东。

上海银行的资本，庄得之认缴2.25万元，陈光甫认缴5000元（其中一部分由庄得之垫支），李馥荪认缴1.8万元，王晓赉经手认缴2万元（其中信和土行主人施再春1万元，王与其岳父萧山通惠公纱厂总办楼景晖1万元），此外，尚有当过浙江都督的朱瑞的家属认缴7500元（不久增加为2.3万元），贵州人杨通（曾开办广西银号）认缴1万元，黄溯初认缴1万元。到1915年底资本增为20万元时，又有孔祥熙代表孙中山入股1万元，宋子文的母亲入股5000元，台湾富商林尔锵入股1.79万元，上海银行公会林康侯入股2500元，商务印书馆夏筱芳和西门子洋行买办管趾卿各入股1万元。上海银行初期的股东中没有当时的军政要员，没有有力的政治背景。

自从1915年4月17日第一届董事会推定庄得之为总董事（后改称董事长）、陈光甫为总经理后，上海银行的一切行政和业务大权就牢牢掌握在他们两人手中，特别是陈光甫的手中。他长袖善舞，把一家"小小银行"发展成为全国大型商业银行之一，在旧中国银行业发展史上占有突出的地位。

二、在夹缝中成长

上海银行成立的时候，钱庄和外国银行控制着上海金融市场，本国银行力量还很薄弱。一家小银行要出人头地，非有出奇制胜的本领不可，而陈光甫却闯出来了。

第一，陈光甫认为，上海银行初创，资力不足，又没有特殊的政治背景，要立足于金融界，只有走入社会，接近工商，以优质服务取胜。他提出把"服务社会"作为银行行训，因此在业务上不厌繁琐。

从小处做起，为便利顾客，时时想出新办法，谋取顾客好感，在银行界别树一帜，服务态度和办事效率为人们所称道。起初曾有人讥为荒诞不经，但到后来，几乎没有一家银行不以"服务"为标榜。

第二，大胆改革陈规陋习。如当时钱庄与商号往来，无论是以银圆或银两收付，都以九八规元记账，钱庄虽亦收受银圆存款，但不给利息。上海银行断然改变了这种做法，对存放款一律依客户自愿，以银两（规元）或银圆开户均可，即使一个客户同时用银两银圆开两个户头，亦无不可，对银圆存款照给利息，这在当时金融业是一项较大的改革。该行还竭力提倡"对物的信用"，以改变我国银钱业着重对人的信用的惯例。当时银行钱庄虽间有收取押品情事，但都侧重于房地产道契以及股票之类的有价证券，对于货物的受押尚未形成风气。上海银行创办之初，即联络可靠货栈，凭客户存栈货物以为押借担保，先后在无锡、苏州、南通派遣驻栈员负责。1916年，与中国、交通、浙兴、浙实等行联合设立上海公栈，办理押款。在内地开设分行之前，往往先在当地设立仓库，承做押款，统称"商记堆栈"，等业务发展到一定规模后，再行设行。上海银行为开通风气，不惜委曲求全，推广押款，甚至遭受非难和损失也在所不惜，充分反映了陈光甫的胆识。

第三，积极开发各种新业务。早期的本国银行大多只经营一般的存放汇业务，储蓄事业还不发达。陈光甫等创办上海银行时，蓄意要发展储蓄，故在行名中特别标明"储蓄"二字。该行成立伊始，即创办"一元开户"的储蓄，还做了许多储蓄盒送给顾客，鼓励人们把节省下来的铜元、角子投入其中，积满1元即可存入该行，这在当时银钱业中是闻所未闻的。有一天，一家钱庄以大洋100元要求该行开100个存折，以示讥讽。陈光甫不以为意，反叮嘱柜面人员热情接待，照开不误。此事传开后，轰动了银钱界，那家钱庄讥讽不成，反替上海银行作了一次义务宣传。从1917年起，上海银行设立了储蓄专部，又组织储蓄协赞会，在社会上广泛宣传，推广储蓄。经过多方努力，业务发展很快，到1936年底，已拥有储户15.7万余户，储蓄存款3800万元。

上海银行创办时，立意要经营国外汇兑，提出以服务社会，辅助工商实业，发展国际贸易为其成立之目标与今后拓展之目的，对于外商银行在华之势力，则谋以削弱之。陈光甫很早就和张公权等在一个名叫耿爱德（E.Kann）的外国人处学习外汇业务。1917年该行试办外汇，当时陈光甫有一同学在教会任司库，他就利用这个关系收购教会的金票，付以现币，并以此款汇往外国作为存款，逐步与英美银行建立代理关系。1918年该行专设国外汇兑处后，以每年1.2万两的高薪，聘请前德华银行天津分行经理柏卫德（Gustav Barwald）为顾问，并派一批高级职员到美国学习。国外汇兑处努力经营，规模日益扩大，在国外许多重要商埠设立代理处。到1923年，该行外汇资金超过300万两，1928年在上海几家经营外汇业务的华商银行中，承做进口押汇，亦以上海银行为最多，每年约600余万元，改变了外商银行独占我国外汇市场的局面。

第四，以旅行社为先导发展银行事业。1923年秋，上海银行总行成立旅行部。这不仅在银行界别开生面，也是国人开办旅行事业的先词。陈光甫办旅行社主要是为了推动银行业务，往往旅行社势力先及某地，而后银行继之。用陈光甫的话说："本行欲往某地发展，先在某地办旅行社，取得社会人士同情后再设银行，故谓旅行社为银行之先锋。"又说："旅行部，全国银行无人愿办，余与朱成章协议创办，既为社会便利计，又为本行宣传计。此种宣传力甚大，人人知有旅行社，即知有上海银行。"所以，旅行社早年虽有亏损，陈光甫仍坚持办下去，而且后来办得很有成绩，成为旧中国著名的旅游机构。

上海银行在陈光甫的经营下，业务发展很快，但却遭到了钱庄和外国银行的妒忌。如有家老牌钱庄拒收上海银行开出的本票，这对上海银行的信誉影响很大。不久这家钱庄闹头寸，求助于上海银行，该行不计前嫌，连夜拆款给它，而且不要押品，只需开一张第二天的即期本票。这事传开后，在银钱界引为笑谈，那家钱庄从此再也不拒收上海银行的本票。

上海银行到外地设行，常常受到当地钱庄的抵制。1925年春，南通钱业公所突然宣布与上海银行南通分行断绝往来，其理由并未公布，只含糊其词地说上海银行"违背公所约章"。实际是上海银行在南通开行后，业务进展很快，抢了钱庄的生意，因而钱庄煽动公所宣布绝交。后来经通（南通）崇（崇明）海（海门）泰（泰州）总商会会长张謇调解，风波才得平息。不久，在常州、芜湖两地，也发生类似情况，该行镇静应付，得以解决。

正当上海银行业务逐渐得手之时，它的外汇经营触怒了外国银行。英商麦加利银行首先发难。当时麦加利银行经理是上海外国银行公会会长，一天，他突然宣布不接受上海银行与麦加利的外汇合同，企图限制上海银行经营外汇业务。陈光甫针锋相对，立即致函外商银行公会，申明上海银行不再接受麦加利的外汇合同，一时中外银行为之惊愕不已。结果上海银行取得胜利，两家银行合同恢复交换。从此，外国银行对上海银行和陈光甫刮目相看，大大提高了上海银行的声誉。

上海银行就是这样在钱庄和外国银行两大势力的夹缝中茁壮成长起来的。

三、凭风借力，直上青云

上海银行从诞生的那天起，就得到中国银行上海分行副经理张嘉璈（1917年起任中国银行总行副总裁）和浙江地方实业银行沪行经理李铭（即李馥荪，1923年起任浙江实业银行总经理）的扶助。中国银行上海分行在上海银行开业之日就存入7万元，一直不动，使上海银行的资本由10万元实际变成17万元，浙江实业银行平时亦常给上海银行以透支。张、李二人与上海银行不仅是一般的同业关系，而且是这家银行的董事和股东。他们与陈光甫意气相投，经常在一起研究金融和市场情况。当时上海金融界称他们为三兄弟。1916年，上海中国银行拒绝执行袁世凯的停兑命令，陈光甫和李馥荪曾参与谋划。陈光甫在上海金融界崭露头角，主要是得到张、李的提携。1918年上海银行公会成立，推举宋汉章为会长，在张、李等支持下，陈光甫当选为副会长，这大大提高了他和上海银行的地位，为业务开拓提供了更有利的条件。上海银行从一家小银行迅速发展为大银行，是同张嘉璈、李铭的扶助密切相关的。

1927年4月1日，上海《申报》登载了一条消息，说江苏兼上海财政委员会由委员15人组成，陈光甫任主任委员。实际上这个委员会在未成立以前，已先行办公。3月31日，蒋介石就派陈光甫以财政委员会主任的身份到上海商业联合会和上海银行公会洽商筹款办法。经陈多方奔走，4月1日，由上海银行界垫借200万元、钱庄垫借100万元。4月下旬，陈光甫继续向银钱两公会商定加垫300万元，均以江海关收入二五附税抵还。不久由江苏兼上海财政委员会出面的江海关二五附税库券3000万元开始发行。陈光甫为蒋介石筹款立功，蒋曾邀其进入政界，担任财政部次长、财政厅厅长、政治委员等官职，他均推辞不就，但他在金融界的地位日益提高，担任了中央银行理事、中国银行常务董事、交通银行董事，成了中国金融界的头面人物，甚至有人说他是中国的摩根。陈光甫的地位增高，上海银行的竞争力量也随之占有优势。从1928年至1937年这10年中，上海银行业务的进展远比其他银行为快。例如，在存款方面，与资力较大的"南三行""北四行"7家私营银行比较，在20年代上半期，存款总额是浙江兴业银行和盐业银行轮流交替居于首位，上海银行居第四、第五位。从1928年下半年起，上海银行存款迅速增加，1930年达到8900余万元，比1926年的3200余万元增加1.8倍，居上述7家银行的第一位，也就是全部私营银行的首位。这种状况一直继续到1934年，存款达到1.58亿元。1935年、1936年两年为金城银行追上，1937年6月抗战前夕，上海银行又复居第一位，金额近2亿元。

在放款方面，抗日战争前，上海银行放款总额最高时达到1.4亿多元，户数2000多户，其中较大的工厂放款有200多户，金额4200余万元。30年代业务大扩展，它的工业放款在全部放款中的比重一直在1/3左右。这样大的比重是别的银行少有的，同期的中国银行仅占12%，金城银行只占25%左右。在这10年中，该行放款利息收入达23万元，占总营业收入的58%，比1915年至1926年12年的利息净收入450万元增加了4倍多。在内汇方面，1934年是上海银行设立机构最多的一年，计有分支行113处，是其他私营银行从未有过的，因此业务大幅度发展，这一年汇出总额累计达4亿元以上，超过任何一家私营银行。此外，在领用兑换券方面，1932年突破2000万元，1934年超过3000万元，1936年达到4000万元（其中向中央银行领券2500万元），增长幅度远远超过其他领券银行。领用庞大数量的兑换券，这对上海银行的头寸调拨和业务扩展具有重要作用。1915年至1926年，上海银行放款总额平均占存款总额的65.4%,1927年至1937年上升为74.7%，在这10年间，存款增加9倍，放款增加10倍，超过存款增加的倍数，这就是大量领用兑换券得来的效益。据业内人估计，每领用兑换券1000万元，1年可获利40万元，上海银行每年领券三四千万元，一年就有100多万元的收入，额度之大为其他私营银行望尘莫及。

四、大事业皆由心血换来

上海银行从一家小银行发展成为旧中国名列前茅的私营银行，陈光甫付出了毕生的心血。用他自己的话说："大事业皆由心血换来。"这话一点不假。

陈光甫经营上海银行有一套管理办法。他善于组织人力，使用人才，鼓励行员掌握新的业务技能。他最讨厌三种人：一是不知节俭，甘心堕落，不识艰难，他称之为"少爷"；二是官气十足，应办之事随意搁置，他称之为"大老爷"；三是工作被动应付，死气沉沉，他称之为"老太爷"。他不容许这三种人在上海银行有安身之地。他要行员办事讲究效率，财物力求节约，尤其反对浪费人力，要求各级负责人如发现人浮于事，就应进行必要的整顿，力求组织严密，手续简单，人事精干，开支节省。还要求各级负责人对业务、人事各方面都要进行精细入微的考察，不断兴利除弊。

陈光甫一有机会，就号召行员要具备应付环境变更和社会经济变化的新本领，掌握扎实的业务知识，具备熟练的工作能力。他说："以行而言，不能应付经济环境，即为落伍之行；以人而言，不能研究经济环境，即为落伍之人。"他除了在行务会议上和其他会议上介绍欧美资本主义银行的经营方法和知识外，还责成业务科和调查科共同研究营业上的各种问题，拿出推陈出新的办法，以适应潮流。他号召职工"用我脑筋，竭我思虑"，专心研究业务，提出改进措施，如有标新立异、出奇制胜的方法，一经采用，即可加薪、升级，得到重用。

陈光甫经营银行业务，十分重视掌握商情。他认为，商业银行的一举一动"皆应与商情合拍"，一个银行家不仅要通晓工商业务，而且要时刻把握住商情变化跳动的脉搏。他要求上海银行全体人员，上自董事、经理，下至行员、练习生，都必须认真研究商情。他还要求每个行员必须努力认识商品，"研究其来源、去路、品质、产量、交易习惯以及各种陋规"，尤其是一些日常生活必需品，像棉花、棉纱、米、麦等，更列为不可一日忽略的调查研究项目。他对业务主管人员要求更加严格，要他们"上通天文，下知地理，中得人和"。所谓"上通天文"，是因为天时的好坏关系到农业生产的丰歉，关系到工业原料、产品销路和市面的荣枯，商业银行要向工商企业放款，不能不经常留意，仔细审察。所谓"下知地理"，即要求了解地区的差异，出产的不同，具体掌握"某货为甲地所专产，某货为乙地所需要，某货专供本地之求，某货可以畅销外埠，在国外有无销路，运输上能否便利"等商情，从而据以规定业务上的方针。所谓"中得人和"，即要求切实调查"各商肆之贸易情形，各个人之经济状况，以及历来之信用如何，目下之现况如何"，等等。陈光甫还认为，"不特国内各处的消息要灵通，即国外之经济情况亦须详悉无遗"，他自己就是经常不定期地到欧美等国及国内各地考察研究商情，亲自掌握第一手资料，同时还派出一批批高级职员到国内外进行考察。该行于1928年底成立调查部，每星期刊行《金融商情周报》，通报市场信息。该行的内部刊物《海光》月刊，每期也刊登商情报告，执笔的都是该行的经理、副经理、襄理、各业务部主任以及一些有业务经验的行员。

上海银行以"服务社会"为标榜，因此，陈光甫对柜面服务的要求特别严格。他说："柜上服务最为重要，须振作精神，一丝不懈，方能令客户满意。"又说："一行之成败，实全系于办理手续人员之是否优良。行员服务顾客，必先和颜悦色，方能博其同情，否则稍有不当，或盛气，或慢客，均可使顾客裹足不前而视本行为畏途。"他要求柜面人员，第一须和气待人；第二当手续敏捷；第三应不嫌繁琐，不允许营业员与顾客之间有争执不快之事发生。有一次，一个工友阻止一个衣服不甚华丽的顾客参观保管箱，当这一顾客来信反映后，他立即派员前去向这位顾客道歉。1930年间，上海银行的服务质量一度有所下降，陈光甫发现后，立即召开行务会议，研究改进办法，并作出了关于接待顾客的具体规定。30年代初期，上海银行柜台上采用机器记账，借以提高工作效率，但陈光甫担心使用机器后可能会导致服务质量的下降，因此在行务会议上强调行员不要满足于"作机器式之服务"，而忽视与顾客进行感情联络，指出如果把人变成了机器，营业员摆出一副"严峻冷淡之面容，使人不可逼视"，那么机器再好，顾客也会望而却步。

陈光甫经营上海银行，花心血最多的是对人才的选择和培育。他认为办理任何事情都"取决于多数之从违"，因此"必须慎择其执行之人选"。因为决定的事要有人去办，需要有一大批能领会贯彻企业领导意图的"用命之人"，才能开创局面，除旧布新。他把罗致人才看作企业盛衰的关键，认为"有人才，虽衰必盛；无人才，虽盛必衰"。从创设上海银行伊始，陈光甫便把同心协力、有事业心的两个结盟弟兄杨敦甫、杨介眉约请到行担任副总经理，作自己的左右手，又从他曾主持经营过的江苏银行挑选了一批干练人员，充实到上海银行，形成一个比较得力的班底。他经常挑选一些高级管理人员出国考察和派一些有培养前途的年轻行员去美国银行实习，接受专业训练。此外，还每年从各地中学吸收学生入行，开办训练班，培养了一批年轻有为的练习生，作为后备骨干力量。总之，在培养训练人才方面，陈光甫是不惜工本的。他说过："育才计划，关系我行生命前途，我行宜应认为当前第一要务。"还说："吾人当以绝大魄力，绝大决心，投下一笔大资本，猛力推动进行。"在上海银行，人事制度比较健全，不随便辞退职员，有本领的人有升迁的机会。陈光甫常自我夸耀："本行用人，自开办迄今，素一秉大公，不论何人，苟有优秀之才能，必予以相当之地位。"赏罚也比较分明，有过分别降惩，有功升级加薪，对于亲戚故旧的子弟一视同仁，不给特殊照顾，而按工作能力考核，所以上海银行的办事效率是比较高的。

陈光甫有胆识，有魄力，事业心强，是旧中国金融界的一位突出的人物。虽然他代表着江浙资产阶级的利益，与帝国主义及国民党政府有密切联系，但他经营上海银行30余年，勇于革新，积累了许多行之有效的管理经验，如果加以分析筛选，对今天发展社会主义金融事业，开拓金融市场，有一定的参考、借鉴意义。

（原载上海人民出版社《上海文史资料选辑》第60辑）

陈光甫的思想和企业简析

蔡墨屏　潘泰封[*]

陈光甫以"小小银行"起家，不仅支援民族工商业的发展，还直接创办实业，甚至组建了中国首家保险公司，陈光甫先进的经营理念也由此影响很多民族企业。而他在政坛上的沉浮，多是迫于形势，不应为此降低他在中国金融史上的地位。

读杨桂和、童昌基两同志关于陈光甫和上海银行的记述，引起了我们对陈氏的回忆。现把这些回忆，加上近年从国外传来的有关陈氏的一些情况，分七个方面写出来供读者参考。

---

　　* 蔡墨屏，曾任上海银行桂林分行经事。潘泰封，曾任中国旅行社秘书，《旅行杂志》撰稿人。

一、早年经历

陈光甫，原名辉德，光甫是他的字，成名后，以字行；但在中央银行、中国银行以及其他银行的理事董事名单上，甚至后来的国民党政府委员名单上，用的仍是陈辉德。他也叫陈秉绶，则是抗战后担任国民党政府贸易委员会主任委员时用的别名。

陈光甫原籍江苏镇江。父仲衡，是镇江元兴煤号的老板，有四子：长子咏青，在家乡继承父业；次子即陈光甫；老三名海秋，历任湖南省盐务办事处处长和国民党政府盐务总局处长30多年；老四名翼祖，是留美学生，第一次世界大战结束后，曾任中国出席巴黎和会代表团随员，回国后，在汉口、香港等地经商。

1892年，在私塾里读了几年书的陈光甫，奉父命从镇江坐轮船到汉口，在他父亲任过事的一家报关行里当学徒。报关行的业务，主要是代进出口商向海关办理报税手续。当时海关大权操在外国税务司手里，办理报关，不但要和洋员打交道，还要用英文填写报关表格。由于工作需要，少年的陈光甫便利用业余时间在一名西侨处刻苦学习英文。当时和他一起学习的，还有在汉口邮局供职的杨敦甫和朱成章，后来陈光甫办上海银行，这两人成为陈的得力助手。

七年的报关行生活结束后，陈光甫考进了汉口邮局。1908年，以通晓英文和商务，被任命为湖北省参加美国圣路易斯国际博览会代表团团员。会后，由于一名曾在汉口海关任职的美国人的帮助，这个在本国没有受过正规教育的青年人，进入宾夕法尼亚大学商学院学习，费用由他岳父负担。辛亥革命前，陈光甫在美学成回国，被江苏巡抚程德全延聘为英文秘书。

陈光甫深切感到中国的贫穷落后，在于民族工商业得不到发展的机会。他根据在美所见，向程德全建议，在南京举办一个物产博览会，作为提倡。

程德全采纳他的建议，并派他负责筹办。1910年（清宣统二年），官商合办的"南洋劝业会"在南京开幕，内设农业、医药、教育、工艺、武备、美术、通运等馆，内容的丰富，在当时来说，是从未有过的。会期六个月，受到各方重视。陈光甫也因此初露头角，不但获得程德全的器重，还结识了一些民族资本家，为他后来从事金融企业，打下了初步基础。

南洋劝业会结束，程德全派他整顿裕宁、裕苏两个官银局，因卓有成效，以后又任命他为首任江苏省银行监督（后改称总经理）。

江苏省银行设于上海，当时的主要业务是把江苏各地的税收集中起来，除供省政开支外，还要依照清政府和帝国主义国家订立的不平等条约，把摊派给江苏的赔款（例如庚子赔款）额按时解交受赔国指定的外国银行。当时行庄往来都以银两为单位，在本国银钱业间，都用票据交换，相互划账。外国银行则和外国同业相互轧账，他们不收华商银钱业的票据，如有往来，一律用现银结算。陈光甫认为这是对华商银钱业的歧视，他代表江苏省银行，首先要求参加外商银行的票据交换，未被接受。陈光甫毅然用暂停解付赔款的办法迫使外商银行就范。江苏省银行终于以第一家华籍银行的身份参加上海外商银行的票据交换，获得同业的钦佩。

辛亥革命后，程德全改任江苏都督。但为时不久，张勋进入南京大肆劫掠，苏政不纲。陈光甫离开江苏省银行，绝意仕途，决心自创基业。

二、人事上的能量

"人生在社会有一真正快乐之事，那就是树一目标，创一事业，达到目的地，并且成功。此种快乐是从艰险困苦中得来的，因而更为持久，更有纪念价值。"这是陈光甫常说的话，也就是他一生经验之谈。

当年陈光甫树立的目标是什么呢？这就是他为上海商业储蓄银行所定行训上说的"服务社会，辅助工商，抵制国际经济侵略"。

陈光甫创办上海银行，确是历尽艰辛，才从一个10万元资本（实收7万元）的小银行，以20多年时间，逐渐发展到拥有资本500万元，公积金760万元，存款超过3亿元的大银行，陈光甫本人也在20年代后期长任上海银行公会会长。

上海银行之所以能由小变大，论者都归功于该行企业管理所起的作用。如果仅仅凭这7万元的资本，则再大的本领，也不能在十里洋场上和资本雄厚的行庄相颉颃。事实上，这家银行人事上发出的能量，远远超过它的资本额。这从最早的股东名单上，就可看得出来。

上海银行最早的股东，除陈光甫和他岳家外，还有荣宗敬、张謇、夏仲芳、徐静仁、黄静泉和庄得之等。其中荣宗敬和张謇是众所周知的大实业家；夏仲芳是商务印书馆的大股东；徐静仁是一家纱厂的大老板，与张謇关系密切，常代张赴北京出席交通银行的董事会（张是董事长）；黄静泉是糖业巨子；庄得之是清末邮传大巨盛宣怀的亲戚，上海银行创办时，他出资最多，得任该行董事长，直至逝世。

由于这批股东的号召，所以这家7万元资本的小银行一开门就获得57万元的存款。

开业后，陈光甫注意使用一些对吸收存款具有特别能力的人担任部门领导。如任用教会元老黄席珍为存款部经理，和驻沪海军有关系的陈毓生任虹口分行经理，这样就把教会、海军方面的存款都拉到了手。这种例子很多。在上海汇划庄中势力颇大的宋云生，则任为往来部经理，借以和上海许多大钱庄建立关系，从而扩大了银行的活动范围。

帮助陈光甫创业的得力助手，首先是杨敦甫、杨介眉和朱成章。杨敦甫早死。朱成章协助陈创办中国旅行社，后兼任中国国货银行总经理，不幸为暴徒所害。杨介眉长期担任上海银行副总经理，庄得之死后，继任董事长，1937年，陈光甫进入国民党政府任贸易委员会主委后，杨兼代总经理职务，1943年逝世。

自抗战中期至胜利，上海银行分成两个摊子：一在重庆，先是由赵汉生以总经理驻渝办事处主任名义，管理西南，西北各地分支行。1944年，重庆成立总行，由陈光甫任董事长，伍克家任总经理。而在沦陷了的上海，也有一个总行，由朱如堂任董事长兼总经理。这出双包戏，一直演到抗日战争胜利为止。

朱如堂的来历，下文还要提到。他在抗战时期没有离开过上海，当然免不了要和日寇打交道。抗战一胜利，他就急急忙忙地到重庆朝山，据说蒋介石曾接见他。不久，陈光甫回沪，在全体行员大会上，有针对性地亲自朗诵了文天祥的《正气歌》。

抗战前，上海银行总行管理部分成业务、人事、稽核、调查、总务五大处，另设上海分行和本埠分行管理部，外埠分支行共119处，分别由南京、济南、郑州、天津、武汉、广州等地管辖行就近管理。

总行各处、上海分行和外埠大分行的经理，由陈光甫亲自遴选。正如童昌基文章所说的，口岸分行经理一般都曾留学外国，内地分行经理虽不必留过学，但也要品学俱优，忠于职守，既熟悉银行业务，又具有活动能力者充任。

陈光甫非常注意智力投资，许多没有留过学的高级职员，都由银行出资，派遣到美国化学银行和欧文银行实习银行业务，借以吸收新知并扩大视野。至于设立行员训练班，培养银行基层干部更为常事。

上海银行出人才，是当时社会的定评。自创办至解放30余年间，由该行输送到公私企业的高级人员有：朱成章（中国国货银行总经理）、唐寿民（交通银行总经理）、奚伦（中国实业银行总经理）、周苍伯（湖北省银行总经理、善后救济总署湖北分署主任）、严淑和（上海女子商业银行总经理）、罗志放（新疆商业银行总经理）、胡时渊（轮船招商局总经理）、邹秉文（国民党政府商品检验局局长）、黄汉梁（华侨银行经理，在上海银行任国外汇兑部主任，孙科任行政院长时的财政部部长）等。

陈光甫懂得驭下要恩威并济。在"恩"的方面，约如下述。

1930年，上海银行增资到500万元时，他就把新股125万元分配给行员按面值8折认购。陈光甫认为这就是"使行员皆成股东实行劳资合作，庶几团结力量，益臻巩固"。实际情况是：股票最后掌握在一些在银行具有影响的高级职员和少数中层行员手里；广大低级职工群众相继出售了手中股票。

上海银行对职工实行的特别储蓄制度，储蓄款是每月工资的10%，另由该行送给同额的一份，共为20%。行员中途离行，可以随时提取，不过任职5年以内的，仅能提取储金的半数，即银行为你加储的部分不给。5年以上，每多一年，就多给一成；例如干了8年离行，就能提取特别储蓄金的8成；10年以上，就全部给你。这种制度，对行员来说，可以在年老退职时，有一笔可靠的钱使用。对银行来说，一可使行员安于职守，二可防止行员舞弊。抗战中期，因通货膨胀加速，取消了这种制度。

除了用认购股票的办法笼络高级行员外，每年决算之后，陈光甫还要用自己的名义，对总、分行的经副襄理以及附属单位的负责人，奉送一笔相当数目的特别酬金。就一般来说，当时上海银行的一些头面人物，都比较注重操守，也不像有的大银行的上层人物，举止阔绰，任意挥霍。原因就在于陈光甫管得紧，也能适当地照顾他们的物质利益。当然，害群之马是有的，加40年代初某分行经理程某伙同他的下属大搞投机倒把活动，陈光甫自美归来得知他的行为后，立刻解除了他的职务，并改组了这个分行。

平时，陈光甫非常注意对行员进行艰苦创业的思想教育。他把顾客比作衣食父母，要行员在任何时间、任何场合不能得罪顾客。他的言论，由银行编成《陈光甫先生言论集》分发行员学习。这本"语录"式的册子，当时确实成为上海银行及其附属单位人员的思想行动准则，为上海银行赢得声誉和物质利益。

银行还通过内部刊物《海光》月刊对行员灌输陈光甫关于服务社会、辅助工商的思想。同时，还以一定篇幅报道本行动态、国内外商情，甚至各地同仁的生活——如哪人结婚，哪人育麟，哪人升迁……虽系个人琐事，但行员们读了，就增加了生活在银行这个大家庭里的温暖感，无形中起了团结行员的作用。

陈光甫少时曾经饱尝过下级人员的疾苦。因此，他非常反对"三爷"作风，认为"老太爷为行将就木的人，少爷为不识艰难的人，大老爷则为官派十足者"。他在金融业打"天下"的时候，确能以身作则，克勤克俭，奋发有为。他也能眼光向下，接近群众。他在担任总经理时期曾规定：每星期四约十几名普通行员和他共进午餐，借以沟通上下级的关系。他的亲密伙伴朱成章，在帮助他创办中国第一家旅行社——中国旅行社时，不顾自己是留美学生和银行副总经理的身份，穿着招待员制服，上车站码头接客。另一密友杨介眉平易近人。特别受到同人的尊敬。1938年，总行总社在香港办公，他是银行董事长，每次出发到各地视察分支行，临行前都到每个办公室和同仁握手告别。他还亲自到香港分社办理订购船票、飞机票手续，而不像别人概由他人代办。

当陈光甫功成名遂之后，他自己也逐渐滋生了"三爷"作风。他在重庆时，可以把一只从美国买来的金表送给为他煮菜的大司务老刘，并不惜重金购求古董文物，供自己赏玩，而对于坚守在荒山野岭、穷乡僻壤的中国旅行社招待所人员，和冒着生命危险在敌人的虎口中为上海银行看守财产的人，曾无一语进行慰问与表扬，更不要说物质奖励。行社中下级同仁能够见到他的逐渐减少，更不必说和小职员共进午餐了。当时有一位在他身边的人，特地把清乾隆年间御史孙嘉淦上乾隆的《三习一弊疏》译成浅近文言，寄中国旅行社内部刊物《旅光》上发表（这时《海光》停刊，陈对《旅光》每期必看），针对陈的独断专行、喜听奉承话的缺点，从侧面进行讽谏。

陈光甫驭下甚严,行员犯了行规,就会遭到处分。中国旅行社有个社长的家庭闹纠纷,他认为影响了行誉,就把他解除了职务,尽管这位社长对旅行社业务有过一番建树。在抗战开始时,上海银行部分分行和中国旅行社曾经遣散过部分职工,每人仅给三个月工资作为遣散费。

陈光甫给行员的"恩",是为了使银行赚更多的钱,向行员发"威",则是为使银行免于亏损。

三、经营上的独到处

陈光甫在银行的具体经营上,有他独到之处。他有胆略,但在作风上力持稳健;他恪遵行训,但在经营上灵活多样;他高瞻远瞩,但在做法上不忘从小处着眼;他有崇洋思想,但在具体实践中反对照抄照搬;他食而能化,化出了一条中国式的发展金融业的道路。现分10个方面举例说明。

(1)强调调查研究。陈光甫认为:作为银行家,不仅要通晓工商业务,而且要时刻掌握商情变化的脉搏。为此,除在总行设立调查处,延聘专家主持,专职调查和研究国内外金融讯息并搜集各种经济情报,以供研究及预测可能出现的状况,作为采取对策的依据,还要求全行职工人人做调查,熟悉商情。对各级管理人员,要求更严。他提出,作为银行经理,必须"上通天文;下知地理;中得人和"。意思就是要他们通过对周围的天气好坏、灾情有无、收成丰歉、工业兴衰、政局治乱的研究,得出银行业务特别是放款业务应该采取的对策。

各种商情通过各种渠道汇集到总行,除在《海光》上发表外,还定期编发《金融商情周报》,供全行参考。抗战前后,上海银行都曾专门派员赴美考察商情(包括旅行社业务)。陈光甫自己在未入政界时,也经常前住各地考察经济情况，还聘请一些对绸、布、纱、棉花、小麦、糖等商品富有经验的专家担任顾问，协助分析市场动向。在从政以后，他控制的纽约世界贸易公司经常给他邮寄美国出版的载有商情的书报，有专人为他整理，供他浏览。

（2）坚持稳健作风。陈光甫一生谨慎，表现在银行业务上的有下列诸端：首先，对工商界的放款，以押款、特约押款以及其他抵押透支为主；并自建仓库，押物一般都存放该行仓库。凡经营管理不善，信用不良，或者盲目于地产、外汇及证券投机的企业，上海银行决不放款给他们。其次，他们本来可以申请发行钞券，但没有这样做。他们宁愿向中国、中央两行领用暗记券，抗战前多至4000余万元，一方面可以避免自己发钞的风险（容易被人集中大量现钞前来兑现，因而产生危机）；另一方面每年可以从发行行坐得保证金的利息①约150万元。该行基本上不搞房地产投资，保证了资金的周转率。该行附设中国旅行社，抗日战争时在大后方办了大批招待所，其中多数商由交通运输机构或地方政府投资，规定亏本归投资者，盈则各半分享，服务美名则由中国旅行社独享。该行对利润很高但有风险的有价证券，采取稳健政策。他们持有的有价证券，在存款总额中的比例，1932年为5%，1933年为6%，1934年为9%，1935年为11%，都比其他大银行低。

（3）建立银行信用。陈光甫非常重视建立银行信用。1927年，武汉革命政府命令各银行钞票停止兑现的时候，在武汉市场上，钞票贬值，最低时仅值票面的10%。上海银行汉口分行遵照陈的命令独家规定：凡在停兑前存入的，一律付现金；停兑后存入的，按存款日钞票市价支付。当时汉口分行存款五六百万元，他们为此损失了约一百万元，看似吃亏，但赢得了武汉存户的称赞，汉口分行的存款因此激增。

（4）严密查账制度。这点在童昌基的文章中已有述及。另外应补充

---

① 领用行对发行行交60%现金，40%的有价证券。

的，除查账员制度外，各分支行每天的总清结余表、放款分户清单和调查表报等，都要在第二天寄交总行稽核处查核，发现疑点或差错，就立刻发函询问或纠正。

虽然1930年前后曾发生上海分行行员陈××偷窃法币17万元逃往伪满洲国事件，香港中国旅行社也曾先后发生两起卷款潜逃事件，但都是偷窃库存，而不是账目上的舞弊。银行和旅行社的账目，因制度严密，是无懈可击的。

（5）辅助工商企业。上海银行开办时，第一次世界大战正在进行，我国民族工业乘列强无暇东顾的机会，如雨后春笋般涌现，但一般都缺少资金，难期持久，而当时金融业中钱庄帮势力极大，他们因循守旧，目光短浅，对工商界出现的新形势，熟视无睹。针对这情况，陈光甫主持的上海银行，就把"辅助工商"，定为行训之一。

张謇是上海银行最早的股东，他在南通办实业，就得到上海银行的大力支持；上海银行的南通分行，是这家银行最早设立的外埠分行之一。荣家的申新纱厂和福新面粉厂，上海银行投放的贷款更多；这两个厂子经济上发生危机时，上海银行帮它们渡过一个又一个困难（请参阅下文）。这种例子很多，这里不一一列举。

在抗日战争之前，上海银行全行的工业放款，经常要占全年放款总额的1/3，最高时曾达41%，这在当时的银行中是非常突出的。在同时期中，中国银行的工业放款在全部放款中所占比例，仅为12%左右，金城银行较高，也只25%左右。

（6）办理农业贷款。1935年陈光甫在一篇文章中，把办理农贷列入他认为值得纪念的三件事的第三件事。的确，在上海银行举办农贷之前，如何活跃农村经济，使他们从带有封建色彩的高利贷中解脱出来，从未提到任何一家大银行的议事日程上。

陈光甫为了填补银行业务中的这个空白，特地延聘著名农业专家邹秉文教授担任银行副总经理，主持农贷事宜。办法是和南京金陵大学农业系合作，先从调查情况入手，然后在豫、陕、冀、鲁、鄂、湘、苏、皖等省指导农民组织运销合作社，由银行直接贷款合作社，以供发展业务之用。这样，既使农民避免了农村中的高利贷剥削，又能使农民组织起来，得到实惠。上海银行为此曾发放低息贷款300万元。后来又联合交通、浙江兴业、金城等银行，组织银团，增加贷款来源，扩大农贷范围。

陈光甫此举，可视为自由资产阶级对中国农村封建主义经济的挑战。

（7）热心服务社会。陈光甫曾就有些人对中国旅行社的存在问题抱疑问态度而发表过这样的谈话："……上海银行之盈余，可以操筹而数计，旅行社则不然。盖天地事物有重于金钱者，'好感'（goodwill）是也。能得一人之好感，远胜于得一人之金钱。今旅行社博得社会人士无量数之好感，其盈余为何如耶？"这是陈光甫对服务意义之发挥。陈光甫的确干了许多别的银行家不愿想也不愿干的对社会有益的事：小额存放款是一事，创办中国旅行社又是一事——这是陈光甫最得意的杰作（详下文），此外还有下列诸事。

早在1916年，就在银行设立学校服务处，办理学生零星储蓄服务，并首创代各学校收取学、膳、宿费，使学校方面省去不少手续与时间。这项办法，后为同业仿行。

自1929年开始，先后在复旦大学、金陵大学、东吴大学等高等学府设置奖学金，并出资聘请英、美专家在各大学开办学术讲座。

抗战期间，鉴于大学教授生活清苦，固命成都、乐山、桂林、贵阳和昆明等地分行举办大学教师低息贷款，凡经校长介绍，即可低息贷借，分期归还。当时市面利息高昂，上海银行向教授们所取的低息，远远不能抵偿货币贬值所蒙受的损失。当时贷到款项的大学教师多达3000余人，分属成都的金陵、金陵女大、华西、齐鲁、燕京和川大，贵阳的夏大，桂林的广西大学，昆明的云南大学和西南联大等十多所著名学府。

设立海光图书馆。这是抗战胜利以后的事，地址在上海番禺路一座花园别墅内，由名教授林同济博士主其事。除在国内搜集善本图书外，每年还花相当数量的外汇从国外购买哲学、经济、文学名著，其中包括德文原版马克思的《资本论》，供学者研究。解放后，曾被评为上海八大图书馆之一。当时陈光甫曾对林同济说过：上海银行、中国旅行社、海光图书馆是他平生三大得意作。这与陈1935年说的话，显然有了修正。海光图书馆在他心目中的地位，可想而知。

（8）抵制经济侵略。这是陈光甫为上海银行制定的行训中的第三句话，人们看到陈的后半生与美国政府及外国资产阶级紧密合作的情况，几乎不会相信他早期会提出这样的口号。其实，20世纪初的陈光甫，不但由于目击当时洋商的对华经济侵略，而且亲身经历过"洋大人"的冷眼相待，他所结交的，又多半是和洋商争一日短长的中国产业资本家，那时他提出这样的口号，而且在行动上予以大力实践，是毫不足怪的。

上举辅助工商的例子，其实也是抵制国际经济侵略的具体行动。他在银行内开设旅行部，后来演变为中国旅行社，分明也是对英商通济隆公司、美商运通银行和日本国际观光局等外商霸占中国旅行事业的反击。

当时的进出口贸易，由华商经营的不过10%光景。症结之一，是国外汇兑都操于外国银行手中。为此，早在1918年，上海银行就在总行设立国外汇兑部，并在英国设立代理处，以后还把这种业务扩展到设有海关各地的分行，国外通汇地点也扩充到美、法、荷、日等国。陈光甫曾这样指示他的行员："我们经营外汇，绝不从事投机，我行多做一笔生意，外商银行就少做一笔生意。"他办宝丰保险公司，也是这个意思，因为那时外商在上海办的保险公司，在保险业中势力很大，每年从中国人身上挤去的保险费，多达2000万元。

（9）善于不断创新。陈光甫为发展上海银行业务，搞了许多新办法。其中一元开户的小额银元储蓄存款，更为研究金融史的人们所乐道。殊不知与此同时，他们还举办500元以内的职工低息小额信贷，以解决职工群众在生活上所遇到的困难。这种面向群众的举措，只有学徒出身的陈光甫才想得到，而一般大银行是不屑做的。在"一元开户"的同时，上海银行还首先开办零存整取、整存零取等许多吸收存款的业务，在金融史上，这也是具有重要意义的创举。

旅行支票是洋玩意儿，陈光甫把它引进上海银行，为旅客提供方便，为银行多了一笔活期存款，这在解放前的金融史上，也是值得一书的。

在大城市，银行广设本埠分支行，是上海银行首创。早在半个多世纪前，上海银行就使用机器登账。

在附设的中国旅行社里，新套套更说不完。"旅行社""招待所"这些今天已经广泛使用的名称，当年是这家银行设想出来的。中国第一个旅游团，第一本旅游杂志，第一次商办铁路餐车，第一艘游美学生专轮，第一……都是中国旅行社职工的业绩，这些业绩的出现，又都是和陈光甫的支持分不开的。

（10）迎着风浪前进。任何事业，总不会始终一帆风顺。在上海银行的创业史上，也遇到过不少次风浪，兹举二事为例。

20世纪20年代，银行业欣欣向荣，大小钱庄则日渐没落。对此，具有悠久历史的旧式银钱业当然不会甘心。上海银行"一元开户"的新鲜事出现后，镇江几家钱庄竟联合起来，派人抬着装有5000银元和3000银两的几口大箱子，到上海银行镇江分行，要求按一元一个存折开8000个存折。这明明是捣乱。镇江分行一面与来人周旋，将来款暂行封存；一面报告陈光甫，由陈请董事黄静泉（因黄在镇江几家钱庄有股份）亲身赴镇处理，还商请镇江商会会长陆小波出面调停，才把这场很有可能在各地引起连锁反应的事件平息下去。

值得钦佩的是，当陈光甫得知这次事件是一名叫夏还卿的钱庄从业员煽起的时，他不但不记仇，还请夏到上海长谈了一次，以后还请夏在附属大业公司工作。

陈光甫关于银行经理要"上通天文，下知地理，中得人和"的主张，是他通过许多事例得出的宝贵教训。事例之一，便是1931年秋发生的提存风浪。那年武汉大水灾，汉口上海银行仓库所存食盐受到水淹，社会上流传着上海银行遭受巨大损失的谣言，有些金融界中人就推波助澜，在上海掀起一股向上海银行提存的浪潮，使总行新建大厦里站满了提存的人，来势之猛，为上海银行创业以后仅见。这样持续了几天，提存最多的一天，付现金至1000多万元。如果不是库存雄厚，就很难渡过这次难关。另外，陈光甫平时讲的"人和"，这时也发生了作用，他得到了中国银行张公权、宋汉章的全力支持。为了防止外地发生连锁反应，他们还通知中行的外埠分行，在当地上海银行需要援助的时候，也应全力以赴。

总体来说，上海银行的发展壮大，是全体职工努力经营的结果，但如果没有陈光甫的呕心沥血，没有他对银行业务的不断创新，没有他那敬业乐群的深邃的职业修养，他所树立的目标，是很难达到的。在这点上，我们完全有理由把他的名字写入中国早期的金融史上。

四、创办有关企业

除了上海银行，陈光甫还牢牢地控制着该行创办的和其他有关的企业，以下扼要地讲一讲这些企业的概况。

（1）中国旅行社。首先被认为是陈光甫的得意杰作。旅行社的开办经过，已有专文介绍，本文不再重复。

陈光甫通过中国旅行社博得社会上的好感，也就是他说的"人和"，初不限于国内各界，即在国外，他也有一定的知名度。据闻宋子文因在美国的声望不及陈光甫，研究出几条原因，有一条是陈办有旅行社，平时战时，美国人来华，一般都对中旅社的竭诚接待留下深刻印象。

陈光甫对中旅社在当时取得的成就，亦常沾沾自得。1951年，他在《中国旅行社社史稿》上批道："现值变改之时，好的要保存。在短短时间（二十七八年），将一种梦想化为社会上重要分子之一员，可为奇迹。如各界之人皆能如此集少成多，我于此中可告以办事方法之途径，千言万语，要有创造热忱……"他当然不能理解生产力的彻底解放，首先必须依靠生产关系的调整，但就当时的情况来说，中旅社所享受的盛誉，确非幸致。

中国旅行社也有一次严重失策。1933年，《塘沽协定》签订之后，日本侵略者不断向国民党政府提出关内外通车通邮的要求，因此事牵涉到承认伪满的问题，中国方面不敢贸然接受，日本侵略者乃以武力威胁，声称如不接受要求，即把关外火车强行驶入关内。在这种形势下，当时的华北政委会头子黄郛几次央求陈光甫，要陈指示中国旅行社与日本国际观光局联合组织"东方旅行社"，然后由这个旅行社出面承办通车事宜。陈开始婉拒，经不得黄的一再要求，乃勉强接受。

东方旅行社设在榆关，依中国法律注册，总经理为日方的平山，副经理为中国旅行社的张水淇（参阅下文），任务是发售用该社名义印制的平沈通车车票，并代关内外双方清算票款。这是一种掩耳盗铃的办法，目的在于实际上接受伪满开来的列车，但在法律上不负承认伪满的责任（因为车票是商办东方旅行社出的）。

东方旅行社成立于1934年6月，半年后，中旅社退出，改由北宁路局派人接办。虽为时不久，但毕竟给中旅社写上一次不光彩的记录。陈光甫很为此事后悔，在编订中旅社社史时，特地关照删除这件事。

（2）中国旅馆业公司。成立于1935年10月，是上海银行独资设立的子公司，经理朱如堂。他以50余万元在南京自建大厦首都饭店，聘请留美专学旅馆学的周良相为经理，西人Mrs.H.Toin-Guiillarmod负责管理内部。另以24万元在西安设立西京招待所。陈光甫非常关心这两个旅馆，经常亲自作重要决定。1937年3月中国旅馆业公司撤销，这两家旅馆交由中国旅行社统一管理。

（3）宝丰保险公司。主要投资者是上海银行和商务印书馆，上海总公司设在上海银行大楼。经理朱如堂原系太古洋行保险部经理。他和上海银行最早股东之一夏元舫的儿子夏鹏（小舫）为好友，夏鹏既是上海银行的监察人，也是商务印书馆的大股东，朱如堂主持宝丰保险公司是夏鹏介绍给陈光甫的。杨文所说上海银行与太古洋行合办宝丰一点，事诚有之，但太古入股，仅仅因为承保洋商大额生意需要分保的关系，因此股额不大。

（4）徐州国民银行。该行经理为钱明斋，约在1927年因营业不振，经人介绍，由上海银行收购该行90%的股票，纳入陈光甫之金融系统，但招牌不变，抗战时结束，后未恢复。

（5）大业贸易公司。成立于抗战之初，是上海银行独资经营的企业，规模颇大由陈光甫的学生、当时的上海银行第二副总经理李桐村挂帅。而中国旅行社的社长在上海银行的地位，除首任社长朱成章外，以后各任都仅仅相当于总行襄理，可见银行对大业的重视。事实上，各地大业公司也确实为上海银行挣了不少钱，这在当时大后方的金融工商界中，是众所周知的。

但爱惜名誉的陈光甫，却因此着急起来。据说他于1941年自美回国时，张公权的哥哥张君劢用在皖北某地目睹的情况告诉他，说大业公司的人和刘某在敌我对峙的封锁线上洽购纱布运渝牟利，劝陈加以制止。因此，在重庆的行、社、公司负责人向他汇报营业情况时，一方面对中旅社的亏蚀，再三慰勉（见上文），一方面对面有喜色的大业人员，把脸一沉，说："你们只顾发国难财，却把我陈光甫的名誉丢尽了！"

陈光甫当机立断地改变了大业的经营航向，只准他们做有利于民生的运盐生意，此外也搞了些诸如酒精厂一类的小型企业。本来还准备在抗战胜利后创办纺织工业，曾派李桐村赴美考察并购买机器，但没有成功。

（6）祥兴运输公司。1939年，由上海到西南各省的运输线，主要假道越南。为此，大业公司曾和中国旅行社合资，买了几十辆卡车，经营由海防和镇南关接桂、黔、川公路的运输生意。请上海祥生出租汽车公司的经理周祥生主持其事，并取名为祥兴运输公司。但开业不久，近半数汽车在广西境内被日本飞机炸毁，因而歇业。

（7）新记工程公司。抗战时在重庆开办，规模很小，仅在打铁街中国旅行社楼上设置一个办公室。它并不直接承接工程，其性质与今天的咨询公司有些相似。它的创办是为胜利后经济复兴打基础。但胜利后，陈光甫想象中的经济复兴并没有出现，这个公司也就赍志以终。

（8）上川实业公司。这是上海银行和大业公司联合投资的企业。事情的起因是，当时在皖西山区当安徽财政厅厅长的章乃器以开办工厂，向国外订购机器为由，向中央银行申请到20万美元的官价外汇，但无钱结汇，于是写信给陈光甫求援。其时陈出使美国，经复函嘱与上海银行在渝负责人赵汉生联系。后经章、赵商量决定，由上海银行大业公司出资，一部分交章将已经批准的外汇结出，一部分作为上川实业公司的开办费。这是1940年前后的事。

上川实业公司由章乃器担任总经理，另由上海银行派朱汝谦任副经理，张辅仲任会计主任。业务分机械厂、酒精厂和畜牧场三部分。畜牧场购有外国奶羊，每天挤羊奶应市。因日本侵略军空袭频频，公司业务不甚顺利。陈光甫对章乃器本来很推崇，曾在一次行、社、公司同仁的集会上，特地把章乃器请来和同仁见面，称赞他是大学问家，说同仁们在研究学问上，如有问题，可以向他请教，等等。但章乃器最后仍和上海银行闹翻。上海银行（包括大业）为了息事宁人，经和章达成二项协议：一、原来的上川实业公司归大业贸易公司经营；二、成立一个新公司，取名上川企业公司，由大业贸易公司出资100万元，归章乃器经营，另给章本人5万美金。

（9）中美投资信托公司。1945年，抗日战争胜利结束，陈光甫认为在战争的废墟上重建中国，需要争取外资合作。为此，他让上海银行联合美商在美创设一家投资信托公司，资本1000万美元，取名"中美投资信托公司"。据陈当时发表的谈话，认为有了这个公司，就能为国内工商业服务，在他们向美商订购机械设备而缺乏外汇时，可由这个公司担保，以便迅速成交。在一次谈话中，他曾埋怨国民党政府大员不懂生意经，大有"曲高和寡"之意。这个公司的业务进行得怎样，在上海银行内部通讯上，未见发表，可能由于蒋政权风雨飘摇，其有利生产的贸易无法开展，该公司由于英雄无用武之地而夭折了。

（10）世界贸易公司。是为了偿还陈光甫经手的2500万美元的桐油循环使用借款而在纽约设立的，名义上属于重庆财政部的一个机构。公司的美方负责人是美国人劳海，中方负责人则是上面提起过的上海银行的夏鹏。陈光甫在这个公司里有极大的支配权。公司的许多高级职员系由上海银行调去，如任稷生就是上海银行的董事，章午云原是上海银行总行调查处的经理。后来上海银行在纽约设立驻美通讯处，基本上就是从这个班子里派人兼管的。

在抗日战争期间，世界公司的工作是卓有成效的。我们不能想象，如果让"四大家族"的人插手进去，而也能作出同样的成绩来。

陈光甫能够直接控制的工商企业和有关机构，大体上就是这些。至于他能够施加影响的和上海银行有密切关系的工商企业，数量也不少，它们多半是民族资本家经营的企业，其中有些由上海银行的高级职员担任董事、顾问一类的职务，他们把陈光甫的经营思想和作风，带进了这些企业，起到很好的效果。

五、灵活的手腕

陈光甫创立的上海银行，是他一生事业的基础。有了这个基础，对陈光甫来说，便进可以攻，退可以守；失掉这个基础，陈光甫的社会地位就会大打折扣。因此，在陈光甫的前半生，他以全部精力倾注在经营上海银行上，在他的后半生，虽然在上海银行已经不担任实际职务，但仍时刻关心，许多行动一方面是为了民族抗日战争；另一方面也是为了维护上海银行这个企业不受损害。

上海银行并不是在社会的真空里成长的。陈光甫虽洁身自好，但免不了要和社会各方面的势力接触。因此，上海银行虽标榜服务社会、辅助工商和抵制国际经济侵略，但在它的人员构成上，在它的业务方向上，以及陈光甫的个人交往上，都可看出他那灵活掌握的手腕。

在早期的上海银行，也有像郑孝胥那样的顽固人物握有少量股票，郑孝胥之于郑垂还当过中旅社的董事；甚至中国旅行社这块招牌，也是郑孝胥写的。这些事都发生在郑当汉奸之前。

1931年，陈光甫派五人任"旅行社委员会"委员，其中一人叫张水淇，留日学生，有许多日本朋友。日本胁迫组织为关内外通车效劳的"东方旅行社"时，陈光甫就抛出此人任这个旅行社的副经理（见上文）。东方旅行社结束，他离开上海银行，投奔到他的日本主子那里去了。在陈光甫的下面，明显的亲日派大概仅此一人。

陈光甫对帮会势力，原来抱适当敷衍的态度。但有一次，有个帮会集团从济南上海银行仓库里偷了2000余担棉花运沪，集团的头子向他的帮会师父张锦湖报告。由于张的协助，上海银行收回了这批被窃的棉花。因为这件事，陈光甫和张锦湖换了帖，成为异姓兄弟。

在北洋政府中，陈光甫也有一些交谊较笃的友人，例如交通总长叶恭绰就是其中之一。上海银行开办旅行部，由于叶的帮忙才能在铁路洋员的反对声中批准旅行部代售铁路车票（为上海银行增加一大笔活期存款），并办理一切旅行业务。以后叶对中国旅行社多方维护，《旅行杂志》这本刊物的封面刊头就是叶氏写的，他的游记也经常在旅行杂志上发表。

陈光甫结交了许多名流学者，对此，中国旅行社起了很大作用。这是因为许多人出国留学时，都由中旅社代办一切手续，并多方予以照顾，他们学成回国，成为名流，成为专家，在旅行中仍继续受到中旅社的服务，陈光甫与之交往，当然有深厚诚挚的感情基础。

在同业中，陈光甫是深得"人和"的。特别对"南三行"的李馥荪、徐新六等，对中国、中央银行的张公权、贝祖诒等友谊更笃，他们经常团结一致应付金融界各种事态。陈对张公权，由于1931年应付提存风浪中得到过张的大力帮助，更是胶漆相融，见人常称张是他的生死之交。解放后，张公权在国外，陈还在经济上周济过他。

在蒋政权中，陈与CC头子陈家兄弟，本来没有什么交往，但当陈光甫发现南京分行有个叫冯子栽的助理人员是两陈的表弟时，就逐步加以提升。抗战胜利后，冯已升到南京分行的经理。陈光甫每次到南京，都住在冯家。冯为人精明强干，是获得提升的主要原因，但也多少含有在政界中平衡关系的因素。

早在大革命时陈光甫就和李宗仁有交往。在40年代，李曾经两次找陈帮忙，第一次是因广西省办的乐群社（招待所性质）管理不善，要求陈派中国旅行社人员前往整顿，陈答应了他。后来桂林、柳州两地的乐群社就由中旅社承办，取得明显的效果。第二次是李任代总统时，曾要陈参加和谈代表团，陈未允。

六、宦海浮沉的始末

上海银行崛起后，由于军阀内战，影响各地分支行的发展；在大革命前夕，甚至关闭了一些分行。因此，陈光甫渴望有一个安定的政治局面，以便他有用武之地。第一次国内革命战争的军旗指向上海，他以为国家统一从此有望，工商业的发展也就指日可待。

不清楚陈光甫等银行资本家是事前知道帝国主义者收买蒋介石的阴谋，还是由于对革命阵营内部缺乏了解，单纯地以为对蒋介石的支持，就是对革命的支持，但无论怎样，以陈光甫为首的银行资本家在蒋介石抵达上海之后，就筹募了1800万元的所谓"二五库券"（内银钱业购买1000万元），在财政上支持了蒋，这是事实。陈光甫以上海银行公会会长的身份担任劝募委员会的主任委员，是上海工商界头面人物给蒋介石的见面礼。

陈光甫此举，颇得蒋介石的重视，但宋子文却不高兴了。陈光甫嗅出了宋的不满情绪，在南京政府成立后，即举家迁居武汉，以示回避。

陈光甫所以要到武汉躲避，是因为国民革命军打下去武汉以后，上海银行曾在自己的业务范围支援过革命政府。那时，武汉宣布钞票停止兑现，申汇汇水高涨，美孚、德士古、亚细亚三家石油公司和英美烟草公司停止售货，因而市面萧条，影响了军需民用。上海银行上海总行一方面接受有关国际支援武汉政府的存款；一方面以优惠汇率接受上述几家外商汇沪款项，使其恢复售货。武汉的市面，就在这样的安排下逐渐恢复。另外，桂系军阀李宗仁坐镇武汉，他和李早有交往，迁汉居住，也比较安全。

陈光甫由汉返沪，是在宁汉合流之后。宋仍不放过，他探悉上海银行仓库存有开封运沪的硝，乃以此为突破口，委托章士钊律师向法院起诉，说上海银行私运军火，企图借此查封上海银行。但这批硝实际是南京政府军政部托运的物资，持有军政部的正式护照，因此，宋计未能得逞。事后，章士钊曾力劝陈，要他和宋搞好关系。以后宋、陈之间的关系，表面虽有缓和，但暗斗仍不时发生。下举二事为例。

1936年，陈光甫自沪北上，本来计划视察徐州、济南、天津等地分支社业务，但抵达徐州后，忽得上行总行密电，阻其北上。据说有人在南京、上海放出风声，说陈这次北上的目的，是去联络韩复榘和宋哲元，有政治企图。很明显，这又是宋子文的阴谋。陈光甫被迫放弃了济南、天津之行，改在徐州和这两个分行的经理见面，商量行务。

荣家的申新纱厂，因无力清偿汇丰银行的抵押借款，有被汇丰吞并的危险。陈光甫挺身而出，联络几家华商银行组织银团贷款给申新，清偿了汇丰的欠款。宋子文眼红了，特地从南京赶到上海，在家里召集银团各银行总经理开会，商量申新的问题。陈光甫察觉宋来意不善，没有亲自出席，仅委派经手申新放款的李芸侯代他赴会。会议由宋主持，并首先致辞，认为申新欠债太多，应由银团接管。实际是接管到宋系银行，即由民族企业变成官僚资本的企业。当时，各银行的代表唯唯诺诺，都说愿照部长的指示办理。独李芸侯表示异议，他指出上海银行放给申新的款项有4000万元，是向申新放款最巨的银行。他转述陈光甫的意见是，申新资产数值远远超过它的欠款数，还没有到必须接管的程度，因此，应该让它自力更生，由银行给以援助为是。李芸侯的仗义执言，保存了荣家的申新。当他会毕回家，荣宗敬已经派他长子荣鸿元等在李家，听了李的汇报，才放下了心，并再三道谢。

陈光甫鉴于和宋子文结怨太深，对己对上海银行都不利，于是采取了下列对策。

其一是请孔祥熙担任上海银行的董事，并和孔建立起深厚的私人友谊。孔也不负陈的期望，在重庆，当陈光甫出国的时候，上海银行遇有重大事件，都由它的在渝负责人向孔请示决定。1944年召开股东大会，孔还亲自出席。每次陈自国外归来，珊瑚坝飞机场上少不了孔公馆派来的人，使陈的行李免受检查。

其二是更加团结同业，特别是加强"南三行""北四行"间的团结，遇事采取一致行动。1933年，他们成立银行票据交换所，以后对南京政府的借款，就多由银团出面办理。

其三是充分利用出使美国的机会，努力建立在美声望，以提高他在蒋政府中的地位。

陈光甫首次率领政府代表团赴美是在1936年，任务是和美国政府签订《中美白银协定》，规定由美国政府按每盎司0.65美元的价格（高于国际市场价格）向中国购买白银5000万盎司，以售银收入作为法币的准备基金，条件是中国不得将白银售与其他国家。这次谈判所以能成功，陈光甫在美政府财政部里的同学帮了很大的忙。蒋政府对陈，自此也另眼相看。

1937年抗战开始，南京政府实行战时体制，在军事委员会下面设立贸易、运输、农业三个调整委员会。由陈光甫任贸调会主委（后改贸易委员会，改隶财政部），卢作孚任运调会主委，周作民任农调会主委。陈、周都是由银行家从政。但农调会不久就流产，以其业务设农本局，由何廉为局长。周作民长期住在日本统治下的上海。陈光甫则奔走于美国、重庆之间，始终为抗战事业效劳。1938年，他代表国民党政府赴美，与美政府谈判，达成循环使用的桐油借款2500万美元的协议。为了清偿这笔借款，在国内设立复兴公司，负责收购桐油、猪鬃，并用自购汽车运至海口装船运美，在纽约则设立世界贸易公司，办理收货、售货和还债事宜。

由于陈光甫经手的借款能按照协议如期归还，他在美的个人声望迅速提高。1941年，美国罗斯福总统的私人代表居里到重庆，当面向蒋介石推荐陈光甫，称赞陈是"中国优秀的金融家"，要蒋多多向他请教。这一年，重庆成立中英、中美外汇平准基金会，由于美国的提名，陈光甫担任了基金会的主委，以后还给他加上了"国府委员"的桂冠。

1944年，他再度赴美出席国际通商会议。第二年就和美国资本家一起，集资美金1000万元，成立中美投资信托公司（见上文）。后来由于蒋介石悍然发动内战，中国大陆上战火纷飞，陈光甫虽有在蒋管区利用外资振兴工商业的设想，但为时已晚，因而没有看到这个公司在国内有任何活动。

陈光甫的对策取得了成功，特别是取得美国方面的支持这一着棋，收获更大，不但宋子文奈何他不得，就连蒋介石也不能不对他表示倚重。有这样的传说，蒋介石为了进一步获得美国援助，曾要陈光甫出任他的财政部部长，但陈没有接受。

1948年8月，国民党政府为了进一步搜刮民财，一面发行金圆券；一面禁止买卖金银和外币，规定凡持有金银或外币者都必须全部按官价兑换金圆券，过期不交的，一律没收。当时，蒋经国带了尚方宝剑来到上海，杀气腾腾地把矛头指向金融界，要他们交出外汇和金条、银元。为此，曾将金城银行的周作民拘留了几小时。陈光甫面对这种严峻的局面，和李馥荪等商量决定，并得到财政部部长俞鸿钧的同意，联合上海各商业银行，把外汇1000万美元（上海银行占200万美元）存入中央银行。这是国民党政府对上海金融界又一次掠夺。（据统计，在全国范围内，这次所榨取的金银和外币价值2亿美元之巨。）

陈虽从政，但从未入阁，而且在蒋政权内部的派系斗争中，始终采取超然态度。这是因为他担任的贸委会的主任委员，只是财政部部长下面的属吏，比不得张公权、吴鼎昌一入政府就是正式阁僚，而且还涂上一层政学系的色彩，成为名副其实的过河卒子。国府委员只是空衔，就像他当中央银行常务理事一样，同样束缚不了他的手脚。这是他比张、吴聪明的地方，不但使他自己在情况变化之际有回旋余地，而且也有可能使上海银行仍能牢牢地控制在自己手里。

后来的事实证明，陈光甫的打算，有对的一面，也有不对的一面。

七、面临十字路口

眼看国民党军队在解放军雷霆万钧般的打击下节节败退，陈光甫再一次面临十字路口。他不能为蒋介石殉葬，也不能放弃上海银行这块辛苦经营的金融阵地。

上海解放前夕，我们在《海光》月刊上看到了解放区的"土改"消息，沪宁解放后，李宗仁逃到南方，《海光》上又出现章士钊致李的一封劝他归顺人民的长信。这些都是当时当地报纸上不可能发表的，而这本银行的内部刊物上却刊登了，岂不耐人寻味！

解放后不久，上海银行内部通讯上刊出毛泽东主席把亲笔题名的《毛泽东选集》送给陈光甫的消息。据说陈的答礼是他珍藏的一部清代胡林翼的来往书信册页。胡号"润芝"，和毛泽东的字"润之"同音，字形也只差一个草字头。这是巧合，陈光甫自以为这礼物很得体，但是他忽略了毛泽东主席是中国人民的伟大领袖，而胡林翼却是屠杀人民的刽子手，以此答礼，其实是很不得体的。

1949年7月6日，上海举行解放军入城式。上海银行总经理伍克家随着游行队伍走上街头，在小东门和女子银行经理严淑和一起，大扭秧歌舞，一时传为美谈。

1950年，住在香港的陈光甫，派朱如堂和徐谢康两人到北京，表示愿意在北京投资筹办一个较具规模的招待所，但回港后不见下文。实际上，这仅仅是陈光甫和共产党打交道的尝试。这一年，伍克家因中风辞职，由资耀华继任上海银行总经理。陈要资到香港见他，资未去。陈不无感慨地说，他从前不听庄得之的话，现在轮着他自己当"庄得之"了。弦外之音，就是从此起，大陆上的上海银行，再也不能由他遥控了。

1951年，中国银行在北京举行董事会，派专人到香港邀请商股董事陈光甫、李馥荪等赴京开会。陈等在香港中国旅行社管理的新宁招待所开会商量，犹豫不决，后来北京来人答应他们请假了事。

解放后，政府把上海银行内属于官僚资本的股票没收为公股，其股额约占股票总额的4%。后来政府规定：任何企业不得握有本企业自己的股票，上海银行不得不以从市场上收购来的股票，照票面150%的价格卖给政府，就这样把公股的份额增加到35%，从此基本上是商办的上海银行就走上公私合营的光明大道。在解放区，它比全行业公私合营早走了三年。大陆上的中国旅行社则于1954年因业务萧条而结束。

上海银行在美国存有外汇，大陆解放后，陈光甫预料到美国政府可能会冻结解放区公私企业在美存款，为此，他把在美存款，转到香港上海银行户内，借以避免被冻结。香港分行成立于20年代，当时以资金港币100万元向香港政府注册，这时改名为上海商业银行，资本改为港币1000万元，向香港政府另行注册。这一招有没有收效，我们不清楚，但从此起，香港上海银行就和大陆上的上海银行分了家。而且据港报记载，在三年之后，还在台北成立了上海银行总管理处，不过未闻陈光甫亲自去主持，也没有担任职务（董事长为朱如堂，总经理为陈克恭），也许因为这个原因，遭到蒋介石的不满，直到1965年才批准上海银行在台复业。

1976年，陈光甫在台北病故，享年96岁。

陈光甫一生，曾搜集一些稀有的中外金银硬币和古文物，离沪时存伍克家处，数年前以伍妻黄梅珍的名义，献给人民政府。在香港一段时间，他致力于集邮，也有许多珍品，不知现在归于何人。

在半封建半殖民地的旧中国，陈光甫乘时崛起，不失为有理想，有魄力的民族资本家，在抗日战争中，他奔走于中、美之间，虽然和蒋家王朝靠得紧一些，但毕竟对抗战做了一些有益的工作，这和只知搜刮、置民族灾难于不顾的"四大家族"相较，功罪之间，是无法比拟的。可惜在他的晚年，在十字路上彷徨多年之后，终于在左右和后妻的劝说下，迁居台北，过了神志模糊的数年（据港报记载），直到生命结束。

（原载中国文史出版社《近代中国工商经济丛书·陈光甫与上海银行》）

上海银行常州分行的经营管理

唐汉圣　唐哲如

上海银行曾在多地设立分行，因资料所限不能一一详叙。本文及后文回忆了常州分行和汉口、郑州分行的经营情况，可以看出在遵循总行领导的基础上，他们因地制宜，开展了丰富的业务活动。

1925年前，汉圣父宜民在上海商业储蓄银行常州分行工作，1930年至抗战时期，汉圣也参加了该分行工作。在该总行统一规定下，各分行结合当时当地具体情况，得灵活运用具体措施，进行业务经营和管理。现就回忆所及，博采旧友所知，重点回述上海银行常州分行业务经营和管理措施，兼涉总行兴办副业的有关业务概略如次。

一、从便利群众出发，灵活多样，吸收存款储蓄

30年代的常州，金融业中银行、银号、钱庄蓬勃发展，鼎盛时有20余家，业务竞争相当激烈。银行主要业务是最大限度地争取游资以求得本身进一步的

发展。上海银行来常州开设分行（先设在南大街，后迁西瀛里，后来又分设西门办事处、溧阳办事处）同样是重点抓争取存款和储蓄，除了对那些资金雄厚的工商团体、富绅为对象外，特别着眼于广大群众，因为游资的最大来源是存在于广大群众之中，只有便利群众，才能争取到群众，不管存数多少，存期长短，都可以供一定时期的运用，涓涓细流汇集能成江河。所以除大力做好一般的广告和宣传外，采取多种形式，广泛吸引招揽，像不惜工本赠送年历、皮夹等纪念品；增辟储蓄种类如婴儿储蓄———一种长期的定额储蓄，每新开一户赠送1元；定活两便储蓄——给以比活期存款较多的息率，私人用支票的活期存款——存取两便；发行礼券——印制一种代金券，有红色素色两种，金额分1元、2元、5元、10元、50元等多种，印制精美大方，惹人喜爱，并备有封套以供亲朋婚丧喜庆酬应送礼之用。购买礼券时，只付票面相同的币值，不收印制礼券的工本费用，兑取时，不限于发行礼券的分支行、处，可以在上海银行的任何总分支处兑现，如果存期较长时，还给以活期储蓄的利息。当时私营银行经财政部批准可以发行钞票，上海银行经营稳慎，不发行钞票，而礼券的发行，实质上收到吸收游资和发行钞票的功效。至于一般银行开展的整存整取、零存整取、活期储蓄、活期存款、定期存款等各种吸储方式，上海银行都具备，且规定的起存点比一般的要低，如活期储蓄只要1元钱就可开户，这是因为注意到积百千万个1元钱就积成百、千、万元的资金，而这百千万个的1元钱绝不会在同一时期提取，这就排除了私营银行业最最担心的提存挤兑风险。通过这些措施，上海银行的储蓄户在各地都居于同行业的前列；常州分行拥有储户大概达全市户口半数之多，足证群众对该行的信任和欢迎。

除了用多种形式招揽存款储蓄外，还采取多种措施便利群众，如代收学费、电灯费、电力费、自来水费，代发工资等等，以此联系广大学生、居民、工人，使他们心中植下"上海商业储蓄银行"的印象。当时看来是要花费一定人力物力，似乎是有损无益，但这是一股潜在力量，能收到不可估计的效益。

像代发工资，银行接受工厂单位的应付工资名单，按户代发，可以发给现钞，也有发给储蓄折子，亦有按月收入该储户账户，待有便来行时补记储折，这样既减少工厂单位的工作量，也减少工人来行领取工资的麻烦，银行则取得了吸收游资的利益，一举三得。我行代发戚墅堰铁路员工等单位的工资，从中确争取到不少储蓄和存款。各地分行电都有类似的做法，像上海银行南京分行对铁路员工的工资，发以使用支票的活期存款凭证，以便乘务员随时随地用支票购买各地土特产之用，并给以沿路分支行处可以随时兑现的便利。甚至存户支票偶有超过存额时，尽量设法通知存户，或随时补足，或酌情代垫，减少退票，维持存户信誉，做到了存户满意，门庭若市，兴旺发达，历久不衰。

二、充分运用资金树立信誉，开展多种信贷业务

银行的资金运用，不外乎信用放款、抵押借款、押汇和汇兑，等等。上海银行的特点有：

（1）扶植较大的工厂企业。像大成公司、民丰纱厂、裕民布厂等单位，按照各厂的资产总值订定放款总额，在总额内灵活支用。银行派员驻厂监督，按月编表报行，定期汇报生产和物资流动情况，据以研究和调节放款，来确保放款的安全可靠。在工厂遇到较大困难时，采取联合放款——与工厂有关的银号、钱庄联合资放——以维持工厂的生产正常周转。

（2）用往来透支方式便利工市客户。这是一种信用放款形式。在工商企业正常生产经营的条件下，除巨额贷款采用抵押借款方式外，对信誉较好的工商企业给予一定时期内的信用透支额度。在额度内随时凭支票支用，随时归还，除订立透支契约，无其他手续，有存欠利息相抵的好处，颇受客户欢迎。这一方面是适应当时社会崇尚信誉的环境；另一方面银行采取调查研究方法，不断调查市场商品流通情况，坚持了解厂商生产、销售、资力、人

事及其组织情况，建档立卡，不仅分行掌握这些资料，并报总行调研室。总行交流有关信息，组成比较完整的信息网，使信用放款有所依据，透支额以及押汇押款等亦据以调节控制。通过这一业务的开展，在工商企业中形成了以能与上海银行开户往来为荣，能取得上海银行信贷额为本单位的信用标志。因而全市工商企业基本上都和我分行处开户往来，每天收付凭证，都有3000张左右，可见繁忙景象。

（3）承兑商号本票和远期票贴现。30年代的工商企业大都是以有限的资本，做高出资本许多倍的营业，最根本的措施是薄利多销快速周转，同时也有用开出远期支票向本市工厂批货，也有用签发本单位的远期本票向外埠采购。同样，工厂也接受远期票据来推销本厂产品。所谓本单位的远期本票，一般是三联式，一联是本票，凭以向厂商批货；一联是票根到期时备齐款项连同票根送请银行承兑，习惯称为解根；另一联是本单位存根。这种本票有委托商号所在地的银行承兑的，也可以适应售货方的要求在售方所在地的银行承兑的。我分行了解到这种环节，就拟印了由我行承兑的三联单，无偿交与有关的商号使用。由于接受远期票据的工厂除考虑签发联单的商号的信用，也注意到承兑银行的信誉，所以许多商号都乐意使用我行印制的联单，有助于扩大商号信用。对于那些要求在外地承兑的联单，经商号事前申请，提前解根，由我分行转托外地联行承兑，增加了我行汇兑业务。

由于上述的远期票据在市场流通，在银根紧迫时，或持有远期票据的单位需用现款时，就产生了贴息求现的要求。为了适应形势，我分行也就利用上述信用放款所积累的调查资料，考虑贴现单位、签发单位和承兑单位的信誉，来承接这方面的业务。从而搞活了资金，便利了厂商。

（4）利用我行有利条件广泛开展押汇、押款、汇兑业务。上海银行在国内遍设分行、支行和办事处；在香港也设立分行。上海银行的副业中国旅行社、大业贸易公司、宝丰保险公司设立更为普遍，南洋一带如河内、西贡、缅甸、仰光等地都有中国旅行社，它们都可以作为我分行的代理处联络点，这就为押汇、汇兑业务的开展，创造了有利条件。我们利用这有利条件广泛承接各地汇款，不论是工商企业或个人托汇，都竭诚欢迎。对工商汇款，除工商上门托汇外，还持续不断地调查市场情况、商品货源、经营环节，来测量我行汇款的比重，争取汇兑业务不断发展。对于个人汇款，虽数字较小，也坚持从便利群众出发，直接送款上门。我们认为汇款除有一定的汇费收入外，实际上它是另一种形式的吸收存款方式，是一种不需支付利息的资金来源，可以充短期运用。另外还承办中国旅行社发行和承兑旅行支票业务，旅客请购旅行支票时在支票上亲笔签名，旅客在旅游中随时随地可以向该地区的中国旅行社或上海银行当面签证后兑取现钞。这既减免了旅客在旅游中携带现款的风险，又满足了旅客在任何时间、任何地区取得旅游需用的资金，扩展了旅游业务，增加了资金的短期运用。这种特殊条件是任何银钱业不能做到的。

由于常州市远销产品不多，抗战时间更受影响，因而押汇、押款业务较少。大宗的有由蚌埠、苏北、皖北等地大豆输入，在采购大豆时汇款大部由我行承汇，大豆到常进仓，80%的栈单都在我行办理押款。对于栈单押款，我们定期或不定期地派员到仓库查对实物数量，抽样检查质量，发现问题，随时联系，采取措施，及时处理，或追回押款，保证押款完整收回。

三、建立严格管理体制，精兵简政，不断培育新人，开拓后备队伍

（1）在业务管理上是有机结合环环扣紧，分工负责，比较明确。总行统管全行，分支行处负责资金运用，保证完整无缺，分行按日、按月将业务日记账（包括存放款）上报总行检查处，发现问题，随时纠正。分析调研档

案资料随时报总行调研室，总行随时将有关资料通知分行，沟通信息组合成网，有利于业务的开展，亦利于监督作用。

（2）在内部制约上规定掌管公章的，绝对不管现金和各种契约单据，管库的只保管金银货币、有价证券、有价凭证和有效的合同单据（逐笔逐项登记在保管簿上，由会计登记，出纳或保管员验收，但领用时须会计签证），不能掌管印章，相互监督起一定制约作用。总行检查处每年至少一两次派员到分支行处检查，事前不通知，一般在营业时间前库房未开时到来，会同启库，或者在营业时间后，库房已锁闭，突然到来会同负责人将库门加封，第二天清晨会同负责人和有关人员开启库门。检查员首先索取订本编号的库存现金簿、总账和重要单据登记簿，据以核实现金和保管的契据，然后核对总、分账是否相符，放款押款的契约凭证、押品单据等是否齐全；一方面发出对账单，要求客户详细核对盖章证实；另方面亲临现场核实实物数量和质量、时间。对巨额存户、久存不动户，抽查走访核对，既视察各项手续的完备与否，又观测工作人员的工作态度。他们与分行工作人员同时上下班，甚至提前上班，推迟下班，全面检查，深入细致，并规定在检查未结束前不得请客送礼，严肃认真，公正不阿。上海银行的管理制度和会计规程都是在总结实践经验中制定的，不断补充，不断完善，并且派员去西欧考察，吸取国外经验，那时在同业中是比较先进的。

（3）上海银行分行的机构设置是比较精简的。一般设副经理、营业部、会计、出纳、押汇汇兑部和储蓄部，视业务多寡而确定人员之繁简，每个分行大约用15人到20人（大城市和香港等分行则用人较多），总的原则是人尽其才，不设冗员。每个人都担负着一定的工作量，像储蓄部一般设3个人，要负责全部储户的收付和账务；出纳上设收款员、付款员2人，负责全部现钞收付；会计和助理会计负责审核存放款以及业务支出等手续和执行各种制度规定，非经会计审核盖章，出纳不予付款。工作繁忙，责任奇重。所用人员大都经过一段训练，有一定工作能力。培训工作统一归总行办理，最初采用学徒制，从实践中逐步培训，除供应膳宿外给以较少的零用补助。到20年代后期大概每隔3年就招收一批青年，实行半工半读，每天上午集中授课，由富有经验和一定专长的行员讲课，有经济学、商品学、银行会计学以及服务道德，等等；下午分配到总行各部或当地的分行实习，参加实际工作，做到理论联系实际，融会贯通，领会深刻。训练时间3年，经考试合格，按成绩优劣，分配到各部门或分支行处工作。这些学员在培训期间供宿不供膳，月给津贴20元，毕业后正式安排工作，定工资50—60元，之后按年考核，论功晋升。对一般行员的待遇，按照工作职位和工作成绩定工资高低，同样按年考核，晋级加薪，每年年底大概加发两个月工资的奖金，有特殊贡献的再给予较高酬劳。这些奖金酬劳，多少不一，由经理分别赠送（总行由各部门负责人办理）。另外还规定每月扣存工资的10%，银行再加一倍代职工存储，利息高于一般存款息率，待离职或年老退休时一次支付，使离职时有相当数目的积蓄，充养老之用。从而使行员安心工作，尽心服务。

四、上海银行的副业及其业务概要

上海银行在不断拓展中举办了和银行业务相关的附属企业，有中国旅行社、宝丰保险公司、大业贸易公司（后来改为大业盐业公司）。

（1）中国旅行社，上海银行为了吸收外汇，争取外商在华贸易的外币汇款，以及承运押汇物资，先后在香港、国内各地、名胜地区，抗战时并在缅甸、越南等地开设中国旅行社。它的业务：代售代定飞机、轮船、火车、汽车等交通工具的客票，不收手续费，由交通部门给以折扣。设接待人员到站服务接送，代运行李，派员导游，设招待所、饭店——如首都饭店，以及洪都、昆明、庐山、黄山等地招待所，解决旅客的吃饭、洗衣、理发等问题，服务周到，舒适便利。并编印旅行杂志，介绍名胜古迹，招揽旅游顾客，争取外汇收入。同时刊载上海银行的广告，发行旅行支票（银行亦可发行和承兑），争取汇款利益；还承办代客报关，承运物资，负责装卸，使货畅其流，深受厂商欢迎，也保障了银行的押汇业务。特别是通过承运外商物资博得外商信任，帮助银行吸收到外商在华贸易的华币存款，如英美烟草公司，美孚石油公司，怡和、太古公司等企业的华币货款都存入了上海银行。在汇出时又做了外币汇兑业务。中国旅行社的设立，形式上是一个社会服务机构，实质上和上海银行业务息息相关。常州分行除发行和承兑旅行支票外，也曾组织几次国内旅游，获得了好评。

（2）宝丰保险公司，业务和一般保险公司相同。上海银行利用银行业务关系，开展保险业务，条件优越，取得一定成绩。各分行包括常州分行都兼办保险业务，对押放款也有一定保障。

（3）大业贸易公司，在抗战前夕，战乱频仍，百业凋敝，市场萧条，金融业随之紧缩，上海银行为谋出路拨出资金约600万元创建大业贸易公司。各地银行分行兼营大业业务，其经营范围：代华侨采购国内产品如衣着、文具、纸张等；代国内客商进口原材料如染料、人造丝、棉花等。在这两项业务中大业公司有手续费收入，对上海银行有外币汇兑、套汇和买卖外汇的差价收入，同时有稳妥的押汇、押款等业务利益。惜乎为时不久，沪、宁、汉相继沦陷，公司内迁，缩小业务，改设大业盐业公司，代盐务机构运销食盐（川盐运往黔、湘、桂、粤等边远地区），由银行垫付盐税款，稳妥可靠，有利无损，为萧条中的资金运用，找到了新的出路。其后该公司在四川又参加了章乃器主持的上川实业公司，生产以酒精为主的能源产品。由于抗战交通阻断，各分行大都未能开展与大业贸易公司的业务关系。

（原载中国文史出版社《近代中国工商经济丛书·陈光甫与上海银行》）

219

上海银行汉口、郑州分行的经营模式

马公瑾

上海银行全称是上海商业储蓄银行，成立于1915年，总行在上海，总经理陈光甫，原始资本10万元。由于陈光甫将其在美国学到的资本主义经营手段用于上海银行，使得业务不断发展，到1930年时资本就增为500万元。其分行遍设于长江沿岸及沪宁铁路一带大中城市以至华北、西北、华南的大城市；抗日战争时期，又在西南的重庆、成都、贵阳、昆明等地设立分支行，还在香港设有分行。

汉口分行成立前是一个分理处，设在汉口致祥里内（即现在汉口江汉路上海村的后面），负责人谢德良。汉口分行大约成立于1923年，在原分理处前面的歌生路临街（即现在江汉路44号）因陋就简改修行屋。为了抬高汉口分行的身价，陈光甫聘请汉口钱业界享有盛誉的协丰昌、泰昌盛两钱庄的经理龚寿征为汉口分行经理，利用龚在汉口创牌子、收存款，并同意龚仍任原两钱庄经理，任用龚的长子龚榕庭为汉口分行营业员。谢德良则为副经理兼管库房钥匙，周苍柏为第二副经理，联系外商业务。其余会计、出纳人员均由上海总行调来，仅在汉口招收练习生和勤杂人员。

1925年（或1924年）陈光甫的亲戚赵树荣在汉口分行挪用行款数万元，

总行就认为是谢德良将库房钥匙交赵使用所致，因而将谢解职。龚寿征以总行责其失察愤而离职，其子龚榕庭也随之去职。这时汉口分行的业务已经有些基础了，即由总行另调唐寿民来任经理，周苍柏仍任副经理。1926年在原行址建造了新屋。1927年汉口分行成立了工会，唐寿民抗拒职工合理要求，潜逃上海，由周苍柏代行其职；不久，周即任经理（周任经理一直到1938年汉口分行撤退去重庆时为止）。蒋介石发动"四·一二"反革命政变后，陈光甫不仅解散了上海的上海银行工会，开除工会中的骨干，而且对广州分行和汉口分行也是如此，先把工会解散，再把汉口和其他分行工会负责人共三人调至上海开除了。

我是1931年1月进汉口分行任初级试用助员的。进行时，看到该行是以"服务社会"为宗旨，既"辅助工商实业"又"抵制国际经济侵略"，当时认为很不错。

汉口分行在汉口的声誉比之其他一般私营银行为高，甚至超过上海银行的其他分行在其当地的声誉。原因是这样的，1927年武汉国民政府发行的是国库券钞票，后来因集中现金，国库券不能兑现，币值不断下跌，而汉口分行在此期间却为存款人保存了币值。当时汉口分行的办法是，对现金集中前的存款按存入数全部付给现款，对现金集中后的存款按存入日的折扣付款。它这样做并不吃亏，关键在于利用了申汇汇价。所谓申汇汇价，就是把款由汉口汇往上海的汇率，如国库券当日汇价为9折，则在汉口交国库券10元，在上海只付申钞9元。最低汇价曾达1折左右，即在汉口交10元国库券，在上海只付1元左右的申钞。因为武汉政府币值受时局影响逐步下跌，而上海申钞（即中国银行、交通银行等在上海发行的钞票）币值没有受到它的影响，所以将收进的存款全数按当日汇价委托其他银行、钱庄汇往上海存在上海分行，需要时再行汇回，汉口分行就毫无损失。如果汇兑处理得法，还可获得一些盈利。汉口分行就这样"一箭双雕"获取到社会上的信任。我进汉口分行时，正是上海银行存款大增、业务繁盛的时期，全行存款达1亿多元，其中汉口分行的存款占相当比例。就是这一年（1931年），汉口分行承做食盐押款因水灾受到一些损失，波及南京、上海分行的存户大宗提取存款，而汉口分行的存款所受影响反倒不大。一方面，因汉口存户就地了解食盐押款的损失情况，知其并不严重；另一方面，主要的是上述处理国库券存款时已取得的社会信任。

1931年，汉口分行在原有的郑州分理处（附在郑州中国旅行社内）的基础上向河南发展，我在是年终调到郑州分理处工作。1933年成立郑州分行，不久在开封设立支行，吸收存款，办理汇兑。郑州分行成立前后，在河南、陕西沿陇海线西段及京汉线河南境内设立办事处、寄庄。当时在信阳、驻马店、漯河产杂粮地区派1—2人设立寄庄（漯河寄庄不久改为办事处）；在信阳主要做食盐押款及汇兑业务，在驻马店、漯河承做杂粮商运销汇兑业务。在安阳、陕县、灵宝、渭南（后来移归西安分行管理）产棉地区设立办业处，主要承做棉花押款、押汇业务，还承做一般存款、汇兑业务。在潼关、洛阳设寄庄，承做汇兑业务。那时郑州分行在陇海线西段设行有个特点，即跟着铁路延伸情况向前发展，如陕州、灵宝、潼关、渭南等办事处以至西安分行都是在未通车前就开始筹备，通车后甚至通车前即开始营业。有的寄庄如信阳、驻马店、漯河三处客户均为中小杂粮商，需要运进银圆购进外地短期汇票。其中信阳、驻马店二庄因人事关系，漯河办事处因1935年停用银圆业务大减，均于1935年先后撤销。棉花业务主要做法是由上海或汉口调来资金（常用火车运银元或钞票），以当地打包厂棉花栈单或一般棉花仓库仓单做押款，待棉花打成机包装上火车后，凭铁路提单承做押汇到上海赎取。1933—1934年资本主义世界经济危机波及棉花市场，致使棉花价惨跌，郑州分行吃了几十万元的倒账。于是又调整人员，缩小范围，到抗日战争前夕，仅有郑州分行和陕州办事处了。潼关寄庄系中国旅行社代理，因而没有撤销。

1933年，郑州分行还设立了农村合作贷款部，贷出的款项虽不多，但放款的对象却比较多，一般是以某某合作社的名义前来借款的，放款地点主要在陇海线西段产棉区。从当时农村的社会情况看，这些合作社不可能由农民主持，因之全部贷款中究竟有多少贷给了贫苦农民，或者只作些点缀，由于当时未作了解，尚不得而知。后来听经办人说，洛阳有一个合作社，招牌就挂在一家豪绅的门上，贷给现洋2万元，全部由这个豪绅支配转而盘剥农民。

　　抗战胜利后，我于1946年夏调任为汉口分行副经理。这时汉口分行的经理是崔思恭（崔自抗战胜利后任分行经理直到武汉解放后全市私营银行公私合营时）。当时的业务从表面上看，仍是收受存款、经营汇兑、承做押款押汇、办理外汇，继续为资本主义工商业服务，但实际内容却与抗战前有很大的不同。如前所述，抗战前的上海银行在"辅助工商实业"方面是起了一些作用的，那时汉口分行的储蓄存款和民族工商业的往来存款（具体数字记不清）不仅比较稳定，也占很大比例。当时虽也与很多外商和教会及教会学校有存款汇款关系，但它们仅以一小部分存汇款交上海银行，大部分交外商银行。可是到抗战胜利后情况就不同了，汉口分行的存汇款转以外商、教会和教会学校为主，汉口英美颐中烟草公司等外商把大部以至全部存汇款交汉口分行。当时在汉口颐中烟草公司、美商德士古、美孚煤油公司、英商亚细亚煤油公司等外商，每月要收配售香烟、煤油贷款数次，因交款数字很大，常引起市面银根吃紧。因此一般银行、钱庄周转的资金势必不够，汉口分行由于吸收外商售货后的大宗存款，就可以贷给这些银行，钱庄以解决其资金不够周转的困难，从而汉口分行在银钱业中颇有名气，可谓是"盛极一时"。在这些经营活动中，汉口分行是有厚利可图的。外商存款是要汇到上海去的，在缴烟、油款的一两天内，因市面银根吃紧，申汇汇价下跌，即在汉口交900多元（甚至出现过800多元）到上海可以得到1000元。这时汉口分行就利用有利于己的汇价，把款大部分汇到上海备用。等到外商要汇款时，市面银根转松，申汇汇价又逐步上升，汉口分行就按上升了的汇价向外商结算。这一跌一涨之间，可以捞到很大的汇兑收入。当时的汉口分行真是"名利双收"。

抗战胜利后，外商之所以把大宗存汇款交汉口分行，这是因为外商银行不收其他银行、钱庄的票据而要收现款。当时伪法币和金圆券一日数价，仅仅一箱香烟或一桶煤油就要交若干万甚至若干亿的现钞，点交困难，要求收现款就不易办到。而汉口分行可以用收取其他银行本票和钱庄庄票的办法代替收现钞，解决了点交困难的问题，这是其一。其二，还有一个重要原因，就是上海银行原任总经理当时任董事长的陈光甫已经投靠了美帝国主义，得到美、英垄断资本家的信任，陈光甫原所标榜的"抵制国际经济侵略"的经营方针，已不提及，上海银行在某种意义上来说已变成帝国主义经济侵略的工具（关于陈光甫的演变情况，杨桂和先生写有《陈光甫上海银行》，介绍颇详，见全国政协《文史资料选辑》第23辑）。解放前几年中的汉口，百业凋敝，物价飞涨，其他不少私营银行因存款汇兑减少，收入下降，甚至有始钱蚀本者，而独有上海银行汉口分行存款汇兑多（但一般工商业存款和储蓄存款如同其他私营银行一样，仍为减少），收入大，每年都有相当结余，其根由就在于为外国垄断资本服务而分其一杯羹。

（原载《武汉文史资料》）

上海银行重视信息管理

陈曾年　　顾柏荣

"大数据"是当今的热门领域。而上海银行早在20世纪初，就已经预见到信息收集的重要性，甚至专门设立了调查部门，这在当时的环境下是相当具有前瞻性的工作，十分难能可贵。

上海银行创建于1915年6月，由原江苏银行总经理陈光甫与庄得之（后来任该行董事长）等人集资组成，陈光甫任总经理。上海银行创建时规模甚小，只有几个办事人员和10万元资本。但是，它的发展却相当迅速，上海银行的经营成功有诸多因素。中国人民的反帝运动客观上为民族企业的发展提供了广泛的社会基础，而陈光甫在行务方面锐意改革，倡导"服务社会""不断改革"的精神，并建立了一套比较完善的信息网络，把加强调查研究和科学经营管理作为推进业务之根据，也是该行经营成功的一个重要方面。

陈光甫曾说："凡事均宜刻意研究，从不知而求知。本行既为商业银行，所办之事皆为商业之事，则一举一动皆应与商业合拍，方不愧商业二字。现将聘请对于丝、布、纱、糖、棉花以及其他种商品富有经验者为顾问，一一研究其来源出处，工本若干，售价若干。举凡涨落之比较，销路之淡旺，时间之关系，市面之需要，无不加以彻底之研究。"①为了能与商情"合拍"，上海银行总行和各分支行处专门设置了调查部门。陈光甫把调查部门称为"银行之最重要部门"。调查部门的主要任务是收集各方面的信息，包括：1.国内外政治形势，国内外召开的各种重要会议；国际黄金市场价格升降以及金融、币制、汇兑、证券发行等情况。2.国内外经济形势；国民党政府的经济政策变化。3.各地产品的产销情况，进出口价格，季节性变化等。涉及的行业有米、麦、面、豆、糖、盐、蛋、芝麻；棉、纱、布、茧、丝、毛、麻、纺织；化工、原料、建筑、五金、日用杂货、文化卫生用品等。国内各主要商号的资本、信用、营业情况；各主要工厂的生产成本、经营情况；各主要学校的师生人数、经费源流；甚至农村的情况也都进行调查，调查结果均作系统的记录。专职调查部门还要研究调查方法、制定调查规划，并接受其他部门委托的调查任务，根据调查所得编制放款统计、商品丛刊、各项专题调查报告，以便总经理随时批阅；搜集到的各地经济资料则分类整理，依次归档，以便取用。各部、处及各地分行每月均规定要向总行报告当地市场情况及金融动态，并对有存放关系的同行信用作调查，掌握它们的营业情况。总行还在纽约设立了通讯处，配备专职人员调查、收集国外的投资技术、市场动态、国际贸易、汇兑收解、国际政治、金融经济、产业结构等各项资料。除此以外，上海银行还经常召开各种专业性的研究会议，并设立了经济研究室、棉业研究委员会、农业研究委员会等，通过研究提出建议，供领导决策参考。该行有时还聘请国内外专家讲学或担任顾问，以便指导调查研究工作的开展。

除各级机构设置专职调查部门外，上海银行还规定了各级领导的考察视察制度，以便能加深了解周围情况，扩大眼界。陈光甫本人以身作则，每年

---

① 1920年10月15日在总行行务会议致词，见《陈光甫先生言论集》第22页。

都要到外地考察，还数次赴欧美等先进国家考察金融业务。为了发掘人才，该行还把最有培养前途的职工派至国外实习，吸取新经验，为扩大业务作准备，前后共有十余人之多。回国后请他们谈感想，介绍情况，使更多的人了解国外的银行、经济、商业动态。陈光甫还要求各地分行经理"每年必须旅行一个月，出外游览，无论去往何处，均听自由，本行供给旅费，借以放宽目光，增加知识"。

对于行内的一般职工，陈光甫很乐意听取各方面的意见，以便博采群言，使改革有据。他曾说："凡是行务有应兴应革事项，同人有所建议，尽可尽量发挥，甚望能以卓见远识充分贡献于行。虽各有所司，难于越俎代庖，混淆权限，但本行博采群言，凡所言确有见地，极愿容纳，借收交换知识之效，谋行务进行之利。"并说："无论在布置上、设备上、管理上、营业上之问题，无事不可因研究而发生新意，如有所得即可书面或口头相告。"上海银行总行还实行一种聚餐制度，每星期四各部门和本市各分支行各推一人参加。参加人员可以自述己见、互相学习、集思广益、了解情况，并可以联络彼此感情。行之数年，卓有成效。实际上，上海银行开创的一些业务大都是从行员建议中得到启发而发展起来的，如为学校代收学费，发展到大学开设办事处，使学生们知道有上海银行的存在，学生们去办事处开户，奖纪念笺、订赠报纸，并派人在民众教育馆、广播电台宣讲学生储蓄，以扩大影响。还有开办教育储金等。经常倾听下情还能对意外事件有所防范，如发现资金呆滞现象就及时疏导，出现舞弊迹象便及时予以堵塞，等等。

为了把通过各方面收集到的大量信息进一步发挥作用，上海银行出版了《海光》月刊，先后达十余卷之多。这份刊物专门介绍国内外银行的先进管理方法，国内外发生的金融事件，各埠商业情况，各分支机构及各部门的工作情况，并有系统地向行员介绍银行业务和经营管理知识，以及各项专业性的调查报告等。行刊除提高行员素质外，还能联络总分行思想感情，相互

"沟通消息"。起到"观他方得失而资以借镜"和容纳建议的作用。上海银行出版的书籍、刊物也很多，如征文集、视察日记、谈话录、经济论文集、各国银行制度考、商品丛书、米、面、纱等生活必需品的调查、本行存款情形、法规撮要等。调查部门编制的营业、金融、商情等项情况报告则每周印发分送各分支机构参考，起到了传播信息的积极作用。总行还设有图书室，经常添置新书，鼓励行员阅读。陈光甫本人也博览群书，并经常向行员介绍中西新书与文章，认为"读书是吸引新知识之来源，居今之世若不时时输入新知，以求增加学识，则办事将有难于应付之虞"。

上海银行创办的中国旅行社是中国人自办的第一家旅游机构，对上海银行来说，更起着相辅相成、互相促进的作用。上海银行的旅行支票可以使旅客在各地的中国旅行社使用，旅行社又是上海银行的先锋队，"本银行欲往某地发展，先在某地办旅行社，取得社会一部分同情后再设银行"。陈光甫很重视中国旅行社在宣传上所起的作用，认为"为社会便利计，又为本行之宣传计，此种宣传力甚大，人人知有旅行社即知有上海银行"。对中国旅行社发行的《旅行杂志》则认为"稿件甚佳，编辑亦善，唯广告不多，亟宜设法推广"。

完善信息网络、加强调查研究的目的主要是为了改进经营管理和作为推进业务的根据。陈光甫说过这样一段话："本行积30年之经营，一切行动无不息息与国内外经济动态相关联，故吾人欲求经营技术之改进，必须时刻检讨国内外经济动静，工商金融之趋势，予以不断研究，就研究所得为推进业务之根据。"实际上也正是如此，如对各行庄、工厂、农村、学校的调查研究，使该行的业务对象不断扩大，信用得到保障。对各地商情的调查研究，导致了各地分行的增多，业务范围的扩大。对各国银行的调查研究，使该行内部的管理制度日趋完善。

（选自中国文史出版社《近代中国工商经济丛书·

陈光甫与上海银行》，1991年）

首推农贷的上海银行

上海银行不仅观注民族工商业的发展，也观注农业的发展。它首推了农贷，甚至比中国农民银行更早，并且其方式更加先进合理，给了农民实惠，打击了压榨农民的高利贷等。虽限于当时社会环境，未能发挥出更大作用，但仍是一开先河而利国利民的金融活动。

上海商业储蓄银行简称上海银行，由陈光甫、庄得之等发起筹设，1915年6月正式成立，陈光甫任总经理，庄得之为董事长。开办时资本10万元，初期办理一般存放汇业务，由于经营得法，信用良好，发展到1000万元的资本，一跃而为上海著名的"南三行"之一，与浙兴、浙实并驾齐驱。该行原设商业部与储蓄部，1917年增设国外汇兑部，1923年增设旅行部，1926年旅行部改为中国旅行社，作为该行附属机构。开办农贷是1931年的事。

开办农贷的动机与条件

陈光甫在旧中国是金融界著名人物，办事有远见，富有探索创新的精神。上海银行成立后，陈光甫提出以"服务社会"为办行方针，认为商业银行不仅为城市工商业服务，而农村为工业生产提供原料，为商业提供贸易物资，主张城市资金应该流向农村，把广阔的农村作为银行服务的重要基地，商业银行的业务才有发展前途。本来，商业银行吸收的存款，一般都喜欢对工商界做短期放款，不愿把资金投放到农村，实际上我国民族工商业受到帝国主义的经济侵略和压迫得不到发展，因此银行资金也找不到出路。同时，由于内政不修，连年天灾人祸，农民濒于破产。在都市资金有多余而农村经济十分枯竭的情况下，陈光甫为了缓和城乡资金供求的矛盾，认为开创农贷业务，办理农村放款，是刻不容缓的事。这是上海银行开办农贷的动机。

上海银行是由私人集股创办的，资力比较薄弱，资金投放到农村去，为了保障存款户和银行本身资金的安全，不得不慎重其事。1931年，该行先与华洋义赈会和金陵大学农学院合作，分别在河北省和安徽省做小规模试点，摸索前进。通过两年的试点，初步取得了经验，证明银行把资金投放到农村去，资金用于生产，农民守信用，还款有保障，从而为兴办农贷业务进一步树立了信心。在农贷试点取得经验之后，陈光甫着手延揽人才，建立策划机构，积极创造条件，把工作推向前进。1933年，该行正式成立农村贷款委员会，聘请杨介眉、赵汉生、卓铺诗、郑健峰和邹秉文为委员，邹秉文为主任委员。同时，在总行设立农业合作贷款部，主管农贷业务，由邹秉文兼主任。邹秉文为我国农业专家，曾任国立东南大学农科主任（现任国务院农牧渔业部顾问）。聘请南京金陵大学农业经济系主任、农业金融学教授徐仲迪为农业合作贷款部副主任，主持研究设计工作。侯厚培、严恒敬等担任贷款部具体工作。条件既已具备，他们在各自的工作岗位上勤勤恳恳、艰苦奋斗，不久，该行开创的农贷在全国农村打开了新的局面。

农贷业务的发展

商业银行办农贷，上海银行是第一家。中国银行、交通银行两行以及声称农贷专业银行的中国农民银行办农贷都较迟。上海银行办农贷，在开展业务过程中大致可分为三个阶段：1931年到1932年为试点阶段，农贷对象以信用合作社为主，贷款金额不多。1933年为开创阶段，农业合作贷款部成立后的第一年，对信用合作社贷款计98处，对农产运销合作社贷款计7处，对农业仓库贷款计25处，对农民抵押贷款所贷款计1处，发放贷款的对象共计131处，1933年底贷款总金额为1022596元。1934年到1936年为扩充阶段，1934年起贷款区域逐步扩大，到1935年6月底止，贷款区域扩大到10省2市，各种贷款对象共达906处，最高农贷总金额为5360370元，到1936年底为6080000元，3年内贷款金额增加6倍多，发展极为迅速。

上海银行提倡城市游资向农村流，先后在农村开辟了6条渠道。也就是说，农贷的对象主要有6个方向，其中以合作组织为主，合作组织又分为农业生产运销合作社和农村信用合作社两种，此外为农业仓库、耕牛会、农民抵押贷款所和其他农业贷款共计60类。

（一）农业生产运销合作社：是从事各种农业生产和运销农产品的农民自有团体。该行辅导组织的农产运销合作社规模之大，当时在我国历史上是空前的。

该行办理农业生产运销合作社的目的首先是促进农业生产。当时，农村资金枯竭，农民贫困，无力购买生产资料如肥料、农具等，影响了生产，农产品产量低下。以当时的棉花产量来说，每亩平均皮棉产量只有25斤。该行通过生产贷款，提高农民购买力，添购生产资料，促进了农业生产。其次是改良农产品的质量，当时许多农业改良机关如棉产改进所、农事试验场等都希望有一种农民团体作为农业推广的桥梁，该行提倡的农产运销合作社，既解决了农业推广的桥梁问题，又解决了银行农贷的对象即贷款渠道问题。这种组织受到棉产改进所和农民的欢迎。如各棉区原种的本地棉，纤维短，产量低，棉产改进所推广具有纤维长、拉力好、产量高的斯字棉和岱字棉之后，改进了棉花的品质，提高了棉花的产量，增加了棉农的收益。

农业生产运销合作社的经营方式可分为：（1）各个生产，共同运销；（2）一部分各个生产，一部分共同生产，共同运销；（3）共同生产，共同运销。核发贷款，均由当地有关的农业改进机关会同该行派驻人员共同审核和发放。该行在贷款过程中，之所以要当地的有关农业改进机关派员参与其事，实行审查监督，这是因为当地的机关社团对农民的情况熟悉，既有利于达到农业改良目的，又为该行减少派出工作人员，更可得到贷款的保障。组织这种合作社的先决条件是对组织农产运销合作社所在地区必须是经济作物区，并须有农业改良机关合作。

该行对农业生产运销合作社贷款的种类计有棉花、茶叶、蚕丝、烟草、甘蔗、杏仁、小麦、猪只、菱白、土布、草纸等，而以棉花产销社为最多，范围也最大。至1935年6月底止，棉花产销社共计122个，分布在7省，社员共42144人，棉田共计有722269亩，贷款共2008139元。其他产销社244个，范围不若棉花产销社大，贷款数也较小，贷款金额共为982923元。

（二）农村信用合作社：这种合作社最初是在当地从事农村救济工作、农业推广工作或农村教育工作的机关团体辅导下成立的，是农民自己组织、自己经营和自己享受利益的群众性的乡村金融机构。因资金不足，以严密的组织，集体的信用，向银行贷款，也可兼办银行业务。以当时信用社来说，大多只办贷款业务，办理银行存款、汇兑业务的则很少。

信用合作社在我国倡导已久，后来各省有合作指导委员会的设立，是对合作社管理、登记的法定机构。该行不直接派员组织，只是组成后派员检查，检查时注意两点：第一，经合作行政机构承认并登记；第二，组织健全有适当的领导人。当时该行内部把信用合作社划分为三类：第一类未承认，未贷款。在组织管理上尚存在问题，须加以整顿后再研究可否贷款。第二类已承认，未贷款。组织管理比较健全，可以贷款。第三类已承认，已贷款。组织健全，可扩大贷款。

信用合作社的组织分互助组、单一信用社、兼营信用社和信用合作社联合社四种。互助组是信用合作社的准备组织；单一信用社是单纯经营信用贷款的合作社；兼营合作社是信用社兼营农产品加工和运输业务的合作社，如山东历城区信用合作社兼营棉花运销和加工业务，有的兼营合作社是兼营水利建设，主要是凿井；信用合作社联合社是在一定地区内由两个以上的信用合作社联合组成，业务范围大，经济力量强，如汤山信用合作社联合社、乌江信用合作社联合社等。乌江信用合作社联合社比较完善，兼营银行存放汇业务，当时在我国是乡村银行的雏形，它是经过上海银行总行和南京金陵大学农学院作为提倡和实验合作事业在乌江试办的。

信用合作社的贷款，以供给社员需要的生产资金为主。至1934年6月底止，该行贷款的农村信用合作社有352个，分布在7省1市，贷款总额78万元，以江苏省为最多。

（三）农业仓库：农业仓库主要是农民融通资金的一种机构。办理农业仓库的目的是：（1）在农产收获季节，农产品大量上市，农产品价格常被商人压低，农民为了免受贬价的损失，可以向农业仓库储存农产品，以便在适当时候出售。（2）农产品储存仓库后需要用款时可押款，以应不时之需。（3）农产品在仓库储存后，储户随时可以向仓库接洽赎取押品，自由处理。（4）办理农业仓库，也有积谷防荒的意义，但从实际情况来看，农民的目的以储押贷款为主，是一种抵押贷款的方式，用以融通资金。农业仓库储存的物资首先以稻、麦、杂粮为主，其次为棉花等农产品。仓库的房屋大多是利用乡镇的公共房屋如庙宇祠堂，加以装修，因陋就简，不出租费。其业务除办仓储外，亦有兼办运销加工业务的，如邢县民众教育馆主办的农业仓库兼办运销小麦业务。仓库规定必须保险。

该行贷款的仓库有三种：（1）自办仓库，由该行派员筹设并管理，如宜兴县的和桥仓库；（2）特约仓库，由地方团体主办，该行供给资金，如昆山县农民教育馆主办的仓库；（3）合作社兼办的仓库，这种仓库的优点是仓库管理人员由合作社职员兼任，开支费用省。利息和盈余归社所有，增加合作社收入。

至1935年6月底，该行在江、浙、皖3省11个地区办理50处仓库，贷款总额为1359642元。

（四）农民抵押贷款所：是一种改良的小型抵押贷款机构。最大的特点是农民可以农具或生活用品为质押品，取得贷款。目的是为经济条件较差而未加入合作社的农民融通小额资金的金融机构。

这种贷款机构是仿照旧式典当加以改良。典当在乡间为农民所熟悉，但旧式典当有许多陈规陋习，如押款期限偏短，到期不赎，没收押品，对押品百般挑剔，估值偏低。经改良后的农民抵押贷款所，与农业仓库性质相似，但抵押品不限于农产品，衣服首饰、小农具、农家生活用品都可抵押。期限加以合理限制。抵押期分两部分，春夏为一期，称为衣物抵押季，这时期天气温暖，生活用品闲置，可以到抵押贷款所押取贷款，同时催赎抵押的农产品。秋冬为一期，称为农产储押季，这个时期秋收登场，农民可以用农产品储押贷款，同时催赎生活用品。因农民生活用品不多，到了冬天也需应用，此时赎回甚是需要。这样一来，农民可以适当地有计划地办理储押贷款，农民称便。此外押物办理十足保险，较旧式典当更为妥善。

农民抵押贷款所分两种：一种是该行自办的如东台县大丰农民抵押贷款所、江宁县湖熟农民抵押货款所。还有一种是合作社兼营的如东台县裕丰村合作社附设的农民抵押贷款所，该所至1935年贷款达9万多元，到期不赎需要转期的不到1％。

（五）耕牛会：耕牛会是作为信用合作社的预备组织。会员向银行贷款，以耕牛为担保。耕牛会亦有其特点：（1）从耕牛头数可以推测其种植的田亩数、生产资金需要量及其偿还能力。（2）可以促进耕牛的保护。由于耕牛作担保，耕牛会要大家关心耕牛的饲养管理。耕牛联合会聘请兽医定期为耕牛注射防疫针，保障耕牛的健康，同时还办理耕牛保险。至1935年6月底，该行在江苏省江宁县、江浦县和安徽省宣城县组织有9个耕牛会，贷款179705元。

（六）其他农业贷款：一种是该行参加农业贷款银团。该银团是由上海银行、金城银行、浙江兴业银行等共同组织成立。上海银行参加该银团搭放的农业贷款计有：

1. 陕西省水利局局长李仪社是深孚众望的水利专家，该局为预防旱灾，兴修水利，向农业贷款银团借款150万元，用以凿井、修筑径惠渠和洛惠渠，上海银行承贷22500元，受益棉田90多万亩。

2. 导淮工程处向农业贷款银团借款750万元，上海银行承贷60万元。

3. 黄河修理工程处向农业贷款银团借款计200万元，上海银行承贷22万元。

4. 浙江省蚕桑改良场向农业贷款银团借款300万元，上海银行承贷39000元。

总计该行搭放1084000元。

另一种是合作代办的农业贷款。

1. 该行与华洋义贩会合办贷款。1933年通过华洋义贩会在河北省贷给农民的贷款计4400元。

2. 该行与金陵大学农学院合作，贷给乌江农业推广实验区5000元购买轧花机，该行承贷2000元。

3. 该行与宜兴县和桥蚕桑改良会合作，通过蚕桑改良会贷给蚕农资金1500元。

4. 该行与广东省甘蔗试验场合作，通过试验场贷款373000元，受惠蔗农367户。

5. 1935年该行与各省农事机关合作办理的农贷，计江苏省13处，贷款1万元；陕西省1处，贷款2000元；湖北省1处，贷款1000余元。

贷款用途和期限

该行办理农村放款，强调必须用途正当，确实用于生产，并能促进生产，增加收入，防止挪用贷款或浪费贷款。就银行方面来说，贷款落在正当用途上，还款就有保障。至于用途的监督，层层把关，或由贷款单位如信用合作社互相检查和监督，或由介绍贷款的单位如蚕桑改良会进行督促和抽查，有时该行在贷放过程中派员从旁参加监督或事后进行抽查。

（一）生产贷款：主要用于购买生产资料如肥料、耕畜、农具等。此项贷款尽可能结合实物发放。该行和农业改进机关合作，用贷款来促进良种的推广，即在贷款中以一部分用于购买良种和其他实物，如棉农贷款由棉产改进所供给斯字棉或岱字棉优良棉种，茶农贷款由茶叶改良场发放种苗，蚕农贷款由蚕种改良场推广无毒改良蚕种。这种贷款占该行农贷总数的70%。

（二）加工贷款：这种贷款用于购买农产品的加工设备。如棉花加工用的轧花机、打包机，制茶用的烘烤机等，大多是由集体购置，供社员应用，或集体加工。酌收费用，归还贷款。这种贷款占该行贷款总数的15%。

（三）运销贷款：即农业生产运销合作社用于运销农产品的周转资金，如运费、税金等。这种贷款约占该行贷款总数的5%。

（四）水利贷款：主要用于兴修水利所必需的资金，如凿井、开渠等。这种贷款约占该行农贷总数的10%。

关于贷款期限，因该行是私营的商业银行，无力举办长期贷款。从上面所列四种贷款用途来分析：生产贷款和运销贷款的期限一般不超过1年；加工设备贷款的归还期视加工收入而定，大多也为1年，有时为2年；至于水利贷款，大多以所收水费来归还。兴修水利的工程至少需要3年到5年，因此这种贷款期限一般为3年，最长不超过5年。还款期限虽订有合同，但如遇有人力不可抗御的特殊情况，取得银行同意后，仍可变通办理。

客观的评价

1935年，陈光甫在上海银行行刊《海光》上发表一篇文章，题为"值得纪念的三件事"。第一件事是开办国外汇兑；第二件事是创办中国旅行社；第三件事就是办理农村放款。说明了上海银行的农贷是陈光甫非常重视的一件事。银行办理农村放款，区域分散，金额零星，手续烦琐。就当时社会制度和经济情况来说，上海银行的农贷，在短短六年中，是取得一定成绩的，具体表现在七个方面。

第一，活跃了农村金融。我国农村多年来经过军阀的割据蹂躏，贪官污吏的敲诈勒索，以及连年遭受水旱灾荒，农民濒于破产，民不聊生，不但城市金融界不敢到农村投资，而且农村富户反移居城市，资金集中城市，农村患有贫血症，促使农村经济衰退。上海银行在这种形势之下，能以商业银行的性质提出"资金向农村流"的主张，不但聪明而且及时。该行创办农贷之后，带动了其他银行乐于向农村投资，在一定范围内活跃了农村金融。陈光甫说过：救济农村当然是一件刻不容缓的事，农贷虽然是我行发起的，继而同业中都知道这一类放款对国计民生有重大关系，也和我们取同一步骤，通力合作，把城市游资投放到农村去，从而扩大了农贷资金的来源。所以说，上海银行开创的农贷在一定范围内起到了活跃农村金融的作用。

第二，冲击了农村的高利贷和中间商的剥削。农村私人借款利率很高，据1935年江苏省的调查：借款利率月息在2分以上的有23县；3分的有9县；4分至5分的有8县；8分的有3县；10分的有6县。利率之高，骇人听闻。而该行贷给华洋义贩会的农贷利率只有月息几厘，由华洋义贩会转贷给农民月息1分。又如东台大丰境内农民要借款，须到一百几十里外县城的典当办理押款，因本人去县城费用大，委托当地交通机关代办，取手续费每次1角（往来2次），典当要收押款利息月息2分，又加管理费1分，借款人的负担实在太重。自该行在该地办理抵押贷款后，只收月息9厘，不取其他费用，农民称便。安徽乌江的当地私人借款，月息为3分至5分，自该行对乌江信用合作社贷款后，私人借款利率降低到月息2分。

第三，促进了农副业的生产。该行发放农贷资金，主要用于生产。反之，农民如得不到这些贷款，无力购买生产资料，必然影响了农业生产。此外，农村有许多副业生产，因无资金而不能兴办，如江苏唯亭和淮阴的养猪，句容的烧缸，都是生活必需物品，又是有利可图的农家副业，但无经济力量举办。经该行贷款后，这些生产事业兴办起来了。湖北省武昌第六区需要兴修水利，因缺乏资金而搁置已久，经该行贷款4000元，组织塘堰利用合作社，修筑塘堰，解决了灌溉问题，增加了农业生产。1935年陕西省水利局得到该行和其他银行合放的贷款后，开凿泾惠、洛惠两渠，可灌溉农田40万亩，解决了干旱问题，增加了棉花和粮食的产量。

第四，增加了贷款社员的经济收入。经贷款的社员从以下几方面增加了收入。

1. 借用的生产资金的利息得到减低，购买生产、生活用品的价格有了降低。该行一般农贷利率为月息1分，如从私人处借入须2分至3分。如乌江信用合作社借款3次共78100元，月息为1分，只占私人借款利率1/3，可省利息17200元。东台大丰农民抵押贷款所发放抵押贷款24000元，农民可省手续费26元。陕西泾惠渠合作社兼办供销部，供给社员生产和生活必需品，价格一般比私商较低。

2. 减少商人中间环节，提高售价，增加了社员收入。如山东临朐县蚕桑区组织蚕农合作社，将2500担干茧直接运往无锡新华丝厂出售，每担19元至20元，较一般蚕农每担增加收入一倍多。陕西杏仁产销合作社运销杏仁至天津、青岛等地，每担售价45元至48元，较当地价高出4元至5元。陕西省泾惠产销社自办棉花加工设备，轧花费用较当地轧花商的价格低3/10。此外，商人的陋习，对棉花掺水掺杂，影响棉花的品质，办合作社后由于有严格检查就可避免。

3. 平稳当地物价。在旧社会，各地的商人往往垄断当地物价，尤其是在穷乡僻壤地区更为猖狂。自办合作社后，物价趋于平稳。

第五，消除了金融界向农村放款的顾虑。过去都市金融界对农村和农民有错误的看法，怀疑农民是否守信用。农村放款期限长，成本高，风险大，问题多，投资是否有保障？该行通过实践，以事实说服了金融界："农民是守信用的。"据该行统计，按期还款的达90%，因故延期还款的不到10%，吃倒账的则未发现。这主要是农民守信，此外，组织严密和严格审查用途也是能如期收回贷款的一个原因。

第六，协助了农事机关的农业推广工作。该行有一部分农贷是协助农事机关采取实物贷放方式办理的。如协助棉产改进所推广斯字棉、岱字棉，改进了棉花的品质，提高了棉花的产量。协助蚕桑改良会推广框制无毒改良蚕种，既预防蚕儿微粒子病的发生，又改良蚕丝的质量。

第七，带动了农村合作事业的发展。各省合作指导所辅导成立的农村信用合作社，由于得到银行贷款的支持，促使合作社的组织逐步走向健全，帮助合作社发展生产，增加社员收入，从而带动了农村合作事业的发展。该行为了在人力上协助合作事业的发展，曾提供资金6万元，委托金陵大学农学院代办农村合作人员训练班，由金陵大学聘请英国信用合作专家史德兰和美国农产运销合作专家史蒂芬来华讲学，培养了一批高级农村合作人员，帮助农村合作事业的发展。

上海银行的农贷，虽有一定的成绩，囿于社会性质，不可能根本解决农村经济恶化的问题，而且办事过于拘谨，从而使工作也存在一些缺点和问题。

1. 对商情估计不足。办理农产运销合作贷款时，由于农产品的运销牵涉商情范畴，在旧社会市场情况瞬息万变，农村合作贷款部的工作人员大多数对商业方面缺乏知识和经验，对运销合作基层组织未能发挥监督指导作用。例如，1934年陕西省棉花产销合作社大量集中的籽棉，一则因在汉口周恒兴工厂定购的加工设备未能准时交货，以致大量籽棉无法加工，不能及时运出销售；再则因对市场情况缺少灵活而及时的情报制度，以致棉花即将运出而棉价跌落，又被迫停运。后来虽陆续销售处理完毕，但已蒙受经济损失。又如祁门红茶，由运销合作社运到上海时，适逢茶价下落，经当地经济委员会出面，出售给茶栈，方得减轻损失。

2. 贷款对象问题。在当时的政治社会条件下，上海银行和其他民族资本银行一样，在放款业务上很注意贷款收回的可靠程度，从而使贷款对象不得不有很大的局限性。例如，有些贷款组织是被地主富农所把持，于是就对贫雇农显得照顾不够。又如，贷款往往根据贷户拥有田亩数或耕牛头数来核定，因此贫农得不到贷款者甚多；即使少数贫农得到贷款，也远远不能满足需要。这不能不说是一个阶级路线问题。

3. 对贷款的金额和期限掌握偏紧。该行为了保障资金的安全和加速资金的周转，贷款审核从严，每一社员贷数有限，一般不能满足生产周转资金的需要。此外，由于该行是私营商业银行，无力办理中长期贷款，对中期和长期贷款的比重均偏低。1936年之后，上海银行的农贷逐步紧缩，老人员陆续离行，多数又参加到中、交两行农本局和中农行继续从事农贷工作。

（1984年2月）

（原载上海古籍出版社《上海文史资料存稿汇编》）

迅速平息的提存风潮

朱家宝

> 上海银行在发展途中也并非一帆风顺，其中较严重的一次即本文所叙的提存风潮，虽然处置果断迅速平息，但从这起事件可以看出，当时的金融业因社会环境，在某些方面是畸形发展的。

1931年（民国二十年）秋，汉口大水，淹消存仓盐约40万担。上海商业储蓄银行总行与淮商合资经营的公泰盐号损失较巨。风声所至，在沪存款户乃纷纷向上海银行提取存款，酿成提存风潮，上海银行无力应付，风潮有日渐扩大之势。上海中国银行恐牵动整个金融事业，乃违章贷款，出面维持，提存风潮迅告平息。

解放前的银行，原仅限于存放款及汇兑等业务，主要是吸收市面游资及多余资金，再转贷给有利于国计民生的一切生产事业与商业，另加酌盈济虚。如将多款非生产城市的资金①，调汇至工业城市②，用以扶助生产，以利民生。由于存款利息略低，放款利息稍高，银行将其间的差额收入，作为本

---

① 多款非生产城市的资金，举一例说明，如四川省的成都、江苏省的苏州，均为多款码头，达官贵人、富商巨贾，因上述城市风景优美，气候宜人，乃多携巨资迁居该城市，以娱晚年，因而成为一个多款非生产的城市。

② 工业城市，亦举一例来说明，如自贡市因产盐而成市。工业城市为了生产，需款较多，银行辄在多款城市吸收存款，调汇至工业城市贷放，用以扶助生产。

身开支与利润盈余。唯章则上不准兼营工商业，盖恐其经营工商业亏累后，影响存款的偿付。1931年上海银行违章经营运盐业务，因自然灾害遭受损失，酿成了存户提存款的风潮，幸金融业通力合作，风潮迅告平息，存户亦未受损失。兹分述其概略于下。

（一）银行为什么要经营运盐业务？为什么又准许其运盐？

国民党统治期间，我国是一个半殖民地国家，受帝国主义的侵略，关税无自主权，不能保护民族工商业。帝国主义在经济上常以"拼"①的方法，扼杀我国的工商业，使之亏本倒闭，由帝国主义垄断把持，独占市场，任意涨价，除将"拼"的时期跌价所受损失完全赚回，并可大发其财。自有史以来我国历史上从来不准洋盐②进口，而帝国主义亦从未运洋盐至我国竞售，因而经营运盐业务可不受帝国主义在经济上的压迫，无亏本倒闭之虞。当时的盐政制度多采取"核价轮售"③，盐市安定，保障运商有一定的利润可得。此外轮船运扬子四岸④的盐，每担外给卤耗12斤，又有"耗余"⑤纯益可

---

① "拼"，举一例来说明，上海华成烟草公司所产的美丽牌香烟，曾在沪畅销。帝国主义的英美烟草公司乃将大前门牌香烟跌价至美丽牌香烟成本之下出售，造成美丽牌香烟积滞难销，亏本出售，终至歇业倒闭。于是大前门香烟独占市场，随将市价提高，反而大赚其钱。

② 洋盐，一种极纯洁、极细的机制粉盐，属于精盐的一类。为医疗上的必需，亦名医疗用盐。我国自己不能制造，特准进口，唯数量甚微。至财政部中国盐业公司华北分公司能自制此项医疗用盐时，即停止其进口。

③ "核价轮售"：由盐务机关核定售价，再以若干担为一轮档，按到达先后，照核定价格依次出售，不得竞争，不准涨跌，以安定盐市。

④ "扬子四岸"即湘、鄂、西、皖四省，唯皖岸仅属皖南部分，皖北蚌埠一带计有19县并不包括在内。

⑤ "耗余"：轮船装运扬子四岸淮盐，在场秤放时，每担外加卤耗12斤，而实际途耗，平均约为3斤，存仓待售的仓耗平均亦约为3斤，因而外加卤耗可望剩余6斤，名为耗余，不必付出场价、包装、运费及场岸各税捐，但可与面盐同样出售，其售价所得属于纯益。

得，获利之厚数倍于放款所得之利息，且十分稳妥可靠，其唯一缺点则因扬子四岸距场过远，在帆运时期，木船装盐运岸，动辄需时数月。为了不使盐斤脱销，各岸存底均丰，由场起运至盐斤出售，平均需时一年，资金周转较慢。但银行所吸收的定期存款亦多系以一年为期，银行兼营后，对资金的积压，并不深以为苦，自然乐于兼营。

银行投资兼营运盐，既有违章则，亦不符合法令，那么财政部的钱币司是专管银行的，为什么不加以制止，或予以纠正呢？原来国民党政府善于搜刮，其在盐税中大事搜刮所采取的办法，极为简单明了，只是一个分区包干制。即对各产区的稽核分所经协理、销区稽核处的正副处长，仍维持其极为优厚的"薪津"①，每月多至银圆1600元左右，使之尽忠于我，为我所用；一面又规定各稽核所、处每月除本身经费外，必须筹解库款若干万元，不得短少。至于盐政制度，不论为官运，为专商，为自由竞销，或"统制自由与核价轮售"②均由盐务机关自行酌定。唯官运则国库既不拨给资金，亦不得增加人员与开支，因此各稽核所、处，多极力设法鼓励运商办运及银行放款，更欢迎银行投资经营盐运，以增裕税源，俾利搜刮。四川省的重庆银行盐业部，承办合川计岸盐，系由四川的盐务机关予以核准

---

① "薪津"，各稽核所、处之经协理及正副处长，其薪金自650—800元，每两年加50元，加至800元为止。另外，公家未备有住宅者，则给房租津贴250元；另如其职级已无可再升，则给职位津贴250元；又如薪金已加至800元，无可再加，而服务较久，资望较深，且搜刮成绩卓著，如筹介库款从未短少者，刚加给年资津贴，自250元起，尚可再加。此外，边远地区如四川、云南，则按薪金800元发给25%，计200元的边省津贴；气候较冷地区冬季发给煤炭津贴。名目甚多，不胜枚举，薪津共计约为1600元。

② 统制自由与该价轮售：统制的是盐，自由的是运商，盖任何人均可办运盐斤，亦可申请歇业，极为自由，不加限制，唯对盐则必须严加管理，照核定售价，按到达先后，依次出售。

者；而中国农民银行信托部承办川盐仁、綦、涪三边岸盐①则系奉财政部特案照准。从这里，可以看出，国民党政府为了搜刮，什么法令章则均可置之不顾。

（二）汉口大水，淹消存仓盐后，为什么在上海会引起提存款风潮？

1931年秋，汉口大水，国民党政府贪污无能，仅知搜刮民间财富，无法组织群众与自然灾害斗争，只好置之不管。但汉口为长江内最大的通商口岸，仓存各种物资较为丰富，因而被水淹消的损失亦巨。其时上海银行与淮商徐禅臣、康叔文合资成立的公泰盐号，首先办运，轮船装运盐斤至湘岸。由于汉口是鄂省（除鄂西外）全省所需盐斤的重要集散据点，仓存盐斤甚丰，其中公泰盐号因系银行合资经营，资力雄厚，存汉口盐仓的盐斤亦多。终因国民党政府抢救仓存盐斤无方，遂被大水淹消。事后就在场赶运济销的盐数，②估计汉口盐仓受大水淹消的盐斤，至少在40万担左右，为数惊人，亦为淮盐自有史以来绝无仅有之事。风声所至，在沪的上海银行存款户，乃纷纷向上海银行提取存款，引起了提存风潮。

上海金融业分两个帮：（1）属于浙江的宁绍帮，以上海中国银行经理宋汉章为首，宋年老退休后，贝淞荪继之。（2）属于江苏省的扬镇帮，以上海银行总经理陈光甫为首。因金融事业往往牵一发而动全身，两帮在业务上互相合作之时多，竞争排挤之时少。今上海银行发生提存风潮，日渐扩大。上海中国银行恐牵动整个金融事业，乃出面维持，竟违银行放款惯例（不得以不动产的房屋作抵向银行借款），许可上海银行以江西路上海大楼

---

① 仁、綦、涪三边岸盐：仁岸系由合江内运至黔省行销；綦岸则由江津内运至黔，涪岸则由涪陵内运至黔。均先由运商在场捆运至合江、江津、涪陵三地，再交黔省人士组织运销商团体，接运至黔省行销。

② 在场赶运济销的盐数：淮北盐区的中心场，埒子口，一日之间，到口轮船达8艘之多；板浦场的临洪口，济南场的灌河口，亦各有3艘，共达14艘。每轮装盐以票计30480担，共达40余万担，所以估计淹损存仓盐数为40万担左右。

作抵，贷给80万元，用以应付提存，于是提存风潮遂迅告平息。上海银行副总经理李桐村发誓，谓在盐上翻了跟斗，一定要在盐上站起来，乃与徐禅臣、康叔文拆伙，独资设立大业盐号，由李桐村自任总经理，终在抗战前夕，承办淮盐常平盐，获利甚丰。抗战后，1940年（民国二十九年）下半年起，物价上涨，币值贬落，人们多重货轻币，银行如赖存放业务，则将无法生存。上海银行幸有大业盐号的有力支持（因大业盐号经营盐运，获利甚厚），业务继续发展。

（三）汉口仓存盐斤，财政部为什么出而作特案救济？

汉口大水，淹损存仓盐斤，在上海引起了提存风潮，国民党政府财政部目睹此种情形，亦为之触目惊心。因淹损盐斤，银行多贷给押汇放款，到岸存仓后，又转做押款，今盐已淹损，运商无所取偿，恐亦无力归还押款，则银行在放款方面受到了损失，很可能引起提存与挤兑风潮。上海为全国金融重心，如发生风潮，极易波及各地，后果将不堪设想。平时财政部在盐税中进行搜刮，银行助其盐商放款，现在自不能不对放款的银行迅予救济，使其渡过难关。其时银行对盐的放款，仅限于轮运，每担亦仅限于场税3元①，其余盐本运费多由盐商自筹，到岸则由押汇转做押款②，亦系每担3元。于是财政部乃特案准予免税补运③，使银行所放押汇或押款每担3元，从免税补运中全数收回，毫无损失。而兼营盐运各银行减少了每担场税3元的损失，只有盐本与运费每担约一文余的实际损失。其所以作为特案办理者，实因向例淹消损失盐斤的免税补运，原只限于船只在运行途中。至于各岸存仓盐斤，从未被水淹消之事，自亦无须免税补运。由于无向例可援，乃作特案办理，并

① 每担仅限于场税3元：轮运扬子四岸淮盐，在场立缴场税每担3元，盐本运费1元余，共为4元余，银行按7折押汇为3元，适符合每担交缴场税之数，因此盐本运费多由盐商自筹。

② 由押汇转做押款：押汇盐斤到岸后，银行即将每担3元转为押款。

③ 准予免税补运：按淹损盐数，免在场应缴场税每担3元，准予补运到岸。

寓有只能这一次及在部文内声明，今后他商不得援以为例。至于财政部的特案救济，主要在不使放款银行受损，以免再度引起提存等风潮，并使之继续放款，推动盐运，以利搜刮，最后还是为了本身的利益。

（原载中国文史出版社《近代中国工商
经济丛书·陈光甫与上海银行》）

支持实业一例：大成纺织染公司

高进勇*

长期以来上海银都积极支持民族实业的发展。本文仅以大成公司一例，即可看出陈光甫之关心、同情民族工商业的感情。

原江苏省人民政府副省长、全国工商联副主任委员、著名爱国实业家、民族纺织工业巨子刘国钧，在1930年2月接盘常州大纶久记纱厂后，大展宏图，至1937年7月的八年间，从一个厂拓展至四个厂，从50万元资金增至400万元，从1万枚纱锭增至8万枚纱锭。当时，纺织工业很不景气，许多工厂纷纷出租、转让，或是倒闭，唯独刘国钧的大成纺织染公司，欣欣向荣。因此，著名经济学家马寅初称其为"罕见的奇迹"。大成纺织染公司的飞黄腾达，主因是刘国钧卓越的、出类拔萃的经营之道。深究其细节，上海商业储蓄银行总经理陈光甫对刘国钧的鼎力相助，起到了十分重要的作用。他们从萍水相逢，通过发展实业的交往，建立了莫逆之交，在那个时代有着令人深省的意义。同时，从中可以看到金融家与实业

*　高进勇：曾任大成实业公司总经理。

家之间有着不可分离的、相互依赖的关系，这是我们研究近代经济史的一个良好课题。

一

1916年，刘国钧在常州纺织业创始人之一的蒋盘发的提携下，合资开办常州地区第一家机器织布厂。嗣后，刘国钧自己先后开办经营三家布厂和一家常州最大的染织厂。1930年2月，刘国钧接盘大纶久记纱厂，因为资金关系，开始与上海商业储蓄银行总经理陈光甫结识，持续了他们的20年莫逆之交。

1929年年底的一天，刘国钧从常州搭火车去上海办事，巧遇大纶久记纱厂常务董事顾吉生，攀谈之下，顾吉生说到，他已无意继续经营大纶久记纱厂，如有人接盘，愿意出让。说者无意，闻者有心。刘国钧乘机试探自己接盘的可能，顾吉生提出愿以原价50万元出盘。当时，刘国钧有些不相信。因为，大纶久记纱厂是由他的金兰长兄蒋盘发一手创办，前后投资已超过50万元。刘国钧抓住时机，毫不犹豫，到了上海，就请顾吉生约了大纶久记纱厂大股东刘伯青、蒋雨辰，就大纶久记纱厂出盘事，达成意向性的草议。紧接着，双方在常州签订了草议，刘国钧预付了5万元定金，草议规定在1930年2月15日前，刘国钧续交盘价45万元，逾期不交，定金没收，不予接盘。

在蒋盘发、查秉初、徐吟甫等人的全力支持下，刘国钧公开招股35万元，自筹15万元，他的大成纺织染公司账面上已有50万元资金。

1930年2月15日，农历正月十七，星期六，天气晴朗，春日融融。刘国钧带了常州钱庄解往上海钱庄照兑的汇票45万元，找到英商连纳洋行的买办蒋雨辰，交上汇票，请他在出盘协议书上签字、具结。

不料，蒋雨辰接过汇票，看后久久不发一言。原来，夜长梦多，大纶久记纱厂的上海大股东们，对以股额50万元原数出盘给刘国钧甚感吃亏，已有反悔之意。但碍于已经签了草议，收了定金，不好当面反悔，就算计设法达到终止草议的目的。蒋雨辰他们认为，刘国钧的广益染织厂向来与常州钱庄业有来往，与上海银钱业定无往来，岂能打出银行本票？因此不动声色地指出：交付盘厂价款应是上海全市通行的大汇划银行本票，不能用常州解上海的汇票骗人。

刘国钧反驳说，常州钱庄卓有信誉，解上海汇票，从来未有退回或不兑之事发生。

蒋雨辰不由分说，提出：到今天下午三时为止，有45万元大汇划银行本票送来，则大纶久记纱厂是你刘国钧的；如在三时前，无大汇划银行本票送来，三时一过，一切罢议，定金5万元还要吞没。

刘国钧明知上海股东们在搞阴谋诡计，可是，今天是星期六，事不宜迟，只得忍气吞声，默默地手持汇票，走出连纳洋行。

跑了几个地方，都没有换到大汇划银行本票，但是，刘国钧并不泄气，他是个坚强的人，心想时近中午，吃了午饭再想办法。天无绝人之路，他在南京饭店门前偶然碰见常州阜新钱庄老板屠咏堂，他也是大成纺织染公司的股东。于是，刘国钧将屠咏堂拉到天津路口的鼎新楼，把交款情况一五一十讲过。屠咏堂听后，胸有成竹，答应帮想办法。原来，屠咏堂本是上海商业储蓄银行出身，凭他的面子，与陈光甫总经理的亲密关系，可以随到随办。其实，这对上海商业储蓄银行也是一笔好生意，因为，常州解给上海汇款，收账须迟四天，即需刘国钧负担四天的空息，上海商业储蓄银行净得此好处，何乐而不为。午饭后，刘国钧持了屠咏堂给他的45万元大汇划银行本票，兴冲冲地前往连纳洋行。

蒋雨辰见是上海商业储蓄银行本票45万元，只好无可奈何地在草议上签字画押。刘国钧终于接盘了大纶久记纱厂，创办了大成纺织染公司。

二

刘国钧从接盘大纶久记纱厂中，受了蒋雨辰的要挟，深知上海金融业对发展自己的大成纺织染公司有莫大的作用，他有心结交陈光甫。于是，他邀请屠咏堂同赴上海，专程拜访。

在火车上，刘国钧详尽地向屠咏堂询问了陈光甫和上海商业储蓄银行的情况：知道了他们的经营方法是"人争近利，我图远功，人嫌细微，我宁繁琐"。路线是"敬远官僚，亲交商人"。口号是"服务社会，辅助工商实业，抵制国际经济侵略"。还把这一口号印在记账凭单和对外单据上面，或印成单页，置于每个职员的玻璃板下，作为办行方针和全体员工必须遵守的行训。

刘国钧对陈光甫的卓识远见非常钦佩。

刘国钧还了解到民国六年（1917年）陈光甫在南通办理大生纱厂的厂基押款，工厂特约押款及其抵押透支，支持荣宗敬办申新纱厂等事。就向屠咏堂探询向陈光甫借笔贷款的可能。并提出可以做厂基押款。屠咏堂盘算后认为，上海商业储蓄银行现今有存款总额1亿元，看来问题不大。

他们到了上海，住进宁波路的中国旅行社。屠咏堂先去隔壁的上海商业储蓄银行见陈光甫，请他安排接待刘国钧。其时，陈光甫已是非同一般的银行家。他是江浙财团的代表人物，1926年北伐胜利，蒋介石进驻南昌，陈光甫和虞洽卿等久云集南昌，为蒋介石出谋献策。并由陈光甫、虞洽卿等15人组成江苏省兼上海财政委员会，陈光甫任主任委员，筹发二五库券3000万元。为蒋介石奠都南京，建立国民政府提供了经济基础。可见，陈光甫的政治背景是十分强大的，他是上海金融界的头面人物。是年，陈光甫还受国民党当局委托，以资方代表身份出席国际劳工大会，后又出席万国商会。因此，陈光甫十分忙碌，屠咏堂、刘国钧能随到随见已是破例。刘国钧走进陈光甫的写字间，只见陈设十分平常，丝毫没有奢侈。墙上挂着章士钊送给陈光甫的对联："不变随缘，随缘不变。"

经屠咏堂介绍，刘国钧见陈光甫五十上下年纪，仪表不俗，笑容可掬，略带镇江口音的上海话，使他感到乡音的亲切。在交谈中，刘国钧先把蒋雨辰要挟之事，略述一遍，并对陈光甫的鼎力相助表示谢意。

陈光甫很坦率，讲到上海商业储蓄银行，历来是亲交商人，为刘国钧接盘成功而高兴。又说到，人生在社会真正快乐之事，是树一目标，创一事业，达到目的及成功，为最快乐。此种快乐从艰危困苦中得来，尤为永久，尤为纪念价值。刘国钧还把自己的经历略述了一二，然后，讲到要创办一点事业确实不易的感触。

陈光甫听后，很是投缘，说道：你我出身同样清苦。我幼年亦为学徒，添饭斟茶，早晚上卸排门之役，均任之。在汉口为煤栈学徒时，且须任打包之事。夜间趴于地板之上，热天则露宿晒台，苟不与厨役联络，常不得饱。他又讲道：我们的银行同样是苦出身，于民国四年（1915年）开办时，门面很小，资本只有7万元，人员仅有7个人，规模是很小的。我自兼营业，拉存款，跑工厂，搞放款，晚上回行还亲自为青年行员开班教书，相当勤苦。我认定两个字：勤俭。

他们越说越投机，虽说一个是留美学生，一个只读八个月私塾，但是，他们有共同的贫苦经历，有同样的创业阅历，有相同的创业欲望。他们推心置腹地交流着。

坐在旁边的屠咏堂，简直插不上话，眼看就要吃午饭，就插言提出刘国钧的大成纺织染公司意欲做40万元的厂基押款事。陈光甫闻后默默盘算一下，他详细地询问了大成纺织染公司股东名单。听说常州银钱业的徐吟甫、刘尧性、蒋瑞衡、屠咏堂等人都有大笔股金；董事长是吴镜渊，顾吉生、刘叔裴是董事；大股东的经济实力都很雄厚，他放心了五分。当他了解到大成纺织染公司的厂基，地处城脚，面积广阔，又放心了三分。他面对大成纺织染公司的经理刘国钧，见他谈吐忠诚，精明能干，对事业充满信心，又放心了二分。因此即吩咐襄理与常州分行的唐宜民通话联络，核准情况，立刻办理40万元的厂基押款。

刘国钧没想到陈光甫办事如此爽快、果断，千谢万谢他的资助之恩。

嗣后，陈光甫邀屠咏堂、刘国钧同进午餐，氛围十分亲切。饭后告别时，陈光甫握着刘国钧的手，坦诚地说：常言道，顾客是银行的衣食父母，望你把我当作亲眷，时常走动，一回生，二回熟，三回亲嘛。有何难处，尽管找我。

从此，刘国钧与江浙财团拉上关系，寻找到了金融界的靠山。

在回家路上，刘国钧言谈之中，对陈光甫佩服得五体投地。他自忖：陈光甫此人非同一般，从7万元开办银行，经过15年，增资500万元，整整翻了70倍，其中确有经营奥秘，从中对自己定有启示。于是，他向屠咏堂打听陈光甫办好银行的细节。

屠咏堂津津乐道地告诉他：陈光甫在银行内部提倡"银行是我，我是银行"的团结一致的思想。他曾说："所谓辅助工商实业，抵制国际经济侵略者，亦即服务社会之谓。如能尽服务社会之能事，则工商实业自能辅助，国际经济侵略即已抵制矣。"此外，他每月定期约银行各部门的工作人员同桌吃饭。事先向人事部门把约来的职员之情况给他作了介绍，因而在吃饭时他可以针对每个人的优缺点提出鼓励和警诫。以促进行员更加努力工作。年终奖励的办法，除了公开的一般奖金以外，还有由他亲自把行员找去慰问一番之后，亲自付给奖金的。这样更增加行员对他的爱戴。他还用高于自己总经理薪金来约请高级职员到本行工作。他对家中亲友的入行工作，也视为一般行员，从头做起。他肯拨出一部分钱为练习生办训练班，设置图书馆，出版《海光》月刊，活泼了银行员工的精神生活。

刘国钧听得十分仔细，他决心要吸取陈光甫办好银行的经验，运用到办好大成纺织染公司。他认为：不虚此行，结识了陈光甫，日后大有可为。

三

抗日战争期间，陈光甫和刘国钧都撤退到大后方重庆。刘国钧除来往于沦陷区进行商务活动外，在重庆他是陈光甫的上海商业储蓄银行总经理驻渝办事处的座上客。

此时的陈光甫，要比1930年刘国钧结识他时，更为忙碌。他在1933年出任全国经济委员会棉业特别委员会主任委员，与刘国钧也经常见面聚谈，因为涉及纺织原料，陈光甫对刘国钧有求必应的，关系十分友好。由于经常接触，刘国钧对陈光甫的日常生活有更深的了解。他对陈光甫不倦地学习，不停地工作，留有深刻的印象。他多次见到陈光甫清早起身就清理文件信札，然后再用早餐，阅读报纸。晚上还找人谈话。每星期至少有三个上午请人为他讲解中外历史哲学，星期六下午去汪山别墅，还要带人为他讲述国外书刊上的主要经济金融文章。这些书刊是在纽约的世界公司为他专门搜集寄来的。星期天他也闲不住，至少有半天时间用来讨论国际金融问题。他常对刘国钧说："我闲不住，一闲就感到孤寂。"他与当时在重庆一般阔佬享清福的观点不同，他认为"只有工作最有兴趣，悠闲并不可取"。他的生活节俭，有规律，很少烟酒，喜欢买旧书。由于秉性相近，嗜好相似，陈光甫与刘国钧相交日笃。1939年，在重庆，刘国钧与民生实业公司的卢作孚等人，合资创办大明染织厂，陈光甫一如既往地支持刘国钧创办实业，在大明染织厂流动资金紧迫的状况下，陈光甫的上海商业储蓄银行，给予15万元的抵押贷款，才使大明染织厂顺利开工生产。

这时，有件大事常常萦绕在刘国钧的心头，一时拿不定主张。事情的原委是：抗战前，大成纺织染公司在向国外订购纱锭及资金周转方面，曾得到上海商业储蓄银行的结汇和贷款支持，至常州沦陷前夕，大成纺织染公司欠上海商业储蓄银行的贷款已达250余万元之多，贷款是以机器抵押的。常州沦陷后，大成纺织染公司所属三个厂的机器部分已毁，工厂亦停止生产，抵押品已失去价值。由于沿海一带厂商纷纷迁往内地，在重庆的中国银行、交通银行，对清理欠款拟定了归本无利的办法。上海商业储蓄银行对部分厂商甚至采取折扣归还的办法。

大成纺织染公司的同人大都认为，既然各家银行优惠处理贷款，公司何乐而不为呢？！

可是，刘国钧有他自己的主见，他坦诚地说：孔子曰："人而无信，不知其所也。"我们要耍赖，陈光甫的银行是拿我们没有法子的。其实，我们目前尚有偿还能力，不能以自己遭受敌寇的损伤而借故耍赖。"仁者先难而后获。"我们归还了这笔巨额贷款，手头会感到很拮据，但是，你们想一想，日寇侵略中国是不会得胜的，一旦战事平息后，我们仍然要回到常州去恢复工厂，还需陈光甫的上海商业储蓄银行支持。现今，我们手头还有大成四厂分拆时得到的200多万元现金，欠上海商业储蓄银行的贷款，完全可以不打折扣陆续归还。大家虽感到刘国钧太憨直，但是，他那种讲信义，重然诺的品质，深受人们的敬佩。一致同意他的意见，250余万元，不打折扣归还给陈光甫的上海商业储蓄银行。

陈光甫与刘国钧交往十年，甚感他极其恪守信誉，全部归还贷款之事又办得卓具远见，相互间的友情更加深厚。

四

1944年秋天，陈光甫率领张公权、卢作孚、范旭东、王志莘、张禹九等人，出席十月在美国纽约开的国际通商会议。陈光甫、卢作孚、范旭东是刘国钧的知交，临行前，他们都邀他适当时机到美国考察，为共同复兴战后的中国实业运筹帷幄。是年年底，刘国钧如约前往美国。这时，国际通商会议已经结束，陈光甫、卢作孚、范旭东等人，并不立即返回中国，而在美国为复兴中国战后的实业进行频繁活动。陈光甫计划在美国设立一个投资银行，准备在抗日胜利后开办，内定由陈光甫出任董事长，何淬廉任经理，卢作孚在美国通过晏阳初和林语堂的介绍，结识了美国民主党领导人、大法院法官威廉·道格拉斯、罗斯福总统的秘书罗福林居里、战时生产局局长端纳倪尔逊。通过这些人的关系，企图向美国进出口银行借款。范旭东为实现自己战后在国内建设十大化工厂的宏伟计划，向美国进出口银行接洽成功1600万美元的借款。刘国钧以大成纺织染公司名义，取得美国萨克洛威尔纺机制造厂一份3万锭细纱和5万锭前纺设备的订货合同，并列于所有订单之首。他们为此，经常共同商讨对策和措施，相互勉励，相互支持，以实业救国为己任，抱有十分信心。

可是，不论卢作孚向加拿大政府借到1275万加元；还是范旭东向美国进出口银行借款1600万美元；或是刘国钧与美国萨克洛威尔纺机制造厂的订货合同，都需由中国银行担保。他们纷纷返回国内，请求宋子文的中国银行担保。宋子文对范旭东采取"拖""推"等手法，逼迫范旭东忧愤成疾，含恨去世。卢作孚吸取范旭东的教训，利用关系，直接见到蒋介石，才勉强由政府作担保，借到了加拿大政府的贷款，扩大远洋航运事业，刘国钧多次与中国银行交涉，最后，宋子文提出了担保条件，中国银行要投资大成纺织染公司。他怕被宋子文吃掉，只得婉言拒绝，另做打算。

在此紧急关头，刘国钧全力瞄准陈光甫，仍想得到上海商业储蓄银行的资助。

此时的陈光甫，已被国民党政府委任为国府委员，但他仍担任上海商业储蓄银行董事长，还主持全国的外汇平准基金委员会。依据买卖人的"小钱不去，大钱不来"的交际要诀，刘国钧忍痛从自己名下的股额中，划出135万股，分别送给陈光甫、何淬廉各675000股。

当时，民族纺织企业为了求得自身的发展，纷纷与高官权贵们联结。南通大生一厂、苏州苏纶纺织厂、无锡振新纺织厂、无锡庆丰纺织厂、申新纺织厂、江阴利用纱厂等莫不如此。大成纺织染公司的刘国钧也不落人后，聘请陈光甫为董事长，财政部次长何淬廉和国民党江苏监察使程沧波为常务董事。以此应付复杂的环境，求企业的生存发展。

嗣后，陈光甫与大成纺织染公司的关系进一步密切。首先，上海商业储蓄银行给大成纺织染公司100万的美金贷款，解决了在美国订纺织机械设备所需的资金，接着，陈光甫以在重庆创立的"新纪工程公司"与在美国的"世界公司"挂钩，在1946年11月为大成纺织染公司购回美棉1500包（每包含500镑），以解缺乏原棉的燃眉之急。致使大成纺织染公司战后得以迅速恢复生产，1946年全年生产20支"六鹤牌"棉纱达2万件，生产12磅"蝶球牌"棉布20万匹，全年产值达350亿元。产品供不应求，利润丰厚，达到30％以上。大成纺织染公司的资本总额调整为国币225亿元。至此，刘国钧的大成纺织染公司战后恢复计划得以初步实现。

五

在抗战前夕，法币发行总额只有14亿元，到抗日胜利，经过八年抗战，法币发行额增加到5000多亿元。膨胀的数字十分惊人。因而，物价直线上升，犹如脱缰之马。

陈光甫身为大成纺织染公司的董事长，他竭力为公司购买官价美钞和廉价关棉，对国民党当局的经济政策，垄断原棉、动力、燃料，任意侵占民族工业市场，有所抵制，在一定程度上维护了大成纺织染公司的利益。当时，中央银行美钞兑率，一般低于市场价格一倍，能买到官价外汇，即可获得一倍的利润。因而，大成纺织染公司在美货的倾销冲击下，虽有威胁，尚能在缝隙中获得微利。

1948年8月19日傍晚，刘国钧路过南京路西藏路，看到那里有一座电动新闻牌，说明天起改革币制，要发行金圆券了。这个消息来得很突然，他回到寓所，急忙给陈光甫打电话，探听内情，不料，陈光甫被蒋介石召去南京的行政院开会，商谈经济改革方案宣布后的各项问题。

翌日，见报载蒋介石宣布实行金圆券的命令，其中"限期收兑人民所有黄金、白银、银币及外国币券，逾期任何人不得持有。""限期登记管理本国人民存放国外之外汇资产，违者予以制裁。"刘国钧慌忙前去找陈光甫商讨对策，那天，陈光甫出席招待留沪立法委员的宴会，无奈又不得会见。

过了几日，刘国钧才见到陈光甫。交谈之下，陈光甫讲起蒋经国执行金圆券法令的严厉态度，无不气馁地说，明知金圆券就要崩溃，上海商业储蓄银行所有黄金也要送中央银行。黄金送到中央银行就等于没收，可是不送恐怕要受徒刑。刘国钧闻后，无言可说。

　　接踵而来，蒋经国又传讯上海金融界工商界巨头，函约呈报暗账及个人财产。在上海乐义饭店，金城银行周作民、联合银行戴立庵、浙江第一银行李馥荪等人被蒋经国严厉呵责，要他们将除申报以外的，没有转账过户的，外汇资产仍在自己户头上面的黄金、美钞、港币、银圆，悉数申报。

　　刘国钧见此，十分慌乱，又去见陈光甫商讨对策。陈光甫说："当局对于银行由不干涉状态进入实行统制主义。不得已另辟新途径，以谋发展。"还说，打通欧美银行与本行进一步的关系，是我行新生命的寄托。刘国钧见陈光甫对国民党的希望完全破灭，产生依靠欧美力量以自保的想法，很受启示，当即决定亲自飞赴台湾、香港做善后安排，不致使大成纺织染公司从此夭折。

六

　　刘国钧于1949年初赴香港，作应变之计。陈光甫也随后到达香港。陈光甫虽仍为大成纺织染公司董事长，因上海商业储蓄银行的行务自顾不暇，再也没有心绪为大成纺织染公司操劳，仅是挂名董事长而已。

　　但是，陈光甫与刘国钧仍保持交往，在刘国钧胆病发作进行手术前后，陈光甫均前往探视。

　　1950年9月，刘国钧在周恩来总理的召唤下，毅然从香港返回祖国大陆，离港前夕，曾前往陈光甫住所告别。

　　　　　　　　　　　　　　　　　　（原载《常州文史资料》第10辑）

第三章

开创历史：中国首家旅行社的传奇

创办中国旅行社自述

陈光甫

中国旅行社，陈光甫亲自认定的得意之作，不仅是中华大地上第一家"国产"旅行社，其经营模式、服务理念更是远远领先于时代，是民国时期旅游业的一大奇观。本文即为陈光甫自述中国旅行社创办经过。

创设旅行社的动机

我自己是一个酷好山水、南北东西之人。萍踪所至，不知凡几万里。曩岁浮槎渡海，遍访欧美名都胜迹，每历佳景，辄心旷神怡，欣然自得，引方生平快事。但就我个人的观感而言，每每觉得在国内旅行，反不及到国外来得容易，有时一二百里的旅程中所经历的艰难险阻，所花费的时间精力，竟较在国外远行一二千里者尤多，不能不说是一大憾事。国人有所谓"在家千日好，出门一时难"的俗语，此与外人把旅行观光视为业余生活中重要项目之一的心情，适成一鲜明之对比。在国内旅行不易，一方面固由于关山重重，交通不便；另一方面，我们缺少像欧美国家中为旅客服务的健全机构，纵有乐于旅行的人，情愿不避山川跋涉、风霜舟车之劳，但往往也由于食宿起居等琐碎问题的困扰，觉得乐不抵苦，视寻幽探胜之行为畏途了。

基于这种观察，所以我远在四十多年之前就立下宏愿，要为举国的旅行同好，创办一个完善的服务机构。这个愿望后来终于幸得实现，而有中国旅行社的成立。

直至今日，还时常有中外友人问我，究竟为了甚么才创办中国旅行社的？我的答复很简单，不过是"与人方便"的一念之间而已。不过，我这一念之起，倒也是有许多偶然的因素所促成的，如今回忆起来，仍觉意味盎然。

去今约50年之前，我正盛年，游兴最浓，颇有古人"为访名山不辞远"之豪情，所幸每到一处，都有友好同事照料，不觉其苦。某年深冬，我一个人于午夜乘火车抵徐州。那年气候特别寒冷、朔风凛冽，冰雪载途，我虽身裹重裘，仍止不住冷得连打寒噤。其时因夜色已深，凋年腊尾，异乡过客，不免有一阵萧凉落寞之感。可是，当我出站的时候，望见还有许多三、四等车的乘客，麇集在露天的月台上等候搭车，男女老幼，各自守着自己的行李，依偎一团，在彻骨的寒风中发抖。长夜漫漫，无栖身之地，此情此景，使我留下了一个深刻无比的印象。

徐州是苏北的重镇，适为津浦和陇海纵横两大干线的交叉点，陇海线旅客北上南下，和津浦线旅客东去西行，都必须在徐州站换车。当时我就立即想到，假使能在车站附近有一间屋，只要能宽大轩敞，足避风寒，倒也不必求其豪华考究，其中有条凳，有灯火，再能免费供应一些热茶水，让这些在长途旅程中备感辛劳的过客，暂时能有一个休憩小坐之所，岂不也算是为他们解决了一些痛苦，增加了一些方便。我这个念头，过了好久还时时涌现心头。我想，假使有一天我们能够做到这一件事，或者这就是服务，也可以说就是我设计中国旅行社最早的一幅蓝图。

另外一件事，发生得更早，也许是50多年前的旧话了。当时美国总统轮船公司，为了推展业务，发起环游全球的壮举，以招徕乘客。一时彼邦的名流学者，富商巨绅，参加者很多。在他们的日程中，中国当然是一个大节目，可是轮船公司安排的时间非常短促，大概只能游览上海一地，而且是上午驶进黄浦江，下午就要开航他驶。当时便有一些略通"洋泾浜"英语的人，陪着这些外宾登岸观光。上海虽是我国的第一大都市，可是租界里高楼大厦，通衢闹市之盛，这些游客倒并不以为奇。那些以导游为职业的人，为迎合外人喜好新奇的心理，便把他们带到城隍庙去。大家知道，城隍庙在上海好像北平的天桥，台北的万华或圆环，根本谈不到风景名胜，更是无所谓文化。即使有一些可以代表我国民间古朴的风物，亦不是洋人在匆促的时间内所能领略。这些对中国本无较深了解和印象的外国人，不远万里而来，一眼便看到了我们这一个地方，匆匆归去，少不得到处信口宣扬，说这就是他所亲历目睹的中国，难免发生了对我国种种错误的认识。

　　而且，后来不仅美国邮船公司办这种游览团体，英国、法国、意国、德国的轮船公司，也相继举办。载了从各地出发环游世界的旅客，每到上海，便去逛城隍庙。而那些导游的人——上海人称之为"露天通事"的，竟是父传其子，兄授其弟，成为一种专门领外国人逛城隍庙的专门职业。记得我自己那时每天读报，一看到有环游世界团体东来的消息，就有不胜其忧虑惭愧的感觉。我想，何以我们就不能取法外国人的办法，训练一些优秀的导游人才引导那些外来的旅客，瞻仰一些真正的名胜古迹，借机会也让他们认识认识我们这泱泱大国的衣冠文物呢？这区区一念，后来我也列入中国旅行社的业务之一了。

　　第三件事，可以说是一个小小的喜剧，也是30多年前的事了。当时外国人在上海已经办了两个旅行社，其一是英国人的通济隆（Thomas

Cock&Sons），另一个是美国人的通运公司（American Express），它们代售中国铁路的火车票，并且可以预定夜车铺位。某日我到某一家旅行社去买票，时方午后2时，应该是办公时间了。但柜台里的一位女职员，正和一位青年娓娓清谈，好像根本没有看到我，就让我呆立在柜台前有十几分钟之久。我心里想，即使你们有更重要的事情要谈，应该也把我照顾一下呀！然而不然，他们居然继续畅谈不倦，我只好悻然退出。一方面觉得她不该如此无礼，同时也更觉得我们自己需要创办一个旅行社的迫切。

这些小事情，就都是中国旅行社之所以开始创办的因素。

招待所和游览团

中国旅行社最早四年是上海银行的一部分，在民国十六年始正式成立。开办之初，就分别和国内外铁路轮船等交通机构订约。经售客票。同时在车站、码头等处，派驻招待员专司送往接来，运输行李，后来业务逐渐发达，数年间，沿各铁路线，沿海沿江各城市，都成立了许多分社。旅客自甲地至乙地，都可得到中国旅行社的招呼。不过，自我检讨起来，这还只是帮助旅客解决了"行"的问题，要认真服务，便不能不在解决"住"的问题上下功夫。于是我们就着手研究办招待所，并且决定了几个原则。

第一，要真正为服务，不是为牟利。所以凡通都大邑，已有近代化旅馆的，譬如上海，我们就不必再设招待所。

第二，招待所一定要设在风景名胜之区，但是在杭州就没有设，因为当地旅馆已经太多了。可能是许世英先生开辟黄山时，中国旅行社马上就成立了黄山招待所，这种投资方式，是当时一般经营旅馆业者所不愿为的。

第三，边远之区，有迫切需要者，譬如兰州的西北大厦，就是应甘肃省政府之邀而承办的①。

第四，还有在重要的城市中，当地旅馆不足以应旅客需要者，我们即设立规模较大的招待所，如南京的首都饭店，南昌的洪都招待所，西安的西京招待所，皆属于此一类型。

根据上述原则，便陆续在各地设立旅行社和招待所，业务相辅而行，有的地方先设所而后有社，也有的先设社而后有所。到抗战爆发的前夕，中国旅行社在全国各地的社所，已有80余单位了。

为了贯彻服务的目的，我首向各招待所的同仁提出三项要求，请大家一定要做到的：一、要让旅客能有好好的睡眠。一方面要保持环境的幽静，严禁喧哗，同时所有卧具被褥，要随时换洗，保持整洁。二、要让旅客能有舒适的沐浴，以舒身心的困顿。三、要供应旅客以洁净简便的膳食。此外，关于收费合理，侍应周到，那更是应有之义务，无待赘述了。

抗战爆发以后，想不到中国旅行社的招待所竟发挥了意料以外的功能。自上海沦陷后，旅行社95%以上的同仁随政府内迁，几于全部参加招待所的工作。首先，我们在河内、海防、昆明及川滇公路沿线设立招待所。后来湘桂、湘黔、川黔等铁路公路沿线，也都有了招待所；至于西北方面更不必谈了。凡公路铁路规定设宿食站之处，中国旅行社都承办了招待所。后来滇缅路关闭，我们又在印度加尔各答设立中国招待所。那时我本人也常往各地视察，亲身体会到旅客们对于中国旅行社的观感，是完全信赖，好像一入旅行社之门就有了安全感，真个是"宾至如归"了。

有一次，有一个朋友从兰州来，告诉我说，他经过我们兰州的华家岭招待所时，看见院子里拴了一头小毛驴，觉得很奇怪。后来才知道它也是为旅客服务的，原来华家岭在西北高原之上，人烟稀少，附近无取水的地方，这

---

① 西北大厦是甘肃省几个军政机场加上西北公路局与中国旅行社联合投资的。——编者注

头小小的毛驴，任重道远，每天要到数十里外之处去驮水，供给旅客食用。执笔至此，回想当时环境的艰苦，与夫办理招待所同仁刻苦奋发为人服务的热心，说他们对抗战不无微劳，也不为过分吧！

此外，为了倡导游览，经常举办游览团业务。在国内随时邀集游侣，访问各地名胜。并且和外商轮船公司约定，凡有来华游览观光的外宾，均由我们拟定游程，陪同赴杭州或北平观光，不必再逛城隍庙了。其在外国者，留学出国深造，每年都由我们在北平、上海、汉口等地分别代为办理一切手续，关于这一方面，我们已有30年经验了。至于赴欧美各国集团旅行，也办过多次；到日本观光的次数，尤不胜枚举。同时，我们训练了许多大学程度的青年，担任导游工作，深获各方期许。

创刊旅行杂志

中国旅行社于创办之初，即计划宣传工作，以资配合。旅行社第一次向京沪路专包一列车，举办杭州游览，即刊行一本手册，定名《湖上春光》，将杭州名胜古迹，作有系统的介绍。书中并附印很多风景照片，更将游程计划，食宿地点，游艇价格和杭州的土产详为记载，凡同游的人，各赠一册。当时，得到这一本小册子的人，多感觉兴趣，歆动了好游之心。这可以说是中国旅行社游览手册的第一种。其后短程游览，如人数较多，均随时编印，以鼓舞旅客的兴会。不过，这许多小册子，都是临时性的，至有计划的编印刊物，实始于民国十六年（1927年）。民国十六年，《旅行杂志》创刊号出版，我写了一篇发刊词，期望读者行万里路，读万卷书，以太史公、徐霞客的探险精神，发掘古代胜迹宝藏，借山川灵秀之气，以涤荡胸襟（大意如此，原文已不复记忆）。《旅行杂志》的特点，在于图片特多，有文必有图，使读者以图与文互相印证，油然而生向往之心。《旅行杂志》初为季刊，即每三月出版一次，所用纸张是全部重磅铜版纸，发行以后，出版界友人认为成本太重，或难维持永久。但是我们要图片清晰，又不为收入着想，只求读者欣赏，费用一节，亦不斤斤计较。所幸出版以后，即获得广大的读者群，有许多读者，且加意保存，每年精装为合订本，积存至20余年以上，从未缺佚一册者，其情况与保存美国之《地理杂志》无异，这一点我至今犹引为快慰。

《旅行杂志》至民国十八年（1929年）——即出版后之第三年，始改为月刊，因销路增加，费用过巨，乃改用米色道林纸印刷。创办初期，集稿非常困难，其后销路日益进步，稿源不虞匮乏。我们且在国外特约了许多撰述记者，而国内著名学者和大学教授们，每次旅行之后，尤乐于为我们执笔。所以至今检阅陈篇，仍可发现许许多多名贵的作品。抗战期间《旅行杂志》迁桂林出版，民国三十三年（1944年），又迁至重庆，胜利后至民国三十五年（1946年）始自渝回上海复刊。在任何艰难困苦情况之下，《旅行杂志》始终未曾衍期过一册。民国三十八年（1949年），《旅行杂志》又迁台湾，继续发行。至1950年3月，因销行区域过于狭小，始暂时休刊。《旅行杂志》前后发行了23年3个月，应为263期。每期内容以十万言计，当为2600余万言，似亦出版界之盛事。《旅行杂志》销行数最广时，每期约发行3万余册，为国内独树一帜的有数刊物。

除《旅行杂志》而外，中国旅行社又曾编印导游丛书与旅行手册。前者为32开本，冠以地名，如首都导游、杭州导游、上海导游、北平导游、牯岭导游、西北导游等，共出了数十种。后者为折叠式之单页，亦一地一式，完全赠送旅客，前后出了100余种。

凡此对于中国旅行社本身的业务，以及整个观光事业的推进，默默之中，似均有深远的影响。

以上所述种种，仅是我个人主持中国旅行社工作中点点滴滴的经验。中国旅行社同仁过去虽已殚精竭虑，以求进步，但现在检讨起来，其与近代新兴观光事业所要求者，距离尚远。至我个人所感觉者，就是对于观光旅行的倡导，尚不够主动积极，而且一般说来，观光旅行似乎总还是属于少数有钱有闲者的事，与一般人无关。所以今后观光事业的任务，一方面固须发挥为旅客服务的精神，同时更要主动的鼓舞社会上一般人普遍的兴趣，使能蔚然成风，不要再把旅行看作一种奢侈的行为，而应该是养成一种自然的习惯。有识者尝谓风景资源为国民之精神食粮，有永恒之价值，洵属至理。

此外，一国之风景，在国民经济与国际经济上，亦居于相当重要的地位。譬如美国国民每年消费于国外旅行者，恒在七八十亿元以上。即以蕞尔小国的瑞士而言，其每年借其湖山之胜的"无形出口"，亦可吸收各国旅客消耗1亿美元以上的旅费。在东方如日本，战后对于观光业的积极改进，尤值重视。近者客有自东京来者，据说他在一周之内收到各种机构宣传各地山川名胜的宣传品，就在200份以上。日本的一般平民，公余大都以旅行和渔猎为消遣。每逢假日都市中人纷纷结伴出游，以最节省的费用，去觅取最大的享受，山隈水曲，尽兴方归。这种风气的养成，当然也非某一人或某一机构的旦夕之功，但由此我们也约略可以看出今后的观光旅行事业所应该致力的方向了。

（原载中国文史出版社《近代中国工商经济丛书·陈光甫与上海银行》）

打破国外垄断的中国旅行社

潘泰封

本文作者长期供职于中国旅行社，熟悉该社情况。文中十分详细地描写了中国旅行社各项业务开展情况，可以看出该社做出了在当时社会情况下难以想象的成就。而陈光甫在该社连年亏损的情况下，仍本着服务社会、宣传银行的精神坚持开办，更是难能可贵。

一、组织机构之建立

1. 上海银行创设旅行部

中国旅行社之前身为上海商业储蓄银行旅行部。旅行部成立于1923年8月。当时中国仅有少数外商旅行机构，营业之对象着重于西侨，对于中国旅客向极藐视。上海银行总行总经理陈光甫曾自述其一段经历："数年前，余自香港往云南，至西人经营之某旅行机构买船票。入门，见柜内少年两人正与一女子娓娓交谈，初以为必问旅行事无疑，乃候之久，而言仍未已，后始知所谈者毫无涉于旅行。此少年目击余之伫立，竟不招待，殊属无理，余乃废然而返，改至运通银行购票。途中自忖外人之所以藐视余者，因我非其族类。然外人在华，投资雄厚，诚足惊人，更进而经营我国内旅行事业，国人自甘落后，可耻孰甚！遂毅然有经营旅行社之意。"适国内举行第一次教育会议于上海，陈氏乃于昆明旅次致电上海银行总行，嘱与黄炎培先生接洽，所有教育部及各省代表至沪后，一切舟车食宿等事，即由上海银行派人陪同料理。该行对于旅客之服务，此实为开端。及陈氏返沪，首与沪杭甬铁路车务副总管杨先芬会商，杨深韪其议，力加怂恿，且代规划一切。时上海北苏州路有"融社"者，为金融界知名人士所组织，闻陈氏斯意，咸赞助之。1923年4月，上海银行以沪宁铁路车务副总管袁绍昌之介，具呈北洋政府交通部，正式提请代售火车客票，办理旅行业务。时该路召开全国铁路联运会议，该案一经交议，立遭沪宁、京奉、京汉等铁路洋员（各路均有外国借款，故重要职员都由外人担任）之反对。渠等以为中国境内，英、日、美、法等国均有旅行机构，绝无再设之必要，其为保护渠辈本国商人利益，无视中国主权，彰彰明甚。幸当时部中居要职者，如总长叶恭绰、路政司司长刘景山、业务科科长胡鸿猷等，以及各路华员，皆竭力支持，故经激烈辩论之后，卒获通过。

上海银行自经北洋政府交通部批准办理旅行事业后，即着手筹备。当时负责办理斯事者为总行副经理朱成章，而辅佐朱氏者庄铸九本系沪宁铁路职员，于交通运输颇有研究。1923年8月15日，上海银行旅行部于总行国外部正式宣告成立。

旅行部于创立之始，曾揭示其经营目标：发扬国光，服务行旅，阐扬名胜，改进食宿，致力货运，推进文化。盖其业务之广泛，经营之难度，远非通济隆（英）、运通（美）、国际观光局（日）所可比拟。既办客运，又办货运；既业导游，又业出版；既营旅馆，又营餐车；既协助大批学生出国留学，又协助公私集会之舟车问询事宜……此种旅行企业，除旧中国旅行社外，盖未之见。

当时风气未开，欲招揽顾客，必赖大力宣传，故盛置车票之票夹，特用蓝色布面熨金字者，凡购票一张，不论旅程远近，概赠一枚，以资号召。又特雇招待人员，予以训练后，穿着自行设计之制服，专在车站迎送旅客，照料一切。如此措施，几经努力，始有少数旅客前来问津。偶有返自欧美者，则以为既有国人自办之旅行机构，即尽一切事宜委之该部。如开幕之日，即有李、蔡二君来购上海经伦敦至纽约之全球联运票。时该部尚无是项客票发售，然以来客不易，不能坐失主顾，乃由朱成章经理自驾汽车至英商通济隆公司购取后，返行应售。观此一例，可知缔造之艰辛。数月后，外界渐知上海银行设有旅行部，可为旅客供售客票并做其他旅行上之服务。又值军阀内战，上海火车站不能售票，因是至该部购票者日众，国外部一角不敷应用，乃于1924年1月，迁至四川路420号，独立门户，并以五角红星为该部标徽。盖以星者指示方向之意，古人迷途，可按星宿部位而定方向，该部职责在乎向导行旅，故以红色为记，而加蓝边于星之四周，红星之上则缀以黄色"旅"字。

2. 设立分支机构

旅行业务必须遍设分支机构于通都大邑，以及交通冲要地区，始可推广业务，便利旅客。总部开幕一月后，即在上海银行杭州分行设立旅行部分部，嗣后陆续添设，5年之间，先后设立分部11处。

旅行部发展方向，除华东、华北、华中一带外，原拟再向东北方面推进，计划于大连、奉天（即今沈阳）、哈尔滨三地试办。该三地位于南满及中东二铁路地区。其时，有关南满铁路（大连至长春）之一切旅行业务，均为日本国际观光局独占；中东铁路（满洲里至绥芬河、哈尔滨至长春）则为万国卧车公司垄断。虽经多方交涉，始终未准前往大连、哈尔滨两地开设。仅设奉天分部，因得当时东北军阀张作霖左右之助，勉告成功。

国内南北洋及长江航线客轮上大莱间（即头等舱）以下客票，曩昔均操船上买办之手，缘于种种旧习，旅客之负担往往为之加重。此种陈规陋习根深蒂固，船公司虽欲改革，极为不易，一般旅客每引以为苦。自经上海银行旅行部直接与船公司订约后，旅客在该部购买船票均按原价，数十年来所认为不易革除之陋习，一朝尽去。不特旅客称快，社会观感亦有耳目一新之概。

此外，1924年5月1日，上海银行总行发行英文旅行支票，旅行部总、分各部，均为发售与兑现（最初发行时，凡购买是项旅行支票者，均赠富丽之皮质票夹，以资号召）。其他如行李之代运、车站码头之接送，无不尽力研究，为旅客解决困难。如为便利沪宁与津浦联运旅客起见，特派熟练招待员，于客车抵达镇江之先，预搭火车至镇江，俟沪来火车抵站，即上车与旅客接洽照料随身行李，预告为旅客在津浦铁路上所定卧铺铺号。因此，旅客在南京下关渡江至浦口登车时，即无须顾虑行李及争抢座位。

3. 旅行部改组为上海旅行社

1927年春，上海银行董事会鉴于欧美各国之银行，虽多附带经营旅行业务，但规模不大，其能独立成为一部者，盖不多见。其规模较大之旅行机关，银行多不加限制，一任其自由发展。盖旅行事业，与银行之情形颇有不同。同时，国内战事连绵不绝，各铁路局以收入锐减，开支不敷，尝发生以上海银行旅行部所代售之客票款作抵，向上海银行商借贷款情事。其初，以代售车票关系，未便径行拒绝，故勉予承做。不料一路如此，他路相率仿行，大有国内战争一日不已，路局借款一日未了之势。此种情况，造成合则互相掣肘，分则彼此两利之局面。根据此项主客形势，经上海银行董事会开会研究之后，决定拨资5万元，使旅行部与银行分立，自是年6月1日起，乃废"上海商业储蓄银行旅行部"之原名，而称"中国旅行社"，其设于各地之旅行分部，亦皆改称"中国旅行社××分社"。易名后，即向国民党政府交通部申请注册，经该部核准，于1928年1月颁发第1号旅行业执照。

自1931年至1937年，随交通线之开辟，旅行社业务有长足之发展，陆续增设分支社及办事处45所。如陇海铁路展筑至西安后，陕州、潼关、西安等分社即相继设立；连云港开港，即有墟沟、新浦二社之开办；有浙赣铁路，即有金华、南昌二社，有江南、淮南二铁路，即有芜湖、合肥二社；粤汉铁路通车，广州、衡阳等分社即与旅客相见。此外，为加强服务，隶属于当地分社之支社、办事处，亦在人烟稠密之区，著名旅游点之内，或交通冲要之地大量增设。此等分支社处，在筹建之前，例经缜密调查。如在浙赣线，先于1932年10月派陆维屏调查杭江铁路沿线名胜物产，继于是年12月由陈光甫偕社长陈湘涛亲往金华、兰溪一带考察，然后着手设计。又粤汉铁路及湖南公路沿线，陈光甫亦尝于1933年4月前往考察，次月，又派总社视察员胡时渊会同上海银行长沙分行经理李景陶前往实地设计，可见重视与周密之一斑。在国外，陈湘涛社长曾于1934年二三月间，前往南洋一带考察，是冬遂设立新加坡分社。

　　1935年以后，以分支单位日增，为增强管理效率起见，特仿上海银行分区管理制度，于是年1月在天津成立华北区区经理处，聘请上海银行天津管辖行经理资耀华兼任区经理，辖北平、天津、石家庄、辽宁各分社。1936年4月，在香港成立华南区区经理处，以上海银行香港分行经理欧伟国兼任区经理，辖广州、香港、新加坡等分社。1936年11月，欧氏离上海银行，该区经理处亦撤销。区经理之权限，经规定为：所辖分社临时发行重要事项，不及商承总社核办者，得先行接洽应付，然后函告总社决定或备案；各辖社所办经常事项及账目，有认为不妥者，得随时加以指正；各该分社办事人员如有不能称职或舞弊情事，得随时报告总社查明更调或辞退。

二、一般业务之推进

1. 代售海、陆、空客票

中国旅行社之早期业务，系以客运为主。除代售国内火车及轮船客票外，复与美、日铁路及美、法、英、日等国轮船公司洽妥，代售国外铁路、轮船之客票。1929年秋，国民党政府交通部在上海、成都间开辟航空客运，并先开办沪宁一段，是为中国最早之民用航空。该社经商准自10月份起，在上海、南京两分社内代售该线飞机客票。唯其时客机容量每架仅4座，故业务殊有限。同年，中国航空公司成立，经与订立合同，由该社代售该公司客票。

1928年11月，与世界最大旅行业英商通济隆公司订立专约，规定凡中国旅行社之顾客有事欧美者，其在欧美各大城市只要该公司有分支机构，均可凭"中旅"之介绍信，请求该公司照料。自是以后，该社之服务，乃超越国境而达于全球各地。

1931年以后，铁路、公路之新建者殊多。中国旅行社各分支社之客运业务亦逐步发展。1932年夏季，各交通机关办理上海至津浦、陇海、北宁、平汉、胶济等铁路之海、陆、空联运客票，该社亦代为售票，服务范围因而大为跃进。此外，外商大英、北德、蓝烟囱、太平洋、意国邮船等著名邮船公司航驶环球各大商港之华丽巨轮所有客票，中国旅行社均经洽妥代售。德国莱比锡展览会于1932年3月举行，凡自华前往参观者，乘船乘车均有享受优待之权利，该社亦为之代理。万国卧车公司平沪通车之卧铺票，则自1932年1月起，南京由中国旅行社南京分社独家代售，在上海，则英商通济隆公司与中国旅行社上海分社各半发售。1935年6月，秦皇岛、北戴河二机构成立后，开滦矿务局所属7艘轮船之客票，均委托中国旅行社独家发售。

中国航空公司自开辟沪平（北京）航线后，为节省经费起见，所有天津、青岛两航空站之业务，概托各该地之中国旅行社代办。各该分社受托之后，即派干练人员悉心办理，得到公司及旅客好感。又民生实业公司于1937年7月委托中国旅行社九江分社代理该公司轮船经九江一应船头事宜，并独家代售船票。

1933年若干铁路局在其管辖线沿线大都市设立铁路营业所，其使命与业务范围，皆与中国旅行社同。该社于此，初不与之竞，且进而与京沪、沪杭甬铁路局车务处订立旅行社与该路营业所合作办法，自次年1月1日起实行；同时，对于客运业务更加精益求精，务博旅客好感。与之形成对照者，各铁路营业所虽有路局为后台，但管理腐败，衙门作风严重，其工作态度与"服务"二字相去万里。卒之，当国民党政府铁道部通令紧缩开支之际，各该营业所以年年亏累，不得不尽数收场；其设于上海市区之各所，所遗发售车船客票及收运本路及联运行李包裹等业务，由中国旅行社设立霞飞路、小东门等支社接办。一场所、社竞争，于是以民营之中国旅行社胜利而告终。国民党机构之腐败，于此亦可见一斑。

2. 经办货运业务

中国旅行社经办货物运输业务，开端于代客接送行李，嗣扩充至水上货运。1933年，拟添办铁路货运及包裹等运输业务，屡向国民党政府铁道部请求登记试办，并拟在北平、天津、南京、汉口等地向火车站租赁余屋，开办行李房，铁道部均未准许。迨1934年春，因多方联系始得该部批准，经订立办事细则及运输章程后，开始经营。

1935年，中国旅行社承运9省长途电话局工程处材料，以各分社通力合作，成绩卓著，得委托机关之赞许，并由国民党政府交通部电政司与该社订立合约，约定自1926年1月15日起，所有全国电料之装运事宜，统由该社承办。此项合同，一年一订，延续至1939年始停止。此外，各机关以各类器材交中国旅行社承运者綦多。运英展览之故宫宝物，其在国内之装卸事宜，亦由该社承办。

至于商货运输，则着重于土特产之交流。如陕州、潼关两分社之开设，主要在于承运西北之棉花；墟沟、新浦、连云港三地之设立分支社处，乃在淮盐之调运。他如汕头办事处之运糖，宜昌分社之运桐油，莫不与上海银行密切合作，借银行仓库与承做押汇之便，以推进业务。1937年春，以平汉铁路局有铺筑花园至老河口支线之议，曾计划在老河口设立分社，以办理襄河上游物资之运汉事宜，惜抗战军兴，路既未筑，斯议亦寝。

英商怡和轮船公司南京分公司因办理不善，特将公司业务委托中国旅行社代理。经由该社派卓铺诗主持其事，于1936年2月1日接收，设"南京怡和公司代理处"以办理之。代理项目包括：囤船之管理，货运之兜揽，船头之代办，仓库之管理，房产之照料，以及客票之代售等。以比例言，则货运占泰半。中国旅行社之收益，以佣金为主。接办不数月，非特积弊泯除，且获致盈余。

1936年1月1日与政记轮船公司（系国人自办，其轮船专驶北洋航线）订立代理合同，规定在陇海铁路沿线该公司未设分公司之处，所有公司业务，包括代收客家铁路货票、代发到达地之提单、代寄铁路货票等，统由该路沿线各中国旅行社分支社代理。货物由铁路运至连云港后，即由该公司轮船运至沿海各口岸。并经约定，除青岛至连云港，及连云港至上海间各有该公司轮船行驶外，其他口岸间，如中国旅行社揽有大宗货物，亦可加派专轮装运。同年2月，连云港合众大众联合办事处亦与中国旅行社订立办理货运合同，内容与政记合同相仿。1936年8月，复在连云港政记公司内设中国旅行社办事处，以处理进出口货运事务。

3. 建立国际联系

中国旅行社既在国内奠定较为牢固之基础，又进而谋国外业务之加强经营，而主要者则为与国际旅行业取得进一步之联系。

1931年6月，日本国际观光局在东京召开欧亚客票联运会议，先期函请中国旅行社派员列席。该社以此乃与国际旅行业接触之良机，乃派社长陈湘涛与胡时渊等前往出席。此行结果，对该社之收获有：国际交通机关认识该社之存在；增进与各国旅行企业间之合作；西伯利亚铁路代理售票之初步磋商（苏联国营旅行社亦有代表参加）；宣传该社之服务能力。

中国旅行社之国外代理行，前只英商通济隆公司一家，所订办法只限于国人出国，可凭中国旅行社之介绍信，在国外获得该公司各地分支机构之照料。自欧亚联运会议之后，经双方洽妥，扩大代理范围，凡彼此顾客均可以兑换券互相介绍，从而取得照顾。由是外人来华，亦可经该公司介绍，由中国旅行社为之服务。此种办法合乎平等互惠原则，实较旧约为有利。此外，日本国际观光局亦与该社约定，允为代售该社发行之银元旅行支票。

中国旅行社与苏联国营旅行社谈判订立合约事，在东京会议中，双方代表已作初步磋商。嗣以我国温州籍小贩，年有400—1000人由沪经海参崴入西伯利亚转往欧洲，苏联驻沪商务参赞以此向上海中国旅行社总社调查，该社乘机向其要求，由彼致函苏联国营旅行社总社，建议与中国旅行社订立代理业务合约。1935年4月，梅兰芳剧团应苏联对外文化协会之邀请赴苏演出，中国旅行社应梅剧团要求，特派翟关亮随团照料。翟在苏乘机访问苏联国营旅行社总社商订约事，期间复得国民党政府驻苏大使馆之协助，经数度接洽，于4月14日拟定合同草案，规定凡由华赴苏之旅客，所需船票、火车票、飞机票、包办旅行票及预付游览票等，皆可由中旅社代苏联国营旅行社发售。唯后以内容稍有修改，致未即签字。1936年2月，中旅社徇苏社驻沪代表之请，先行代售该代表所领有之联运客票，照5厘给佣。至正式合约，则迟至1937年8月始行签订。自此之后，向之只有外国旅行社能照料赴苏事宜者，可改叩国人自办旅行社之门矣。

按照当时中国旅行社拟定之初步规划，对于国外机构，拟先于新加坡、马尼拉、纽约或其他美国口岸之处筹设分社，以资树立据点，徐谋推广。星洲分社成立于1934年10月，该社开幕不久，当地侨胞由于爱国心理，群以旅行事相委，该分社亦竭诚服务，因是业务日增，在南洋一带颇负时誉。总社据此经验，乃从事马尼拉分社之设计。

1936年10月，菲岛举行嘉年大会，上海各界组织参观团前往，团长王晓籁，团员柳亚子、朱少屏等，中国旅行社社长陈湘涛亦参加。渠至菲后，考察该国旅运事业。并与各方联系。结果，获知该地华侨入境，所有代办手续、代购船票等事，均操票行手。此种票行在国内福州、厦门、潮州、汕头等地，均有组织，其运输同胞，例先派人集中此辈旅客于口岸，经集体盖印手续，签订卖身契后，再行雇轮运往，其行非正，而根深蒂固，团结甚坚，非可以旦夕改革者。中旅社如在马尼拉设立分社，揆之当时形势，殊难与之竞争，因将原议作罢。至于美国方面，先于1931年1月，与旧金山莺古路信托银行（Angle California Trust Co.）华务部约妥：凡中国旅行社顾客赴美，一经该社去函介绍，该部即可照料。继在西雅图设立中旅社通信处，向美国各界发出招待游华专信5000封，其信笺皆经熏香，极富丽精美之至，为国宣传为旧中国所仅见。至正式设社，亦曾一度酝酿，唯计划未定，日本发动之"八·一三"战争已启，锋镝之余，内顾不遑，外拓遂止。

三、开展旅游事业

1. 组织游览团、设立游览部

上海银行旅行部鉴于欧美旅行机关，每年均有游览团之组织，自该部创办之翌年起，每年春季即经常由上海总部组织杭州游览团，每次均商由路局特开游杭专车。秋季则由杭州分部用长途公共汽车办理海宁观潮团，皆详订游程，妥为照料。游杭专车中，由该部设计，实行车中"对号入座"办法，是以秩序井然。此举在当时实为首创，对于招揽游客，颇具宣传效果。此外，如海宁观潮，惠山游湖，富春揽胜，或组游团，或承办团体旅行（即各界自行组织之游览或访问团，委托旅行社代办客票、食宿以及派人领队导游），皆博得社会人士之欢迎。

中国避暑区最负盛名者，有牯岭、青岛、北戴河与莫干山等处。旅行部于开设后之次年，首先派奚季荫率员前往莫干山，设立夏令办事处，于6月23日开幕，经办业务包括代客购买联运客票，承接银行汇兑，旅客上下山时之照料，以及其他有关服务事项。嗣后夏设秋歇，引以为常。

匡庐为避暑胜地，自中国旅行社前往设立机构（牯岭支社与莲花洞办事处）后，于1934年开始受庐山管理局委托，承办莲花洞、牯岭间轿挑业务，由中旅社斥资置备山轿200余顶，并负责管理抬轿工人与挑运行李工人，为之发售轿挑票，划一运价，避免竞争。而自上海、南京、武汉各地赴牯者，更可在各该地中国旅行社预为接洽，凡轮船舱位、九江莲花洞间之汽车及莲花洞牯岭间之山轿，均可一次发售联票，行李亦如之。对旅客言，既省辗转购票之烦，又可获得所经各地中旅专派人员之照料，咸称便利。

日本风景以樱花见称，1926年暮春，旅行部首次办理日本观樱团，由许兆丰扫任领队，参加团员有20余人。至日本后，以两周时间遍游长崎、京都、东京、日光、大阪、宫岛、别府等地名胜，是为旅行部创办国外游览团之嚆矢。

日本交通机构，为招徕外国游客前往彼国游历起见，特与我国国有铁路联合发售"中日周游券"，持券可以环游我国上海、南京、汉口、北平、天津、沈阳、安东（今名丹东）以及朝鲜、日本各大埠。以4个月为有效期，火车费减收8折，轮船费减收9折，至于团体及学生旅行，更有优待办法。该社对此项周游券，经与有关方面洽妥，由各分社代理发售，予游客不少便利。

至西人及在国外之华侨，自外国来华旅行，经各地中国旅行社拨派导游人员为之做向导者，亦与日俱众。此项人员均经事前精心训练，各具导游特长，故能热心服务，应付裕如。事后，常得游客来函致谢，对娴熟业务之招待人员尤称道不止。

自1932年起，中国旅行社专设游览部。游览之地点属国内者：北起长城，南至百粤，东尽海隅，西达黔滇。其中如1933年招待爪哇华侨实业考察团游京沪。同年9月，香港分社组织之钱塘江观潮团。1933年12月及1936年11月，上海总社组织之华南旅行团。1937年4月，上海分社组织之赣、闽、湘、桂、粤5省旅行团，皆为行程较长者。至若西湖、太湖、黄山、雁荡、雪窦、普陀、金华、兰谿、采石、宜兴、崂山、五岳等地，当日丽风和、岚光晴翠之际，均有中国旅行社游览团之屐痕。至1937年春季之京滇公路周览会（南京至昆明五省公路接通后首次举办之游览考察团，在当时来说，是空前盛举），虽系国民党政府举办，唯有关团员行李、膳宿、游览等，均由中国旅行社派员负责处理。

至来华游览团体，由中国旅行社招待者，亦有多起。其中规模最大者，为1931年四五月中，与日本国际观光局合作，招待日本游览团体，计20余次，参加者先后凡3000余人。据该局统计，此次各该团在我国上海、杭州、苏州、南京等处所耗游览、购物，车资等用费，达20余万元云。

此外，每次来自欧、美、日本之邮船过沪，中国旅行社例派干员驱车前往码头迎接过路华侨，引导入市参观；如时间许可，更伴之小游苏杭。侨胞远离祖国，风光文物颇多隔阂。其去国久者，乡关景象或仅萦回于梦寐之间，一旦身莅故土，向所怀恋者——呈现眼前。而招待唯勤，向导唯周，使久睽国门甚或初莅祖国之游子，有如归之乐，爱国之心自油然滋长。此其用意半着眼于招徕，半则在加强华侨对祖国之联系。

伊斯兰教麦加朝圣团始自1933年春，虽系教友自行组织，顾有关出国手续（包括申请护照、请求签证等）、船位及行前指导等，均委托中国旅行社办理。第一次参加人数60人，嗣后每年办理，1936年之一次，参加者达126人，是冬放洋，翌年4月始回沪。1936年8月，第11届奥运会举行于柏林，中国旅行社除承办中国代表及选手之车、船客票外，并组织参观团，由邓炳铨、翟关亮二人分任领队，分海陆二路前往柏林，返途顺便游历欧陆各国。

为配合游览业务，对于风景地区之开发，曾直接斥资建筑，如金山咀附近海滨戚家墩之"华亭"是也。时当沪杭国道初告完成，自沪至杭汽车相望。戚家墩有明代民族英雄戚继光将军遗迹，故建亭于此，以便修禊，亦所以发扬民族之正气。亭中刊有该社创办人所撰之《华亭记》，其中有云："小立其中，清风起于衣袂之间，烟波幻于咫尺之际，可以涤尘虑，拓胸怀，苏罢困，更寻戚将军之故迹，抚今追昔，奋然思起，亭虽方丈，观感万端也。"亭建于1934年，抗战之初，日军于此登陆，遂被毁。1933年，鉴于外国游客来华游览，均以一游北平为快，爰定造游览汽车一辆，拨交北平分社，以供承办团体游览之用。1936年，曾以所得津浦铁路拨给佣金之一部，修理山东省泰山石径，以便游客登临。

1935年8月，设立"中国旅行社游览团"，系一种经常性质之游览团体，设团部于该社上海总社楼上。由游览部领导主办，计划先在京沪、沪杭区域试办，然后逐渐推广。团员分普通、特别、永久三种，普通团员年纳团费2元，特别团员10元，而一次缴25元者为永久团员。其宗旨除提倡集体旅行，发扬各地名胜外，复注意团员康乐活动。是以团员之权利，除参加中国旅行社举办之各地旅行团，下榻该社招待所，及购买该社出版之刊物，可享受优待折扣外，并在总社二楼辟室设置书报及娱乐用具，以供团员业余集会研究及正当消遣之用。另在外租用网球场若干处，游泳池、足球场、篮球场各一处，为团员锻炼身体之需。此团设于1935年冬，有永久团员、特别团员各5人，普通团员144人，至1937年春，团员数增至900余人。惜日敌侵华，全面抗战开始，团务遂陷停顿。

2. 开办招待所、饭店

中国旅行社办理招待所之酝酿，始于机构独立之顷。其时美商大来轮船公司主人致函该社朱成章社长建议：拟在杭州、上海、南京、泰安、北京5处，由该公司与中国旅行社合办旅馆5处。拟议之计划至巨，而所持之理由，则以中国无合适之旅馆，足以容西客下榻。随又派员来沪面商。该社经再三考虑，虽觉利用外资固可解决集资之不易，唯与外商合资经营之计划，与该社素旨相违背，因予拒绝。

陈湘涛接任社长后，以业务日扩，唯无旅馆设备，对于若干旅栈简陋之区，仍不能解除旅客之困难，亟思有以补救之。陈湘涛在其所作《中国旅行社创设招待所之旨趣》一文中曾言："本社唯一之目的，既在吸引游客，而尤在吸引游客至中国内地。以本社之目光观之，招致游客，吸引资财，其影响所及，各方面均获其实益。以整个国家之立场言，则外宾一至内地，对我国之情状，真知灼见，可获优美之印象，归以语人，于国家之声誉，自有相当之利益。至于舟车往还，交通机关，亦有若干之收入。若购置各地名产，与夫食宿之需，于当地社会金融，似亦不无补益。盖各方均有连带关系，固不仅本社受惠已也……"

1931年7月，陈氏赴日出席运输会议，归途经沈阳，见沈阳分社社址宽大，楼上未加利用，乃嘱经理吴次舟布置客房数间，供干净客被，以纳有关商旅，因获旅客赞许。乃于同年之冬，在徐州分社楼上，开始以"招待所"之名，设置客房，初仅4间，嗣扩充至7间，并经设计一套新的制度。凡旅客投宿，行李铺陈，皆不使上楼，并当面为之调换被单，务使旧式旅馆中所通有之臭虫绝迹。嗣后又在郑州、潼关、墟沟三分社楼上附设招待所，规模仍不甚大。于此同时，鉴于车站无候车室，而火车到开均在半夜，旅客在站候车，午夜彷徨，既疲且渴。中国旅行社徐州招待所乃设分所于车站，本已饥已渴之意，免费以容游子，诸凡必要之供应，如茶水、几椅、书报等，无不具备，盖无殊为旅客之家。是项办法亦推行于南京、武汉、上海、镇江等车站码头。属南京者：初设江边招待处于大东旅社，1934年夏，在江边特设候船所，1935年6月，在下关车站特设办事处。属汉口者：成立于1934年之秋，称汉口江边招待所，12月复续办第二招待所（1937年7月改称办事处）。属上海、镇江者：分别于1932年4月、7月在火车站设立车站办事处，其设备皆如前述，并派有专人办理照料行李，预订旅馆，代雇舟车，指导旅行等事。又无锡分社附设之游览汽船办事处，位车站船码头之间，成立于1935年之秋，系专为游览太湖者代雇游船而设。

1932年5月，上海银行总经理陈光甫在汉口召集该行第一区属各分行经理会议，以旅次经验，深感有将招待所扩大经营之价值，乃邀中旅社社长陈湘涛赴汉，详与研究，决定由上海银行斥资在南京、西安各办一大规模之饭店，此外交通冲要之区，风光秀丽之域，亦择要设所。陈湘涛返沪后，即开始筹备，以便作大规模之经营。

1934年设青岛招待所。所屋系由青岛上海银行投资新建，楼下为上海银行青岛分行及中国旅行社之青岛分社，二、三、四楼则为招待所，于是年8月19日开幕。其初，关于筹备开办费用，统归上海银行负责，由该分社协助办理，即开业后之盈亏，亦归上海银行负担，中国旅行社不过代为管理，以手续费计酬。至1937年1月，始以15600元之代价，将生财设备让给青岛分社。

1935年系中国旅行社招待所大发展之一年，计创设招待所9处，另黄山旅社与首都饭店。其中就分社余屋设立者，为济南（济南分社原在经二路上海银行内，是年1月9日迁经二路纬二路口883号，即在楼上设招待所）、辽宁（8月1日开幕，次年3月，以捐税奇昂，改为寄宿舍，投宿者以各地分社介绍者为限）及九江（9月开幕）3所。北平招待所则除西交民巷分社楼上余屋外，另租毗邻中孚银行三层楼屋一座。开封招待所位于开封分社附近，系另行租屋设立。黄山、雪窦皆观光胜地，曩昔游客，皆就僧寺投宿，滋多不便。金华以有北山之胜，杭江铁路（浙赣铁路前身）通车后，即设中国旅行社分社于此。1934年，浙省当局计划举办"东南交通周览会"，特由该省建设厅与该社订约，拟与该社在天台山、天目山、黄山、雁荡山、雪窦山及金华6处合办招待所。同时，黄山建设委员会亦屡次邀请该社协助开发黄山。后因周览会无形停顿，合约无以履行。唯黄山、金华、雪窦三处房屋，业已先后兴建，势不能中止，乃由中国旅行社独力经营。1935年1月1日，金华中国旅行社招待所开幕；2月2日，该社雪窦山招待所开幕；3月1日，该社黄山旅社亦告开业。又山东省潍县据胶济路之中途，为胶东要地，公路、铁路相接，于是，爰经该社与胶济铁路局洽妥，合资创办招待所一处，地基所基均由铁路拨租，于是年12月28日开幕。

首都饭店位南京挹江门内，投资达50余万元，为中国旅行社全社招待所之冠。屋凡4层，依科学化设计，采用立体式，纯用钢筋水泥建筑，略作八字形，如两翼展开，前后左右，均有广场，可通车马。园地广袤，花木扶疏。是以外观宏伟，内景清幽。有客房46间，均附有浴室。有餐厅、礼堂、客厅、网球场、花圃、屋顶花园之属，均应有尽有。家具器皿，或自打图样雇工特造，或不惜巨资采自欧美，皆尽乔皇富丽之致。内部管理尤为注意，主持者为总社襄理周良相，为我国留学美国专习旅馆之专家；陈光甫并特延外籍专家桂拉莫（Mrs.H.Tonkin-Guiillarmod）管理内部。侍应人员以招考录取之初中毕业生开班训练后，始行派任。至于餐膳，则以重金聘请德籍名厨，精制西餐。餐厅设乐台，周末则举行茶舞。该店于1935年8月1日正式开幕营业，而事前之筹备，诸如建屋、购置、储材、规划等，费时达1年。西京招待所亦于是年11月16日开幕，地址西安尚仁路崇信路口，系自建大厦，部分亦为钢筋水泥者。客房47间，部分附有私人浴室，并有餐厅、礼堂等，斥资凡24万元。

南岳设招待所之拟议，始于陈光甫考察湘省之际，其所著《游湘省及南岳记》中有云："此次游湘，深感湘粤大道前途之远大，已决由本社于沿途筹设招待所……南岳衡山，景物秀美，游览避暑，两皆适宜，亦决意加以提倡，并于山上祝融峰巅，建筑小屋，俾便观日……"旋由中国旅行社与南岳管理局接洽，决在南岳山下公路旁及山上老塔址藏经殿侧各建招待所一处，而观日台亭宇，则以管理局已计划修筑，故罢议，改以原定经费印行该局所编之《南岳导游》，以为宣传。1935年夏，新屋落成，二所先后开幕，山上名"南岳山庄"，山下为"南岳招待所"。次年，南岳管理局又以半山亭交中国旅行社设立招待所分所，于6月1日开幕。南岳山庄无固定设备，遇需要时，派人携铺陈前往，以招待游客，盖富于流动性质者；后以游客稀少而取消。

1935年秋，国民党陕西省政府主席邵力子以该省名迹华清池管理不善，日就毁废，乃坚邀中国旅行社承办。经与订立合同，规定由中国旅行社派人管理，设立华清池管理处，盈亏则由省府负担。该处温泉之美，林壑之幽，脍炙千古。该社承办后，即大事修葺，建筑瓷砖浴池，添置卫生设备，并布置客房十余间，俾供游侣投止。1937年6月1日，浙江雪窦山招待所设分所于溪口，仅有客房数间。

1936年冬，陇海铁路管理局邀中国旅行社在洛阳合办招待所；1937年夏，京沪铁路管理局邀该社在浙江嘉兴合办招待所，皆已订立合同，规定按"社四路六"比例投资，洛阳招待所且已购妥地基，均因抗战爆发中止。

此外，南昌洪都招待所成立于1935年4月7日，地处南昌市内王阳明路口，建筑宏伟，设备精美，为赣垣首屈一指之西式旅馆。唯建筑开办等费，均由上海银行直接投资，交由该行南昌分行管理。

综此期间所设立之招待所、饭店，先后有21处，以其地点之不同，而打富丽质朴之别。盖计划之初，即尝拟定原则：即通都大邑，已有现代化旅馆者，不再创设；通都大邑无现代化旅馆而又为中外观瞻所系者，或虽有而供不应求者，则投巨资设高等旅馆，交通枢要，无新式旅馆，则就社址余屋，布置干净客房若干，以为过往旅客憩足之需；风景奥区，临近交通线，有开发之可能者，特建新厦，设简单客房，为游临之助。此于上文所述，均可觇之。

3. **出版有关旅游书刊**

1933年春，旅行部为配合办理学生出洋留学手续，出版《游美手续辑要》一书。书中详载出洋前一切应办之重要手续。如请领美国大学入学证，领取交涉署发给之"第六项证书"，请领美国驻沪领事签字盖印时应备之文件，以及检验身体须知等，皆详述无遗。此外，并将美国移民法律中关于留学生一段之原文，刊成小册，分送准备出国之各校应届毕业生。

同年，出版《游川须知》一书，共13章，凡汉口、宜昌、重庆及成都各埠情形，以及入川交通，均有扼要叙述，此盖中国旅行社最早出版物也。

《旅行杂志》创刊于1927年春季，每季1期，年出4期，以铜版纸精印；设编辑室于上海仁记路110号之四楼，由庄铸九综持，另延《申报》编辑赵君豪主辑务，画家张正宇司美术。以事属创举，凡版式封面之风格，文字图画之质量，皆刻意讲求，匠心设计。发刊以后，销数不胫而走，如"春季号"出版后，不一月即售罄。尤以每期分送中外交通机构及其高级职员，既加深彼等对中国旅行社之印象，亦密切彼此关系，此于推进该社之业务，弘扬该社之声誉，不能不谓具有一定影响。为更能适应需要计，自1929年第3卷起季刊改为月刊，内容方面亦较前充实。

1930年夏，《旅行杂志》征求新户，实行抽签赠奖办法，于7月20日开奖，中签者分别赠送照相机、望远镜、旅行留声机等，皆旅行用品也。

《旅行杂志》以一百余面16开之铜版纸，数十幅精美图片，仅售国币贰角，其不敷成本，固至明显。其后，尝有以此质上海银行总经理陈光甫，以为："银行旅行部历年亏蚀，何不停止营业？"即银行内部之掌权者，亦啧有烦言，认为既不能盈利，不若关闭为佳。对此，陈氏慨然答曰："此见其一，未知其二。且君等所称盈亏，仅限于表面上之数字。实则旅行部之盈余，有倍蓰于上海银行者。上海银行之盈余，可以操筹而数计，旅行部则不然；盖天地间事物有重于金钱者，好感（goodwill）是也。能得一人之好感，远胜于得一人之金钱，今旅行部博得社会人士无量数之好感，其盈余为何如耶？……"盖陈氏之所以欲市好感于人，实欲以此广结交游，以求扩大上海银行之业务，从而谋求更大之利润。后此有识之士，辄言中国旅行社对上海银行曾起巨大之广告作用，斯言也，得其中奥妙矣。

1933年11月起，在上海发行《行旅便览》月刊，内容以报道舟车路线、船期、时刻、票价为主，由戴欲仁承办，赖广告收入抵付印刷、纸张等成本。每期出版后，由中国旅行社免费赠送旅客。又曾编印名胜日历，设计新颖，形式美观，于岁尾年头分赠各界，以为提倡旅行之一助。

为配合客运和游览业务，中国旅行社曾出版游记与导游等书籍20余种。此外，又大量编印名胜折页，以简赅之文字，生动之图片，介绍风景名胜，计中文者17种，英文者5种，均免费赠送。1933年夏，该社请美籍记者斯诺（Edgar Snow）撰英文小册5册，分别介绍我国风景名胜，分寄外洋各机关、各轮船公司、各铁路及各航空公司。并通过芝加哥博览会华人出品办事处，寄2万册至芝城，作为抵制日本在美宣传之工具。小册总数为20万份，耗金1.4万余元。当时中外名人致函该社，于此多所称道，盖此种宣传品，在我国实为创举。

四、扩大服务范围

1. 代办出国留学手续

旅行部成立以后，鉴于出国旅行，手续较繁，尤以初次出国者，对目的地之国情地理，如不在事前研察清楚，更必困阻丛生。为便利此类旅客，特举办代客办理出洋手续业务，并向旅客指导有关出国应备之知识，其中最主要之对象系出国留学生。

每年夏季，例由旅行部先期派员至各地大学接洽，散发欧美著名大学寄来之章程，登记准备出国学生名单，然后分别代向主管机关申请办理留学证书、出国护照、入境证等手续，并代购外币。至于出洋船位，属赴美者，以人数较多，例于夏季先行包定巨轮，所有舱位，按公司定价，由该部独家发售，轮船公司即称此船为"中国学生船"，盖除中国学生外，几无他客也。而关于出国前之准备事项，欧美习尚之所趋，甚至沿途气候，应穿何种衣服等等。均亦善为指导，巨细靡遗，务使初涉重洋远离家乡之学生，一切胸有成竹不感困难。船抵目的地登岸时，必先期与彼邦轮船公司约定，派员迎候照料登岸，并引导学生换乘火车。

此项业务，始创于1924年夏季，即该部开办之次年。举办不久，即遭逢困阻。盖其时适值美国实行歧视异族之移民新律。按此项新律，收受移民学生之学校，须经劳工部认可，驻外美领事则凭美国国务院所寄认可学校之清单签证。该律自颁布至实行，相距不过一二月，时间仓促，各校多不及向劳工部办理立案手续，驻华美国领事，因未接国务院通知，对7月1日以后持"第六项证书"前往请求签证之学生，颇有欲签不能之概。该部睹此状况，特联合各方分头进行，几经婉商，始获美政府通融，电令驻沪美领事，姑准在学生护照上权签"游历"字样，俾能如期赴美。此电至上海，距专轮开船仅5日，该部职员星夜代办一应手续，卒使大批留美同学如期成行。学生抵美，又以移民官吏事先不洽，遽加扣留，又经该部托人交涉，得华盛顿有关方面之证实，始获登岸。

2. 集会服务及招待重要团体

1928年11月1日，国民党政府工商部在上海南市新普育堂举办"中华国货展览会"，参加出品之国货厂商，无虑数十百家，为国统时期在上海举办之仅有一次展览会，前后历时2月始闭幕。于此期内，上海银行及其附设之中国旅行社均就会场设立办事处。中旅社印就《国货向导》一书，分赠到会观众。日常除答复有关旅行问题之问讯外，以会场距离租界及北市较远，为便利观众计，与利利汽车行订约，备有汽车多辆，由该社办事处管理并经理售票。

在杭州举行之西湖博览会，始于1929年6月6日，终于同年10月10日。苏堤郁郁，葛岭峨峨，八馆宏陈，二所精列，星罗棋布，琳琅满目，数月之间各地来观者，百万人以上。中国旅行社为谋旅客之便利，应与会工商之需要，特会同上海银行于会场内设立分社及银行办事处。银行方面，经营存款、汇兑一切银行业务，旅行社则因地制宜，多方经营。恐游会人士于杭市途径未能熟识，特于拱宸桥、三廊庙、城站至博览会，沿途树立指路牌。时方初夏，游人奔走劳顿，则于柜外设置风扇及座椅，以供游客之休憩。浙省既多游览之胜，土产之著名者复夥，爰托各方调查测量，编辑《西子湖》一书，以为游客向导；同时经售商务、中华等西湖游览指南。复于香港、南京、天津等地，组织团体来杭参观。并于杭州组织富春江、莫干山游览团。他若代雇向导，订旅舍，租汽车，其所经营者固多端，其要则在提倡旅行事业，故聚精会神，以谋行旅之便利安宁。

服务团体集会之内容，为派员在会场内答复问询，指导行程，本埠向导，代办运送行李，代买车、船、航空客票，安排食宿，事后或招待游览。其事其范围，均为服务事业中之最繁琐者。该社服务团体集会中规模较巨者有：1931年11月在上海举行之太平洋学会年会；1933年5月在南京举行之华洋义赈会年会，同年7月在青岛举行之华北运动会，8月在同地举行之中国经济学社年会；1934年1月在上海举行之中华基督教青年会第12届全国大会，同年10月在南京举行之第9届远东热带病医药会；1935年10月10日在上海举行之第6届全国运动会（社长陈湘涛被聘为大会招待组组长）；1937年5月在沪举行之中华职业教育社年会。

至旅行团体，或负重要使命，或仅事游览考察，经中国旅行社派员接待或随行照料者为数亦綦众。就中著名者，如1932年因日本侵占我东北三省而由国际联盟派来之"李顿调查团"，1934年5月之第10届远东运动会，1937年春举行之京滇公路周览团等。此皆官方组织之团体，论理应由国民党官方负责招待及办理一应有关事宜，乃舍而谋之于民营之中国旅行社。此其故，半由于当时官僚机构之腐败不可信，半亦由于中国旅行社之服务得到朝野之好评。

3. 代办各项业务

旅行社代理邮政、电报，旅客在该社订妥车、船、航空客票后，可立即用邮、电函告亲友，无须奔赴邮局、电报局。而国民党政府发行之航空公路建设奖券，因其主管机构之委托，先于上海、墟沟两地试售，继由各分支社普遍代售。此外，部分分社亦有代理印花税者。上海银行发行之旅行支票，代售代兑。自1931年2月15日起，加发中文旅行支票，计有10元、20元、50元、100元4种。1934年5月，该社与上海联合赠品公司订立代理合约，由中国旅行社外地分社20处，代理该公司调换联合赠品事宜，翌年4月中止。该社总社出版部则自1937年2月起增加代办旅行书报业务，按月在《旅行杂志》公布目录一次，供客邮购。以上各端，佣金或手续费均极低，唯因社会需要，故不厌其烦尽力办理。

代理保险业务，始自1932年春。分水险、火险、意外险、行李险4种，盖配合该社所经营之客货运业务也。1935年，四海保险公司委托该社为该公司个人意外伤害险总代理人，保额自1000元至2.5万元，保费按日计算，计每千元每日1角，2日至5日按每日加1角，6日至7日6角，以后依此类推，合同有效期5年。1936年，代理扬子保险公司航空险业务。而上海银行投资创办之宝丰保险公司各项保险业务，因谊属联枝，亦经常有密切之联系。

自服务范围扩大以后，与中国旅行社有联系者日益众多，予人印象亦日见深刻。旅客委托该社办理之事务随之渐趋繁复。社长陈湘涛曾述及在任时之逸事：某次柜上来一外侨，出示其妻来自苏州之电报，电文为"母子均安"，拟办鲜花致贺，而苦莫由送达，商本社有何办法？中国旅行社乃为代办鲜花，派专人至苏州送交其妻。又某日，忽有病人自上海虹桥疗养院电话陈社长，言即将开刀施手术，而妻儿在秦，不知住何处，虽切盼谋面，而苦莫由通信，更无法托人伴之来沪，其言戚戚，露求助意。陈社长乃询其妻儿名姓及详细状，即电嘱西安分社为之访查，经该分社多方设法，卒找获其妻儿，并派专人伴送来沪，使之一家团聚。此种服务精神，在数十年前之旧中国，商人孜孜为利之社会中，能为此常人所不愿为之事，不能不谓难能可贵！至若受人委托，在车站码头迎送旅客，更无日无之。

4. 增办公路客运

1934年春，中国旅行社鉴于浙省开拓公路不遗余力，乃招收外股，组织中国旅行社杭州分社汽车部股份有限公司，资本国币9500元，中旅社投资3000元，以杭州分社经理张国祥兼公司经理，于是年4月15日开业。初时仅有轿车3辆，第一年净盈3000余元，次年添车4辆，扩大经营，唯以汽油涨价，成本加重，兼以城站接客业务，被龙飞汽车行包去，营业颇受影响，然年终决算，犹结盈700余元。第三年添车1辆，并自下半年起，与路局订约承办城站接客业务，故盈利增加，全年共3000余元。第四年，即1937年，添车7辆，拟扩大经营。唯杭州市汽车同业，对该部独家承办城站汽车接客业务，颇表不满，经通过工会向国民党杭州市政府要求取消该部专营权，迫于众议，终于放弃。未几，"八·一三"战事爆发，该部汽车大部被征用，少数则驶往内地，不久亦毁废。公司组织原经决议解散，因格于手续不齐，未获工商管理部门准许，唯外界人士之投资经该社垫款发还。

5. 承办津浦铁路餐车

考津浦铁路局之所以愿将餐车交与中国旅行社承办者，系因该路员工到餐车就膳多不付餐费，且风气不良，走私带毒无所不为；部分军人亦恃强白吃，动辄殴人；在经济则长期亏蚀，言秩序则混乱无已。中国旅行社接办之初，非不知此种困阻，但以餐车本身亦与旅行有关，设能有所服务，亦该社所应为。固经数度接洽，卒允试办一年。合约规定承办范围为：沪平通车、平浦通车、本路客车及区间客车等各列车之餐车，三等车内小营卖茶，浦口食堂及兖州、济南、泰安三处之宾馆。所有营业盈亏，亏则由旅行社独力负担，盈利除提奖励金二成外，余由局社平分。

1936年6月15日，津浦铁路餐车正式归由中国旅行社承办。该社以事鲜经验，且剔除积弊整顿颓风，均须全力以赴，因派总社襄理胡时渊主持其事。设事务所于浦口，为全路承办业务之管理机构，上海则设购料处。全部员工200余人，皆慎为选用，其中多数则于事前加以训练者。胡时渊为人精明干练，任事时期，各方奔走昼夜辛劳；益以全体员工勤奋努力，团结一致，得将夙昔认为大难之津浦餐车，经过整顿，不数月即斐然改观，非但秩序良好，即营业方面亦转亏为盈。计餐车开办费国币1万余元，仅首6月之营业即已获盈1.3万余元，成绩之佳殊出路局意外。

车上餐、茶之外，另办有浦口食堂、泰安宾馆及兖州宾馆。此三处中，泰安宾馆主要供游泰山之游客投宿，因有季节性，故略有亏蚀。兖州为转道赴曲阜参观孔庙孔林必经之地，至鲁西南各地在此中转者亦多，故业务较好；浦口为沪宁、津浦两路中转要冲，营业亦不恶，此二处皆薄有盈余。合约中规定之济南宾馆，则以故未办。

至卢沟桥事变前夕，试办一年届满，其时中国旅行社各分支单位正大事扩充，各方需人孔亟，餐车耗用人力不赀，权衡得失，于合同满期前由社方通知路局停止承办，津浦路局未予同意，再三磋商，卒订续办六月之约。

五、企业之经营管理

中国旅行社之所以能自草创时期之筚路蓝缕，以十数年之经营，发展壮大至如此规模，跻于世界旅行社之列，究其原因，除如上述在经营方面力求发展，不断改善以外，对于企业管理之加强，至关重要。

先言人事组织，该社规定，社员月工资50元以下者称试用助员，50元至95元称助员，100元至190元称办事员，200元以上称职员。工资级数，试用助员及助员以5元为一级，办事员以10元为一级，职员以20元为一级。每过一年，由人事部门根据各部门主管人员意见，择成绩特优者晋二级，次优者晋一级，平庸者无升降。又在发给年终奖金时，个别亦有因成绩特优或犯重大错误而加发或扣发者。该社又有特别储蓄金制度：即每月发工资时，社员所得仅为工资额之九成，其余一成再由社加给一成，共工资额之二成，由社中代为存入银行，称特别储蓄金。凡社员任职在五年以下离社者，离社时领取该项储金之五成，任职六年者领六成，以此类推，至十年以上离职者给全数。以上制度，系以物质刺激，使职工忠于职守，并免于见异思迁。

试用助员、助员及招待员，一般均通过招考录用。办事员多数由助员升任，间亦有来自铁路、轮船公司或其他方面者。至职员一级之人选，则基本上均由上海银行高级职员中调任。招考录用之人，例先开班训练，每期约三四月，授以旅行社各项应用学识，并训练其应对能力。然后分派各分社在熟练职工之指导下实习业务，必成绩达于规定水准，始正式安排工作。此种人员往往在一部门实习一时期后，再调往另一部门学习工作，周而复始，数年之后，因而成旅行业之多面手者至多。其中成绩优异者，不次提升，由试用助员、招待员升至经、副、襄理者不乏其人。例如，唐渭滨于1926年前入社时，本为出版科之助理人员，因能刻苦自学，工作踏实，兼有才识，迭予不次升迁，于1937年升为副社长，抗日战争胜利后被选为该社社长。中国旅行社人员之任用升降，一以才能学识为标准，学历仅作参考。因而往往有工友提升为职员之人担任一部门或一分支机构之主管人员，而大学毕业者甚至留学生反居其下者。此种量才录用，视成绩升降之人事制度，实为该社事业不断壮大之重要关键。

此数年中，曾陆续颁布《员司待遇规程》《社员服务规程》，皆印发全社职工人手一册，务期人人遵守。奖惩制度执行颇严，曾有经理数人以干社纪而开除。

次言财务制度，亦相当严密。既重订《会计科目》于前，复颁《会计手续系统》《会计出纳办事细则》于后。一切费用，例有预算。于总社设立稽核科，凡各分支社每日每月收支账目，例须以副页寄交该科审核。另有上海银行巡行各地分支行之查账员，亦经常在各地中国旅行社稽查账目。此种制度，对防止舞弊，杜绝浪费，颇见成效。

至言业务，则无论分支社或招待所每月必须填送"经理月报"致总社，其中详列各项业务数字及今后计划，以备总社查核。对于新业务之开拓与经营，例必全力以赴。对外折冲，遇需要时，该社社长甚至上海银行总经理，均亲自出马。为沟通交通消息，使柜台之工作人员正确答复旅客问询，该社特发刊《车务丛报》《一周间》等油印报物，随时将有用资料提供各单位，并相互交流服务经验。又尝与外国邮船公司联系，派该社业务人员在外洋邮船上实习。曾先派王敬琛至意国邮船公司船上，往返上海、意大利间实习。嗣拟至美国邮船公司实习，因故未曾实现。

尤须指出者，创办初期，在前无成规，求师无处（据庄铸九谈筹备时情景，谓曾翻检当时美国出版之有关交通运输方面之书籍，发现仅有一书中有述及近似旅行社业务者，然殊感简略，无法据为规范）之情况下，领导职工边研究、边规划、边实践者，厥为第一任经理朱成章。朱氏在创办上海银行旅行部及后此经营中国旅行社时，在工作上以身作则，曾多次身穿招待员制服，上车站迎送旅客，为旅客作多方面之服务，在当时实属创举。

1937年以后，抗日战争爆发，中国旅行社十余载辛苦经营之成就，在日敌铁蹄摧残之下，损失殆尽，不得不另辟蹊径，转而致力于西南、西北各地之旅行事业。

（原载中国文史出版社《文史资料选辑》第71辑）

服务社会　业务先锋

杨桂和

中国旅行社虽以服务社会精神开一时之风气，奈何人算不如天算，刚能做到盈余，并向国外发展时，抗日战争爆发了。此后中国旅行社的业务日渐萎靡，不复当时繁荣。可见若想发展服务业，安定的社会环境是最基本的条件。

一、创设目的

中国旅行社是上海商业储蓄银行的附属机构。

中国旅行社是1923年设立的。创设旅行社的动机，陈光甫自己有这样一段叙述："数年前，余自香港往云南，至西人经营之某旅行机关购买船票。入门，见柜内少年西人正与一女子娓娓交谈。初以为必问行旅事无疑，及候之久，而言仍未已，后始知所谈者毫无涉于旅行。此少年目击余之伫立，竟不招待，殊属无理。余废然而退，改至运通银行购票。途中自忖外人之所以藐视余者，因我非其族类。然外人在华投资雄厚，诚足惊人，更进而经营我国国内旅行事业；国人自甘落后，可耻孰甚。遂毅然有经营旅行社之志。自滇返沪，即与各路局订立合同。或因个人私谊，或借银行地位，获得相当好果。"

当陈光甫创办旅行社的时候，一般银行是不肯干的。因为办理旅行服务事业，用人手不少，手续费不能多收。可是陈却毅然地办了，虽然连年赔钱，还是一直办下去。这是为了什么呢？且看他在1930年6月的谈话：

"办旅行部，全国银行无人愿办，余与朱成章兄协议创办。即为社会便利计，又为本行宣传计。此事宣传力甚大，人人知有旅行社，即知有上海银行。旅行社现虽独立，而仍与本行休戚相关。去年在英国时，见各银行皆有旅行部之组织，即较大之商店及百货商店，亦设有旅行部。而吾国则仅本行有旅行社。"

办旅行社外，上海银行首先在各大学设立办事处，为各学校代收学费，其作用是异曲同工的。当时各银行嫌代收学费等业务繁琐，利益有限而不肯干。殊不知在学校服务事情，"可以使学生脑中有上海银行之信用在，辗转相传，吸收存款储蓄数不少。在十余年前所种下之种子，今日方知收效之宏。"办旅行社也是有这种作用的。

陈光甫曾说："凡一种事业之管理，不仅以维持现状为足，必须兼筹继续进行之策，否则二三年后即有人起而代其位。"所以当时上海银行的新业务层出不穷，如设储蓄专部，开办国外汇兑，办货物押汇，办理各种事业机关的调查及市场调查，创办信用小借款等等，都是比其他银行先走一步。其中尤以创办旅行社，在便利旅行方面，有一定贡献。

二、作用与发展

中国旅行社自创办以来，历年亏本，不过为数不大，因为它是逐步开展业务和设立分支机构的。办了8年之后，到1931年才有几万元的盈利。过去是不是真赔钱呢？最初旅行社只是上海银行的一个部分，也划不清究竟盈亏多少，后来中国旅行社与上海银行才分开了。由于旅行社投资于旅馆业所花的资本不少，像西安的西京招待所，南京的首都饭店，南昌的洪都招待所等，都属于固定资产部分，这对于中国旅行社初期的盈利是有影响的。但是中国旅行社使上海银行增加了不少存款，一部分是它代售车船票的存款，一部分是由于它的关系增加的存户和汇款，这在中国旅行社虽然没有收益，但在上海银行则是增加了盈利的。更何况中国旅行社还起了以下几点作用。

第一，博得社会对上海银行的好感。陈光甫1929年1月说："追忆昔年某友，质以'旅行社历年亏蚀曷不停止营业'。余答以此见其一，未知其二，且君所称盈亏，仅限于表面上之数字。实则旅行社之盈余，有倍蓰于上海银行者。上海银行之盈余，可以操筹而数计，旅行社则不然。盖天地间事物有重于金钱者，好感（goodwill）是也。能得一人之好感，远胜于得一人之金钱。今旅行社博得社会人士无量数之好感，其盈余为何如耶？"由此可见，陈光甫在从事宣传上是比当时一般银行独具慧眼的。

第二，在挽回利权上起了一点作用。帝国主义的通济隆和运通银行相继在中国各处设立分支机构，经营中国国内外的旅行事业。这确是中国人之耻辱。中国旅行社的创立，对于抵抗外国经济侵略，在当时情况下不能不说是难能可贵的。陈光甫在1932年9月在上海银行总经理处会议时也说："我行创办旅行社，自民国十二年至十九年，在此八年中每有亏损，至去年始有盈余。但旅行社之目的在于挽回中国之利权，并不在于牟利。如通济隆及运通公司等远在万里之外，来吾国设立旅行机关，为人服务，而吾国独无此项机关，殊是贻人口实。且华人之旅行者为数较多，需要旅行机关予以辅助，故吾人组设旅行社之宗旨，其重点在于服务。"同年1月他也说："这个旅行社虽说是每年亏本，但为国家挽回了不少的利权，不然又多送外人许多钱了。"

第三，中国旅行社实际上是上海银行的先锋队，为之探路，预为准备。特别是上海银行存款增多以后，上海一隅，资金出路不多，陈光甫就极想设法广设内地分支行。就是他所说的"把银行送入社会"。因为当时的私营银行也有它的困难。1932年1月陈在中国银行演讲时曾道出痛苦："在大的通商口岸，如上海、天津，我们不能与外国银行比，譬如先施、永安，存款只要6厘，本来是很好的主顾，但是拉不来。在次一等的商埠，如汉口，这些地方我们又不能同中、交（中央银行、交通银行）比。我们的成本，最少是七八厘，中、交放款亦不过七八厘。没办法，只好再往内地去，所以在长沙、宜昌、沙市、蚌埠等处，开设分行。但是结果又发生许多困难。如军政强迫借款，多有不能偿还及无法收回的。统计开办至今，我们借出这种款项，已达140万元，内中不能收回的不得不设法打除，又是加重我们成本的一宗。"为了设分行有盈利把握，避免设了再撤，就以旅行社去打先锋，经过实地考察再设行。陈光甫说过："本行欲往某地发展，先在某地办旅行社，取得社会一部分同情后再设银行。故谓旅行社为银行之先锋队，银行同人应不分畛域辅助而培植之。"

中国旅行社在与上海银行相互合作下，逐渐发展起来，由起初的代卖火车、轮船客票，进而办理行李托运，接送旅客，办理大招待所，组织各地古迹名胜的导游，出版《旅行杂志》。并由上海银行配合发行旅行支票，分10元、

20元、50元、100元4种；凡在国内诸名胜及大商埠，均可随时兑换现金。这在当时中国币制复杂情况下，给旅行者以通用的货币，不受折扣损失，又可避免途中携带现金过多的风险，应该说是一项适合需要的举措。1933年，中国旅行社社长出席在东京召开的欧亚联运会议，开始插足于国际联运的业务。

抗日战争发生以后，西南公路运输处和甘肃省建设厅都与中同旅行社合作，拨款在西南、西北各公路要点设立招待所。这在便利行旅方面，也收到了一定效果。

1944年，中国旅行社社长赴美各地，与美国飞机轮船公司商洽签订战争结束后代理客货运输售票的合同。日本投降，国民党军队进入东北，中国旅行社就受托经理接办沈阳日本人经营的大和旅馆，改称沈阳宾馆。在台湾各地也开办了机构。

上海解放以后，中国旅行社的重心随着陈光甫移到香港。它办理从香港到国内的客货运业务，并经营台湾，南洋一带和对日本的旅行业务等。

中国旅行社在抗日战争以前数年内，已经能够保本自给，并略有盈余。抗日战争时，它因业务颇多，所以并不困难。抗日战争胜利以后，主要依靠代售飞机、轮船客票，办理托运等业务，得到一些外汇收入。由于它代理京沪、京杭两路的火车票，佣金虽是票价的5%，但是所售票款一星期一缴两路局，所以在上海银行经常有相当数量的存款可以利用。1946年后，由于东北业务收缩，京津一带也受战事影响，长江以南也因城乡阻隔，通货极度膨胀，正常货物运输数量日趋减少，就是行旅的活动范围也只限于沿海一带，所有这些当然使它的业务受到很大挫折，因此又发生了亏损。1946年10月陈光甫说："社会人士，对本行颇有好感，尤以中国旅行社更受人欢迎。旅行社是赔钱买卖。例如最近七八两月，每月亏达一万元。经董事会议决，由银行方面予以贴补。旅行社系为一部分旅客服务，为本行作先锋，做广告。故社会人士，每因旅行社而思及本行。"这时候，中国旅行社因战事影响服务范围已很小了。

三、经营方式

中国旅行社比起上海银行更能发挥陈光甫"服务社会"的作用。他要求旅行社在服务方面特别注意。1929年1月3日陈对旅行社人员说："吾同人有必须注意者，吾人经营斯业，宗旨在辅助工商，服务社会。平时待人接物宜谦恭有礼，持躬律己宜自强不息，务求顾客之欢心，博社会之好感，庶几无负创业初衷。售票事小，关系极大，吾人苟一不慎，些微细事，足以颠覆全社，波累银行。是以吾人应各自奋强。"他要求对旅客要做到以下几点。

（1）笑脸迎人。他说："应对顾客，首当和蔼。唯面貌死板为国人通病，此或为旧时代礼教所养成，我等须力改之。宜常以笑脸迎人，使人于见面之时即有好感。"

（2）面手清洁，衣服整齐。他说："服务之道既当为顾客力谋便利，尤应以和气为先。满面春风，殷勤招呼，顾客自乐于接近。来往既多，营业亦自可推广。不但重在精神，即形式亦宜讲求。同人面手均应清洁，衣服亦当整齐。在顾客心理，亦每以形式尚且欠佳，安有精神可言之意。故此层亦不可不注意。"（1931年2月陈在沪谈话。）

（3）造成柜台上热闹气氛。1930年陈光甫在青岛与行社职员谈话时说："顾客之生意，无论巨细，即百元以及一元，客既来行，则其惠顾之厚意已可感谢；即无一元生意之客，亦须恭慎款待。故对于顾客必须尽力予以便利，对于商人必须努力以求亲近，对于营业不必急于近利，最要使柜上顾客有热闹气氛。顾客心理，往往群趋热闹之场。热闹之肆，必为人所信用，不可因徒劳无利，而存嫌恨之心。吾辈本为社会服务，即为社会服务，即无利亦须为之。矧吾辈所事，未必无利乎？"

陈光甫在初期力求引用欧美银行的经营方式方法，在中国选择实行，所以常能居风气之先，以新组织、新方法适应社会需要。这也是他重视研究动脑筋的结果。在初期，陈光甫着重于服务面的扩大。例如他在1930年底在徐州与旅行社经理谈话，即指出旅行社不能只对阔人服务，也应当为普通客人服务："现在旅行社所招待者咸为头二等客人，而于三等车客人全未招待，殊觉失宜。三等客守候火车，餐风饮露，宿于车站者甚多，为服务社会计，为谋人群福利计，皆宜设一备有浴室、卧室之招待所，使风尘劳顿之旅客，得由安逸之卧房与温暖之浴水，以消灭其疲劳，恢复其精神。旅行社能为此设备，方可稍达服务社会之目的，方能于社会有立足之地。我人当萃此为社会服务之精神，博社会之信誉。宜即迅速筹备此种设备，以巩固旅行社本身之基础。"

1931年1月陈在汉口与同人谈话时说："到徐州时，见津浦与陇海换车，相距只20分钟，旅客搬运行李，须雇夫役，任其需索，方能及时赶到，否则即将误车。如此情形，公家既乏相当设施，如旅行社能予帮助，力求便利，当可得旅客之赞许。再就北平近况言之，该地为文化及名胜区域，外人前往游历者甚多，自此次战事后，来者更络绎不绝，而学校林立，学子尤多。就鄙人观察，该地分行宜注意于旅行与汇兑两事。……南行至郑，适值大雪，极目所视，冰天雪地，行旅维艰，触景生情，决拟返沪后对于郑、徐两旅行社妥筹办法，凡旅客所遭之困难，本社必就事实上所可能，尽量招待，为之解除。"在唯利是图的旧社会里，一个私人银行不专事作公债、搞投机，能够注意到这些方面，想到为三等旅客做一点事，应该说是难能可贵的了。

抗日战争结束后，中国旅行社对服务已不很讲求，代卖火车票是不得已的事。在很多地方，上海银行与中国旅行社在一起营业，往往有时顾客排队买票，影响银行营业，银行极为不满。陈光甫以前所提倡的要造成柜台上的热闹气氛，到了通货膨胀的时候已经不适用了。陈光甫也不像以前那样重视一般旅客了。

304

被迫开办的东方旅行社

潘泰封

东方旅行社是上海银行历史中不光彩的一笔。作为变相承认伪满洲国的一步棋，东方旅行社是在国民党政府被日本胁迫的状态下要求中国旅行社参与开办的，陈光甫被逼无奈，只好暂且答应，嗣后立刻寻机退出了。此事件表明陈光甫心念民族大义，无奈时局维艰。也从另一侧面显示了当时中国旅行社影响力之大。

东北国土，自1931年沦陷以后，（山海）关内外交通即告断绝。1933年，当辱国的《塘沽协定》签订以后，日方即不断向国民党政府提出通车通邮要求。据1934年6月6日上海《申报》记载："某当局云：'日方要求平沈通车，远在一年以前，我国恐涉承认伪国之嫌……现因彼方要求更急，中央同时为顾及关外同胞与关内交通便利起见，始决定于不承认伪满原则下，进行商谈。'"商谈过程，华方初以慑于民气，力事拖延，日方乃以武力相威胁，是年某日，日方竟用武装机头，强自关外驶入，扬言如不接受要求，即自动通车。时国民党政府正置精锐部队于江西，面对日方蛮横要求，竟觍颜同意，但仍坚持不承认伪满原则，特商由中国旅行社以商务机构名义与日方国际观光局合组"东方旅行社"出面承办。

中旅为一民族企业，最初系因不堪外国旅行社之侵越主权而本民间立场创办，因此，对这个任务，一开始就不愿承担。嗣国民党华北政务委员会委员长黄郛亲自来沪，与上海商业储蓄银行陈光甫直接商谈此事，陈氏断然辞谢，但经黄郛一再恳请，并云："如不接受，则华北各省有被入侵可能，则所争者小，而所失者实大。"这样经过多次磋商，陈光甫不得不徇黄氏之请，派中旅社长陈湘涛等专程自沪北上，在北宁铁路局主持下，与日本国际观光局商组"东方旅行社"事宜。

"东方旅行社"系由日本国际观光局与中国旅行社各派职员若干人联合组成。总社设榆关（即山海关），依中国法律注册。总经理平山，系观光局所派，副经理张水淇则为中旅所派。该社表面上系为办理平沈通车而设，实则一切车务、机务、业务、会计等事，均仍由路局办理。该社所事，仅代路局以该社名义印发通车客票。并代关内外双方清算票款。于中旅初无经济上任何联系。间或代贫苦农民交涉出关返归故土事（驻榆关伪警队时阻劳苦农民出关），则系免费服务，无收入可言。

"东方旅行社"成立于1934年6月，阅半年中国旅行社即退出该社，该社改由北宁铁路局直接管辖。

忆"东方旅行社"开幕之际，社会舆论颇不谅。中旅陈湘涛社长在赴平时，曾遭新闻记者质询，当将前后经过坦率相告，并以"昭君出塞"为喻，以示中旅对此事的立场，记者以形势如此，卒予谅解。

张水淇原籍今上海市南汇县（当时属江苏省），日本留学生，系上海商业储蓄银行高级职员，1931年起任该行为管理中国旅行社而设立的"旅行社委员会"委员。此人在抗日战争时"落水"，从报纸上获悉，他曾当过日占时期北平市的伪社会局局长。

陈光甫对中旅参加"东方旅行社"事颇后悔，1951年我以所撰《中国旅行社社史选稿》上卷，请他审阅，他曾嘱将有关此事的记载删去。

当年与办理平沈通车同时发生的还有"关内外通邮的权宜措施"，其办法是在榆关设一机构，特备一个邮戳，上面刊刻着"本件关×邮资由本×赔补"，借以避免承认伪满邮票。这种掩耳盗铃式的把戏，除一些老的集邮家外，知者已不多。所设机构的具体名称我已遗忘。

（原载中国文史出版社《近代中国工商经济丛书·陈光甫与上海银行》）

附　录

陈光甫1956年致张公权函[*]

公权吾兄：

前奉惠书，承示在美写书程序。美国今日成为第一等强国，一切之一切皆手续化，出版事业为百业领袖，更要进一步，业烦重可知也。弟之传记，荷承注意，尤为心感。此书明年可以完成，其时吾兄枉驾返港，面谈一切，尤为欢迎之至。五月三日，朱如堂兄在渠公寓设宴款待夏李二兄，弟在席间曾告在座诸君：弟今日对于银行略有成就，皆吾兄与馥兄二位大力。一九一二年，弟出江苏银行后，由梁君望秋介绍，创办铁路转运公司，至山东大汶口，为广帮收买花生，其时得窥铁路运输门径，为后日做铁路押汇之张本。大书中国银行竞争生意，其时为商业服务，惟兄与弟也。一九一二年，兄之一片热心提倡新式银行，又以国家之强盛乃在有职业之中级社会，弟素心服此言，盖深知吾国其时无稳定力量中心，难免纷乱而有贻误大局者也。本行组织之初，全赖吾兄与馥兄之毅力，方始有成。现尚记资本原定十万元，资本之小，远不如永丰、福康、顺康钱庄，致遭金融界歧视，连开幕时不敢请钱业董事朱五楼，恐遭其拒绝不来，可见其时狼狈情形。该年四月开幕，资本收足不到十万元，大股东为庄君得之，弟素不相识，乃馥兄之

本信件是从陈氏手迹中抄录下来的。

友，楼君荫斋为杭州纱厂经理，徐君申如为峡石典当、酱园东家。资本不足，勉强成事，开业之初，即觉要多收存款，以补不足。幸天时、地利、人和，均在吾人方面。第一次大战之后，上海年青而有识见之人，皆欲中国人经济独立，民族自主；眼见外商银行发行巨额钞票，吸收大量存款，此为一股无名力量。故一元储蓄存款，每日来行开户者颇不少人；又承吾兄开户堆花五万元，存二十余年之久，不计利息（即普通利息不与市上拆息相同）。以上为本行简单历史。同席者除本行全体董事外，尚有浙江第一银行经理陈令庄兄，今敝行与浙江第一银行在虎口余生之下，尚有若干资金为股东保存，实不得不饮水思源也。夏兄来此三月，现准三月八日由日返美，弟同行去日相送一程。今后本行在外投资各事，尤赖其筹划，而过去四年，于解冻最困难之际，患难与共，无时无地不为此一问题下最大努力，求之于他处，实乃凤毛麟角，而在今日之香港环境，更求不得也。吾兄所需之材料，今已托徐军谢康。对于人事方面，补志若干条，送备参考。但事过多时，恐疏漏不免耳。总之，敝行之有今日，端赖吾兄与馥兄之一片热心；内部之同心协力，一致为公，实赖杨敦甫、杨介眉二兄。古人云，三人同心，其利断金，德在前，才在后也。专此布复，即请

撰安！

弟辉 顿首

五月五日

陈光甫年表

1881年12月17日出生，名辉德。父陈仲衡，江苏镇江人。

1892年（11岁）生父陈仲衡在汉口祥源报关行当职员。陈光甫在汉口学习中英文。

1899年（18岁）考取汉口邮政局职员。

1902年（21岁）任汉阳兵工厂英文翻译。认识汉口日商正金银行买办景维行，是年与景长女结婚。

1903年（22岁）美国举行国际博览会，两江总督端方派他为代表团随员。

1904年（23岁）得官费津贴，就读于美国印第安辛普森大学，继而转入俄亥俄州美以大学。

1906年（25岁）入美国宾夕法尼亚大学商学院读书。

1910年（29岁）取得美国宾夕法尼亚大学商学学士学位回国，端方委之为南洋劝业会洋务文案。

1911年（30岁）江苏巡抚程德全任他为财务司司长，后任官办的江苏银行经理。

1913年（32岁）父陈仲衡与人合资在镇江开设元兴煤号。

1914年（33岁）辞职，离开江苏银行。

1915年（34岁）创办上海商业储蓄银行（简称上海银行），资金10万元，实收7万元开业。

1918年（37岁）上海银行设立外汇部，又创办宝丰保险公司。

1923年（42岁）创办中国旅行社。

1925年（44岁）受北洋政府邀请，出席善后会议。

1927年（46岁）任上海财务委员会委员，推销国民党政府的二五库券。

1931年（50岁）上海银行设立农村贷款部，与华洋义赈会及南京金陵大学合作，办理农贷，并请农业专家邹秉文主持。

1933年（52岁）上海银行设立香港银行，出任国民党政府全国财经委员会棉花统制会主任，上海银行业公会主席。

1935年（54岁）任国民党政府中央银行常务理事。

1938年（55岁）任国民党政府财政部贸易委员会主任。国民党政府实行法币政策后，派他为代表，赴美签订"白银协定"，借款2500万美元，为法币筹措外汇基金。

1937年（56岁）抗日战争爆发，被选为镇属五县旅沪同乡会监事长，主持劝募、救济五县同乡的工作。

1938年（57岁）再度赴美洽订2500万元美元的"桐油借款协定"。同时担任复兴公司和世界贸易公司的董事，组织桐油出口，帮助国民党政府财政计划的实施。

1939年（58岁）又赴美完成2000万美元的云南锡业借款，以充实国民党的抗战经费。

1945年（64岁）抗战胜利后，回到上海，上海银行改由朱如堂为董事长，伍克家任总经理。在纽约成立上海银行分行。

1947年（66岁）任国民党政府中央银行平衡基金委员会主委。当选国民党政府的立法委员。

1948年（67岁）赴泰国曼谷，代表国民党政府出席国际通商会议，并在曼谷筹设上海银行分行。

1954年（73岁）在台湾成立上海商业储蓄银行总行。

1976年（95岁）7月1日在台湾台北市病死。

图书在版编目（CIP）数据

陈光甫：中国摩根/刘未鸣，詹红旗主编. —北京：中国文史
出版社，2019.1

（百年中国记忆·实业巨子）

ISBN 978 - 7 - 5205 - 0885 - 8

Ⅰ.①陈…　Ⅱ.①刘…②詹…　Ⅲ.①陈光甫（1881—1976）—生平事迹
Ⅳ.①K825.34

中国版本图书馆 CIP 数据核字（2018）第 270305 号

责任编辑： 胡福星

出版发行：**中国文史出版社**

社　　址：	北京市海淀区西八里庄 69 号院	邮编：100142
电　　话：	010 - 81136606　81136602　81136603（发行部）	
传　　真：	010 - 81136655	
印　　装：	北京新华印刷有限公司	
经　　销：	全国新华书店	
开　　本：	1/16　　插页：4 页	
印　　张：	20.5　　字数：260 千字	
版　　次：	2019 年 3 月北京第 1 版	
印　　次：	2019 年 3 月第 1 次印刷	
定　　价：	62.00 元	